图书在版编目（CIP）数据

世界经济周期传递与货币政策国际协调研究/岑丽君著.—北京：
中国社会科学出版社，2016.12
（当代浙江学术文库）
ISBN 978 - 7 - 5161 - 8542 - 1

Ⅰ.①世… Ⅱ.①岑… Ⅲ.①世界经济—经济周期—关系—货币
政策—研究—中国 Ⅳ.①F113.7②F822.0

中国版本图书馆 CIP 数据核字（2016）第 152815 号

出 版 人 赵剑英
责任编辑 田　文
特约编辑 吴连生
责任校对 张爱华
责任印制 王　超

出　　版 中国社会科学出版社
社　　址 北京鼓楼西大街甲 158 号
邮　　编 100720
网　　址 http://www.csspw.cn
发 行 部 010 - 84083685
门 市 部 010 - 84029450
经　　销 新华书店及其他书店

印　　刷 北京君升印刷有限公司
装　　订 廊坊市广阳区广增装订厂
版　　次 2016 年 12 月第 1 版
印　　次 2016 年 12 月第 1 次印刷

开　　本 710×1000　1/16
印　　张 15.5
插　　页 2
字　　数 267 千字
定　　价 68.00 元

摘　　要

　　后金融危机时期，现有的宏观经济政策国际协调方式和机制受到新的挑战，各国之间经济周期传递和协动现象及国际经济政策协调问题引起越来越多的关注，加强对发展中国家与其贸易伙伴之间经济周期协动性的研究，及其参与国际经济政策协调的分析，明确宏观经济政策国际协调对发展中国家带来的福利效应，具有深远的意义。中美两国若能从全球高度，充分认识自身在世界经济中的地位和责任，加强国际经济政策协调与磋商，采取具有前瞻性的货币政策，对于改善双边经贸关系、调整两国国内经济结构失衡，对于全球走出危机、稳定世界经济增长具有不可替代的作用。

　　本书以世界经济周期传递和协动为切入点，以中国及其 27 个主要贸易伙伴为样本，首先，考察世界主要国家经济周期协动的测度及发展动态，借助面板数据的普通最小二乘估计，实证分析中国与其主要贸易伙伴经济周期协动性的主要传递渠道，从而获得各个传递渠道的相对贡献的直观认识。其次，利用中美两国货币供应量与 GDP 和消费数据，描述中美货币政策国际协调与两国经济周期协动性和消费协动性的关系。再次，以 NOEM 为理论分析框架，以中美为研究对象，构建了国际货币政策协调的理论模型，并考虑了两国之间各部门受到不对称冲击的可能性，借助博弈论工具，结合两国的政策反应函数和福利函数，从理论角度验证了中美加强国际货币政策协调的必要性及需要满足的条件。同时，分析开放经济下，中美货币政策的相互溢出效应，从实证角度全面把握两国货币政策国际协调机制的必要性。最后，结合金融危机以来中美两国货币政策协调的现实表现及存在问题，提出中美建立长期有效的货币政策协调机制的政策建议。本书兼顾运用科学的经济学分析方法和严谨的博弈论分析方法，结合理论分析与经验分析、静态分析与动态分析，实现了研究对象创新、研究方法创新、研究角度创新以及研究结论创新。

　　关键词：经济周期传递，货币政策国际协调，溢出效应

目 录

第一章 绪论 ……………………………………………………… (1)

第一节 选题背景 ……………………………………………… (2)

一 现实背景 ……………………………………………… (2)

二 理论背景 ……………………………………………… (6)

第二节 选题意义 ……………………………………………… (7)

一 现实意义 ……………………………………………… (8)

二 理论意义 ……………………………………………… (10)

第三节 研究思路和研究方法 ………………………………… (10)

一 研究思路 ……………………………………………… (10)

二 研究方法 ……………………………………………… (11)

第四节 结构安排、可能的创新及不足 ……………………… (12)

一 结构安排 ……………………………………………… (12)

二 可能的创新 …………………………………………… (13)

三 不足之处 ……………………………………………… (14)

第二章 国内外相关研究文献综述 …………………………… (15)

第一节 核心概念的界定及测度 ……………………………… (15)

一 世界经济周期协动性及传递 ………………………… (15)

二 宏观经济政策国际协调 ……………………………… (21)

第二节 世界经济周期的传递渠道 …………………………… (23)

一 世界经济周期的主要传递渠道分析 ………………… (23)

二 世界经济周期传递渠道的理论研究 ………………… (24)

三 世界经济周期传递渠道的实证研究 ………………… (31)

第三节 宏观经济政策国际协调的目标、类型和工具 ……… (35)

一 宏观经济政策国际协调的目标 ……………………… (35)

　　二　宏观经济政策国际协调的类型 ……………………… (35)

　　三　宏观经济政策国际协调的工具 ……………………… (36)

　第四节　宏观经济政策国际协调的研究文献 ……………… (39)

　　一　宏观经济政策内外均衡搭配 ………………………… (39)

　　二　宏观经济政策国际协调的动因 ……………………… (40)

　　三　宏观经济政策国际协调的福利 ……………………… (44)

　　四　宏观经济政策国际协调的方案 ……………………… (49)

　第五节　开放经济下货币政策的国际传递和国际协调 ……… (50)

　　一　开放经济下的货币政策 ……………………………… (50)

　　二　开放经济下货币政策的国际传递 …………………… (64)

　　三　开放经济下货币政策的国际协调 …………………… (65)

　本章小结 ……………………………………………………… (71)

第三章　世界经济周期协动性变化趋势 ……………………… (74)

　第一节　欧盟主要国家经济周期协动性变化趋势 ………… (74)

　第二节　欧美经济周期协动性变化趋势 …………………… (85)

　第三节　亚洲主要国家经济周期协动性变化趋势 ………… (86)

　　一　东亚国家经济周期协动性变化趋势 ………………… (86)

　　二　东南亚国家经济周期协动性变化趋势 ……………… (88)

　本章小结 ……………………………………………………… (91)

第四章　中国与贸易伙伴经济周期协动性及传递 …………… (92)

　第一节　关键指标的衡量及样本选取 ……………………… (92)

　　一　关键指标的衡量 ……………………………………… (92)

　　二　样本选取 ……………………………………………… (93)

　第二节　中国与贸易伙伴经济周期协动性变化趋势 ……… (95)

　第三节　中国与贸易伙伴经济周期的贸易传递渠道 ……… (97)

　第四节　中国与贸易伙伴经济周期的投资传递渠道 ……… (99)

　第五节　中国与贸易伙伴经济周期的产业结构传递渠道 …… (101)

　第六节　中国与贸易伙伴经济周期传递渠道的贡献分析 …… (102)

　　一　计量模型的构建 ……………………………………… (104)

　　二　回归结果分析 ………………………………………… (104)

本章小结 ……………………………………………………………… （108）

第五章　中美经济周期协动与货币政策国际协调 …………… （109）
　第一节　中美货币政策协调及经济变化的动态描述 …………… （109）
　　一　中美货币供应量变化的动态描述 ………………………… （110）
　　二　中美 GDP 变化的动态描述 ……………………………… （112）
　　三　中美货币政策协调性与经济周期协动性 ………………… （112）
　　四　中美货币政策协调对中美国内消费的影响 ……………… （114）
　第二节　货币政策国际协调的理论模型 ………………………… （116）
　　一　理论模型的构建思路 ……………………………………… （116）
　　二　理论模型的基本框架 ……………………………………… （117）
　　三　理论模型的结果分析 ……………………………………… （131）
　第三节　中美货币政策的国际溢出效应 ………………………… （133）
　　一　SVAR 模型的说明 ………………………………………… （134）
　　二　美国货币政策对中国经济的溢出效应 …………………… （143）
　　三　中国货币政策对美国经济的溢出效应 …………………… （155）
　本章小结 ………………………………………………………… （165）

第六章　全球金融危机以来中美货币政策协调的现实表现 … （167）
　第一节　金融危机下中美货币政策国际协调的必要性及意义 … （167）
　　一　金融危机下中美货币政策国际协调的必要性 …………… （167）
　　二　金融危机下中美货币政策协调的意义 …………………… （170）
　第二节　金融危机以来中美货币政策协调的现实表现 ………… （170）
　　一　金融危机以来美国的货币政策措施 ……………………… （174）
　　二　金融危机以来中国的货币政策措施 ……………………… （184）
　　三　金融危机以来中美货币政策协调的其他表现 …………… （199）
　第三节　金融危机以来中美货币政策协调的评价 ……………… （201）
　　一　金融危机以来中美货币政策协调效果评价 ……………… （201）
　　二　金融危机以来中美货币政策协调存在的问题 …………… （202）
　本章小结 ………………………………………………………… （205）

第七章　中美货币政策国际协调的若干政策建议 ……………………（206）

　第一节　主要研究结论与观点 ………………………………………（206）

　第二节　中美加强货币政策协调的若干建议 ………………………（208）

　　一　从全球视角出发,追求中美货币政策国际协调

　　　　整体收益最大 ………………………………………………（208）

　　二　从双方特殊经济模式考虑,建构货币政策国际协调的

　　　　经济基础 ……………………………………………………（209）

　　三　以中美战略与经济对话为起点,开启中美合作新时代 ……（210）

　第三节　中国参与货币政策国际协调的若干建议 …………………（217）

　　一　充分认识中国与其主要贸易伙伴的经济周期

　　　　协动趋势 ……………………………………………………（218）

　　二　客观地、理性地认识中国在世界经济的国际地位 ………（218）

　　三　积极参与各种双边、多边对话机制和政策协调 …………（218）

　　四　积极主动地推进利率市场化改革,完善人民币

　　　　汇率制度 ……………………………………………………（219）

　　五　积极参与国际货币体系新秩序的建设 …………………（220）

参考文献 ……………………………………………………………（221）

致　谢 ………………………………………………………………（238）

第 一 章
绪 论

在经济全球化和区域经济一体化不断深化的今天，国际贸易、国际直接投资、各国之间劳动力流动、信息交流越加频繁，经济关系日益密切，相互依存度显著提高，无论是发达国家还是发展中国家都不可能独善其身，都无法避免地受到其他国家或全球性的冲击，继而通过各种国际传递机制演变成世界范围的经济周期波动。2007 年发端于美国的金融危机，在短短两年内迅速向发达国家、新兴市场国家和发展中国家蔓延的事实便是最好的证明。各国都已经意识到，各自为政、以邻为壑的经济政策，对于缓减世界性经济冲击、应对经济危机是目光短浅的，加强各国之间经济政策的合作与协调、推动国际经济政策全面协调具有其必要性。同时，世界经济周期的协动性现象日益明显，采取协调一致的经济政策，对于平抑世界经济周期波动、推动世界经济的长期可持续发展，具有非常重大的作用。因此，在后金融危机时期，在世界经济周期波动趋同的背景下，对现有的国际经济政策的协调方式及机制已经构成了新的挑战，各国经济周期经由各种渠道传递而产生协动现象，以及宏观经济政策国际协调问题得到越来越多的关注，探讨国际经济政策协调问题，将对中国参与国际经济政策协调产生深远的影响。

无论从开放经济条件下经济政策的溢出效应和反馈效应的角度来分析，还是从博弈论合作最优解的角度来研究，国际经济政策协调都有其必要性。目前国际经济政策协调的主要背景是 2007 年源于美国的金融危机。在世界经济一体化程度不断加深的今天，面对各国共同的经济灾难，共同的政策协调是大势所趋，是渡过危机的唯一选择和唯一出路，是推动世界经济增长的有效途径。2011 年 2 月 18、19 日，二十国集团财长和央行行长在法国巴黎举行的会议上，表达了通过多边经济协作降低全球经济失衡、在框架内协调经济政策，以实现强劲、持续、均衡增长的共同意愿。基于上述现状，中国如何在各国经济周期波动通过多种渠道传递导致经济周期协动现象渐趋显著的背景下，参与国家间的宏观经济政策国际协调，以更好地发挥大国地位和作用等问题，有待我们进一步研究。

第一节　选题背景

一　现实背景

改革开放以来，中国的经济开放程度不断提高，主要表现在贸易开放度、投资开放度提高，对世界其他国家的影响与日俱增，国际地位日益上升。随着中国与世界其他国家之间的相互依存度不断提高，中国的宏观经济政策的国际影响力也大幅提高。中国的经济政策对其他国家，尤其是主要贸易伙伴国内经济的影响日益显著。同时，随着中国日益融入世界经济体系，世界其他国家，尤其是美国、欧盟、日本等国内经济政策对中国的影响也日益增大。中国宏观经济政策的独立性受到极大的挑战，特别是货币政策。2005 年 7 月 21 日，人民币汇率形成机制改革，进一步强化了各国货币政策的溢出效应及国际传递，对中国参与货币政策国际协调提出了新的挑战。本轮金融危机爆发伊始，西方各国纷纷采取联合救市行动，中国政府和货币当局第一时间作出反应，调整国内宏观经济政策，积极参与政策的国际协调。后金融危机时期，中国同样表达了与世界其他国家加强宏观经济政策协调、加快全球经济复苏的意愿。

自 1978 年以来，中国的对外贸易依存度不断提高（见表 1 - 1）。1978 年，中国对外贸易依存度为 14.23%，2000 年已经达到 39.57%，2006 年达最高值 64.89%。2008 年和 2009 年由于金融危机影响，进出口增长放缓，对外贸易依存度有所降低，2010 年为 50.15%，2012 年为 48.61%。同时，相比主要贸易伙伴国，中国的进出口贸易额在世界贸易中的比重不断上升（见表 1 - 2），1978 年，中国进出口贸易占世界进出口贸易总额的 0.79%，到 2003 年这一比重上升至 5.51%，到 2010 年，该比重已经达到 9.65%，接近 10%，2013 年为 11.05%，首次高于美国，远高于德国、英国和日本。相比之下，美国、德国、英国、日本的进出口贸易占世界进出口贸易总额的比重有所下降。由此可见，中国对外贸易与世界贸易的联系日益密切，在世界贸易中的地位不断上升。

表 1-1　　　　　　　中国对外贸易依存度　　　　单位：亿美元、%

年份	出口额	进口额	GDP	贸易依存度
1978	99.55	111.31	1481.79	14.23
1979	136.14	156.21	1766.35	16.55
1980	180.99	199.41	1894.00	20.08
1981	220.07	220.14	1941.11	22.68
1982	223.21	192.85	2031.83	20.48
1983	222.26	213.90	2284.56	19.09
1984	261.39	274.10	2574.32	20.80
1985	273.50	422.52	3066.67	22.70
1986	309.42	429.04	2978.32	24.79
1987	394.37	432.16	2703.72	30.57
1988	475.16	552.68	3095.23	33.21
1989	525.38	591.42	3439.74	32.47
1990	620.91	533.45	3569.37	32.34
1991	719.10	637.91	3794.69	35.76
1992	849.40	805.85	4226.61	39.16
1993	917.44	1039.59	4405.01	44.43
1994	1210.06	1156.15	5592.25	42.31
1995	1487.80	1320.84	7280.07	38.58
1996	1510.48	1388.33	8560.85	33.86
1997	1827.92	1423.70	9526.53	34.13
1998	1837.12	1402.37	10194.59	31.78
1999	1949.31	1656.99	10832.78	33.29
2000	2492.03	2250.94	11984.80	39.57
2001	2660.98	2435.53	13248.05	38.47
2002	3255.96	2951.70	14538.28	42.70
2003	4382.28	4127.60	16409.59	51.86
2004	5933.26	5612.29	19316.44	59.77
2005	7619.53	6599.53	22569.03	63.00
2006	9689.78	7914.61	27129.51	64.89
2007	12204.56	9561.16	34940.56	62.29
2008	14306.93	11325.67	45218.27	56.69
2009	12016.12	10059.23	49912.56	44.23
2010	15777.54	13962.47	59305.29	50.15
2011	18983.81	17434.84	73219.35	49.74
2012	20487.14	19503.83	82271.03	48.61

注：进出口贸易数据来自 WTO 网站；GDP 数据来自 WB 网站。

表1-2　　　　　中国及其主要贸易伙伴国进出口占世界比重　　　单位:%

年份	中国	美国	德国	英国	日本
1978	0.79	12.45	9.91	5.39	6.68
1979	0.87	12.19	9.89	5.55	6.33
1980	0.93	11.74	9.27	5.49	6.61
1981	1.08	12.56	8.34	5.03	7.22
1982	1.09	12.33	8.68	5.14	7.06
1983	1.17	12.73	8.63	5.13	7.32
1984	1.35	14.37	8.18	5.00	7.70
1985	1.75	14.39	8.63	5.30	7.75
1986	1.70	14.03	10.00	5.37	7.79
1987	1.62	13.31	10.26	5.60	7.50
1988	1.76	13.41	9.84	5.73	7.75
1989	1.77	13.60	9.70	5.56	7.68
1990	1.65	13.01	11.10	5.83	7.47
1991	1.90	13.01	11.09	5.53	7.72
1992	2.16	13.10	10.97	5.38	7.49
1993	2.56	13.95	9.44	5.10	7.89
1994	2.70	13.73	9.23	5.02	7.68
1995	2.69	12.98	9.45	4.84	7.46
1996	2.65	13.22	8.99	4.99	6.94
1997	2.87	14.02	8.46	5.19	6.71
1998	2.90	14.55	9.08	5.32	5.98
1999	3.10	15.09	8.75	5.13	6.25
2000	3.60	15.49	7.96	4.81	6.52
2001	4.02	15.06	8.35	4.86	5.94
2002	4.69	14.31	8.36	4.87	5.70
2003	5.51	13.12	8.78	4.56	5.53
2004	6.15	12.46	8.65	4.35	5.43
2005	6.66	12.34	8.19	4.21	5.20
2006	7.17	11.99	8.21	4.28	4.99
2007	7.69	11.19	8.39	3.75	4.72
2008	7.85	10.59	8.06	3.35	4.73
2009	8.75	10.55	8.11	3.31	4.49
2010	9.65	10.54	7.51	3.27	4.75
2011	9.89	10.17	7.41	3.21	4.56
2012	10.45	10.49	6.94	3.14	4.55
2013	11.05	10.38	7.01	3.18	4.11

注:根据WTO网站的进出口贸易数据计算。

　　在对外贸易蓬勃发展的同时，中国的直接投资开放度也不断提高。1982年，中国实际利用外商直接投资4.3亿美元，对外直接投资金额0.44亿美元，总体直接投资依存度仅为0.23%（见表1-3），1991年之后总体直接投资依存度显著上升，1993年达到最大值7.25%。之后又显著下降。将投资依存度与对外贸易依存度比较，中国投资依存度处于相对较低水平。从国际直接投资流入与流出对比，中国仍然以接受FDI流入为主，对外直接投资比重相对较低，虽然自2000年之后，FDI流出已经显著增加。

表1-3　　　　　　　　　　中国直接投资依存度　　　　　单位：百万美元、%

年份	FDI 流入	FDI 流出	GDP	投资依存度
1982	430.00	44.00	203183.21	0.23
1983	916.00	93.00	228455.95	0.44
1984	1419.00	134.00	257432.15	0.60
1985	1956.00	629.00	306666.66	0.84
1986	2243.73	450.00	297831.88	0.90
1987	2313.53	645.00	270372.19	1.09
1988	3193.68	850.00	309522.63	1.31
1989	3392.57	780.00	343973.68	1.21
1990	3487.11	830.00	356936.90	1.21
1991	4366.34	913.00	379468.66	1.39
1992	11007.51	4000.00	422660.92	3.55
1993	27514.95	4400.00	440500.90	7.25
1994	33766.50	2000.00	559224.71	6.40
1995	37520.53	2000.00	728007.20	5.43
1996	41725.52	2114.00	856084.73	5.12
1997	45257.04	2562.49	952652.69	5.02
1998	45462.75	2633.81	1019458.59	4.72
1999	40318.71	1774.31	1083277.93	3.89
2000	40714.81	915.78	1198480.32	3.47
2001	46877.59	6885.40	1324804.85	4.06
2002	52742.86	2518.41	1453827.69	3.80

续表

年份	FDI 流入	FDI 流出	GDP	投资依存度
2003	53504.70	2854.65	1640959.26	3.43
2004	60630.00	5497.99	1931643.87	3.42
2005	72406.00	12261.17	2256902.97	3.75
2006	72715.00	21160.00	2712950.56	3.46
2007	83521.00	22468.86	3494055.87	3.03
2008	108312.00	52150.00	4521826.90	3.55
2009	95000.00	56530.00	4991256.22	3.04
2010	114734.00	68811.00	5930529.47	3.09
2011	123985.00	74654	7321935.03	2.71
2012	121080.00	84220	8227102.63	2.50

注：FDI 流入与流出数据来自 UNCTAD 网站；GDP 数据来自 WB 网站。

随着中国更加深入地融入世界经济体系并参与国际经济政策协调，政策的国际协调给中国带来的福利效应评价问题愈显重要，这将为中国参与国际经济政策协调的决策提供重要的参考依据。

二 理论背景

宏观经济政策国际协调理论，最早可以追溯到 20 世纪 50 年代英国经济学家米德就开放经济条件下政策搭配问题而提出的"米德冲突"，即在固定汇率制下，政府无法依靠单一金融政策同时实现内部均衡和外部均衡。丁伯根指出，政策目标与政策工具之间的数量关系需要满足丁伯根法则。蒙代尔进一步提出以财政政策实现内部均衡，以货币政策实现外部均衡的思想。经典的蒙代尔－弗莱明模型描述了不同汇率制度下，国际资本流动约束情形与宏观经济政策有效性问题。克鲁格曼针对蒙代尔－弗莱明模型提出了"三元悖论"，即固定汇率制度、资本自由流动和独立的货币政策无法同时实现。他们讨论了开放经济条件下的内外均衡政策搭配问题。多恩布什将蒙代尔－弗莱明模型拓展至两国，指出两国之间的政策协调可以提高彼此的福利水平。

20 世纪 70 年代，日本经济学家哈马达在其《国际货币相互依存的政治经济学》中，借助博弈论工具，通过比较各国宏观经济政策决策当局在三种不同的行为模式下，国际经济政策协调实现均衡的过程及其福利结果，从理论角度再次验证了国际经济政策协调的必要性。克鲁格曼以 20 世纪 80 年代的工业化国家实行紧缩性货币政策为例，以简单的博弈支付矩阵，分析了两国在不同的货币政策组合下的效用，指出两国放弃以邻为壑的政策，严格遵守达成的协议进行政策协调，对两国而言是双赢的。之后，坎佐尼里等人的博弈模型考虑了不同的博弈模式、不同的均衡条件下国家之间经济政策协调的福利收益。

20 世纪 70 年代出现的哈马达模型、坎佐尼里等人的博弈模型，基于国家之间的相互依存结构和社会损失函数，借博弈论工具论证了国际经济政策协调的必要性，是国际经济政策协调的第一代模型。但是，上述模型缺乏微观经济基础，Obstfeld 和 Rogoff（1995）首创了基于新开放经济宏观经济学（New Open Economy Macroeconomics[①]）框架的第二代国际经济政策协调模型，运用动态一般均衡分析方法，在垄断竞争和黏性价格假设下最大化经济主体的行为，考察了经济政策国际传递机制及国际协调的福利收益，指出宏观经济政策国际协调的收益是肯定的。但是，Oudiz 和 Sachs（1984）、Currie 和 Levine（1985）等人从实证角度的量化分析发现，这个协调收益是微小的。

现有国际经济政策协调的理论研究文献，论证了宏观经济政策国际协调的必要性及其福利收益，但是研究对象主要集中于发达国家，对发展中国家参与国际经济政策协调的理论研究甚少。本轮金融危机冲击了发达国家和发展中国家，具有持续性、长久性和全球性的特点，仅依靠一两个国家或国际组织是无法真正解决的，需要各国齐心协力，共同联手应对危机，危机爆发后世界各国联合救市行动及其效果正说明了这点。而中国，作为世界最大的发展中国家，自然无法置身事外。本轮危机的新特点对现有宏观经济政策国际协调理论提出了新的挑战，迫切需要新的理论来指导后金融危机时期各国的宏观经济政策协调决策行为。

第二节　选题意义

在后金融危机时期，加强对发展中国家与其贸易伙伴之间经济周期协

[①]　以下简称 NOEM。

动性的研究，及其参与国际经济政策协调的分析，明确宏观经济政策国际协调对发展中国家带来的福利效应，具有特殊而重要的现实意义和理论意义。美国作为中国最大的贸易伙伴国，以中美货币政策国际协调为例具有很强的典型意义。

一 现实意义

宏观经济政策作为一国调控宏观经济运行的政策工具，对于国家的经济发展与稳定、对于经济增长方式的转变发挥着越来越重要的作用。随着经济全球化、金融全球化、区域经济一体化的发展，国家之间商品、投资、信息、资源、劳动力等交流日趋频繁，彼此之间相互依存度不断提高、经济联系日益密切，开放条件下，一国经济发展不但受到国内市场和资源的制约，同时受到国际市场与资源的制约，国家之间经济共振现象趋于明显，经济周期波动呈现协动趋势。一国经济波动往往经由实体经济和虚拟经济多种国际传递渠道，向其他国家甚至全世界传递、蔓延、扩散，形成区域性或世界性经济周期协动。由于经济周期波动的趋同现象，各国对经济所处周期阶段比较认同，采取的宏观经济政策也就相对一致，从而使得国际经济政策协调成为一种趋势。因此，一国在运用宏观经济政策调控国内经济时，不仅要考虑国内经济形势，同时需要关注全球经济形势。

同时，在开放经济环境下，一国的宏观经济政策对其他国家具有显著的溢出效应。任何一个国家，尤其是世界主要经济体，如美国、欧盟、日本、中国等，其货币政策会通过利率渠道、信用渠道、心理预期渠道等对国内经济产生影响，同时还会通过国际贸易渠道、国际投资渠道、汇率渠道等对其他国家国内经济产生影响，即所谓货币政策的国际溢出效应。如果一国货币政策对其他国家经济的影响是负面的，则该溢出效应是消极的；如果一国货币政策对其他国家经济的影响是正面的，则该溢出效应是积极的。与此同时，该国也受到来自其他国家货币政策的反馈效应，导致该国依据自身经济形势制定的货币政策往往无法实现预期效果。由于溢出效应与反馈效应的同时存在，一国在制定和实施宏观经济政策时，不能仅以本国经济反应为依据，同时要考虑其他国家的可能反应和可能采取的相关措施，兼顾国内外因素，选择最优的货币政策，这进一步体现了各国之间加强货币政策国际协调的必要性。

本轮经济危机中，各国主要表现为市场信心受挫、金融市场动荡、信贷紧缩、流动性短缺，并且经由国际资本流动和国际贸易渠道，由个别国家向全球蔓延，由虚拟经济向实体经济扩散，并严重冲击国际货币体系和国际金融体系，迅速演变为全球性金融危机。欧洲发达国家首先遭受冲击，进而波及其他新兴市场和发展中国家，各国陆续陷入前所未有的危机中，国内经济出现了不同程度的衰退。虽然发展中国家金融市场开放程度相对较低，金融市场遭遇的冲击相对较轻，但由于外需萎缩，出口急剧减少，直接冲击国内实体经济，导致经济衰退。各国政府纷纷采取救市计划。但是，各国各行其是的国内单边行动始终无法有效解决这个全球性问题，过去以邻为壑的政策只会进一步加剧危机的危害。由于本轮金融危机的特殊性和全球性，亟待各国采取集体行动，加强宏观经济政策的国际协调，形成政策合力，有效应对全球性金融危机，尽快恢复世界经济平稳发展。

美国，作为世界最大的发达经济体，其对世界经济具有举足轻重的影响。美国经济与世界其他国家在实体经济和金融业方面存在着密切联系，是金融危机扩散的原因之一。据花旗集团 Citigroup（2008）的研究，美国 GDP 增长率平均每下降 1 个百分点，会引起新兴市场经济体 GDP 增长率下降 0.34 个百分点；美国 GDP 增长率低于其潜在增长率 1 个百分点，会引起新兴市场经济体 GDP 增长率低于其潜在增长率 0.54 个百分点。在世界经济越来越融合的今天，美国经济不但影响西方发达经济体，同时影响新兴市场经济体的出口、就业、股市和整体经济增长。由于美国在世界经济的国际地位，其货币政策对其他国家国内经济的溢出效应较为显著，因此，后金融危机时期，美国的货币政策在世界经济整体范围内不仅具有先导效应，同时具有"牵一发而动全身"的效应。

中国改革开放经过 30 多年的发展，其经济实力和国际影响与日俱增，其货币政策也对世界其他国家具有一定的影响。中美两国经济的特殊互补关系以及密切经贸关系，对两国发展以及世界经济发展具有十分重要的意义。尤其是在中美双边贸易方面，自两国建交至今，经历了快速发展的过程。但同时也存在两个明显的问题：一是中美双边贸易不平衡问题；二是中国贸易条件不断恶化问题。中美双方特殊的经济结构以及经济全球化背景下，国际产业分工调整和国际产业转移使得中美货物贸易顺差不断扩大，贸易顺差又引发贸易摩擦、人民币升值压力等诸多问题。在本轮金融危机中，中国国内经济首先由于出口商品外需急剧萎缩遭遇冲击，并且直接影响实体经济多个行业。因此，在后金融危机时期，中美两国若能从全球高度，充分认识自身在世界经济中的地位和责任，共同努力，加强国际经济政策协调与磋商，采取具有前瞻性的货币政策，对于改善双边经贸关系，对于调整两国国内经济结构失衡，对于全球走出危机、稳定世界经济增长具有不可替代的作用。

二　理论意义

就目前关于宏观经济政策国际协调的理论研究而言，主要集中于对发达国家问题的探讨，包括对发达国家内外均衡目标同时实现的政策搭配问题研究、发达国家经济政策的溢出效应及其国际传递机制研究、发达国家之间经济政策的国际协调必要性、方案及福利研究等，而较少关注发展中国家情形。这主要是由于发展中国家在世界经济中的地位较轻，对外开放程度不高，政策的国际影响力有限。但是，中国的迅速崛起以及在本轮金融危机中发挥的重要作用，使得发展中国家的地位和影响不容忽视，以中国及其主要贸易伙伴为研究对象，有助于完善现有理论在这方面的不足。

同时，目前研究较集中于对宏观经济政策国际协调的必要性讨论，较少运用规范的理论和计量方法分析宏观经济政策，特别是货币政策的溢出效应及其国际传递和国际协调。

考虑本轮金融危机的特殊性及发展中国家的特色，本书运用系统的理论分析方法和科学的计量分析方法，加强对宏观经济政策国际协调课题的探讨，有助于完善该领域的现有理论。

第三节　研究思路和研究方法

一　研究思路

本书以经济全球化及全球金融危机为研究背景，以宏观经济政策国际协调为研究主线，以中国及其主要贸易伙伴为研究对象，首先从世界范围经济周期经由各种渠道的传递导致经济周期协动现象显著入手，考察经济周期协动性的界定、测度及现实表现，分析并比较世界经济周期协动性的主要传递渠道，从而获得影响中国与其主要贸易伙伴经济周期协动性的各个传递渠道的相对贡献的直观认识，从经验角度反映了国家之间进行宏观经济政策国际协调的必要性。

作为世界最大的发展中国家和最大的发达国家，以中美货币政策为例具有典型意义。中美货币政策的协调及宏观经济的动态描述，有助于把握两国现实经济变化态势，了解货币政策协调性与经济周期协动性。

基于对宏观经济政策国际协调的研究文献的归纳与总结，本书以 NOEM 为理论分析框架，构建了货币政策国际协调的两国三部门理论模型，从理论角度探求货币政策国际传递机制和国际协调的福利收益，从而进一步验证加强国际货币政策协调的必要性，以及在冲击不确定性不对称情形下，货币政策国际协调实现双赢需要满足的条件。借助 SVAR 模型和脉冲响应函数，验证了中美货币政策的国际溢出效应及国际传递。结合金融危机以来中美两国货币政策协调的现实表现，构想中美建立长期货币政策协调的有效机制。

二 研究方法

（一）经济学分析方法

本书采用规范、科学的经济学分析方法，引用大量的经济学研究成果，深入透彻地分析了国际经济政策协调的内涵、目标、类型、基础、模型等，为从理论与实证视角研究中国参与国际经济政策协调、中美货币政策协调的机制及福利收益奠定基础。结合运用分析与综合方法，实现既从局部、细节角度，又从整体、全面角度有机地认识问题。

（二）博弈论分析方法

哈马达、克鲁格曼、坎佐尼里等人借博弈论工具从理论角度论证了国际经济政策协调的必要性。基于 NOEM 框架构建的两国三部门 CCD 模型，借助博弈论工具分析了货币当局在纳什均衡和合作均衡情形下的福利损失，从而获得不同部门受到外生冲击时货币当局的帕累托最优解。

（三）理论分析与实证分析相结合

本书不但从理论角度，而且从实证角度论证了中国与其主要贸易伙伴之间进行国际经济政策协调的必要性，使得论据材料更具说服力。

（四）静态分析与动态分析相结合

结合运用静态分析与动态分析方法，既获得对某一时点国际经济周期协动性、国际经济政策协调性状态的直观描述，又获得国际经济周期协动性、国际经济政策协调性在不同时点变化的过程分析。

第四节 结构安排、可能的创新及不足

一 结构安排

本书主体结构共分为 7 章内容。

第一章，绪论。本章主要介绍全书的现实和理论背景、现实和理论意义、研究方法、研究思路、全书结构安排、主要创新之处及存在的不足之处。

第二章，国内外相关研究文献综述。本章梳理了国内外关于经济周期协动性的界定与测度方法的文献，世界经济周期在实体经济方面的主要传递渠道，包括国际贸易、国际直接投资及国际产业结构变化等，从理论研究角度和实证研究角度，对国内外关于这些传递渠道的讨论进行了分析与归纳，介绍了宏观经济政策国际协调的含义、目标、类型及工具。同时，总结了国际经济政策协调的研究文献，包括从内外均衡政策搭配考察开放经济国际经济政策协调，借博弈论工具来分析国际经济政策协调的动因，从 NOEM 框架评价国际经济政策协调的福利并进行实证量化，以及从互动模式探究国际经济政策协调的方案等。分析了开放经济条件下，不同汇率制度情形货币政策国际传递与协调机制。

第三章，世界经济周期协动性变化趋势。本章从实证角度分析了欧盟主要国家、美国与欧盟主要国家、东亚和东南亚主要国家经济周期协动性的发展动态与变化趋势。

第四章，中国与贸易伙伴经济周期协动性及传递。本章考察了中国与其主要贸易伙伴之间的经济周期协动性变化趋势，并进一步研究了双边贸易、双边直接投资和产业结构变化等主要传递渠道及对其国际经济周期协动性的贡献。

第五章，中美经济周期协动与货币政策国际协调。本章首先对中美货币供应量及经济变量进行了动态描述，然后借鉴 Canzoneri 等（2005）对货币政策国际协调的福利的衡量和分析方法，基于 NOEM 理论框架，结合中国实际与金融危机背景，引入两国冲击不确定性存在不对称的情形，构建了不对称外生冲击下国际货币政策协调的两国三部门理论模型，简称 CCD 模型。该理论模型结合福利函数和政策反应函数，探讨了两个国家各部门受到不同外生冲击时的福利损失情形，由此确定帕累托最优的政策选择。最后，借助 SVAR 模型及其脉冲响应函数，考察了金融危机后，美国货币政策对其国内经济的影响和对中国国内经济的溢出效应，以及中国货币政策对其国内经济的影响和对美国国内经济的溢出效应。

第六章，全球金融危机以来中美货币政策协调的现实表现。在本轮金融危机下，加强中美货币政策国际协调具有一定的必然性和意义。本章介绍了金融危机以来，中美两国国内经济受到的冲击及货币当局采取的政策措施，并对两国货币政策协调表现、效果及存在问题予以分析与评价。

第七章，中美货币政策国际协调的若干政策建议。基于前文的分析，本章做出简单总结，并就中美加强货币政策国际协调以及中国参与货币政策国际协调提出若干政策建议。

二 可能的创新

与其他同类研究相比，本书的创新可能主要体现在以下几个方面：

（一）研究对象创新

就相关文献看来，目前的研究主要集中于发达国家。但是，在经济全球化不断深入、各国相互依存度不断提高、全球金融危机波及甚广和冲击甚严的背景下，人们发现起源于发达国家的金融危机对发展中国家、新兴市场国家同时造成了严重冲击，因此，研究各国经济周期的传递及宏观经济政策国际协调，并把研究对象由发达国家转向发展中国家及其主要贸易伙伴，是必要的，也是本书的创新之一。

（二）研究方法创新

本书综合运用了多种经济学研究方法。结合运用规范科学的经济学分析方法，尤其以博弈论分析方法探讨最优货币政策选择问题。结合运用理论分析方法和实证分析方法、静态分析方法和动态分析方法。在分析国际经济政策协调的福利收益时，将模型建立在微观经济主体分析之上，来探讨宏观层面的经济现象。

（三）研究角度创新

在考察世界经济周期协动性的传递渠道时，引入国际贸易以外的国际直接投资和产业结构相似的相对贡献。在考察中美货币政策国际协调的福利函数时，将贸易品部门分为供国内消费的贸易品部门和供出口的贸易品部门，同时考虑了中美两国外生冲击不确定性存在不对称时的情形。

（四）研究结论创新

基于对新开放经济宏观经济学理论框架下两国三部门的货币政策国际协调理论模型的分析，发现仅非贸易品部门或仅可贸易品部门受到外生冲击时，两国之间受到冲击的不确定性的不对称程度较小时，货币政策的国际协调才是帕累托最优的，才是对彼此双赢的选择。基于对货币政策国际传递机制和国际协调机制的分析，提出：中美两国之间构建长期有效的货币政策协调机制，需要从全球视角出发，追求中美货币政策国际协调整体收益最大；从双方特殊经济模式考虑，建构货币政策国际协调的经济基础；以中美战略与经济对话为起点，开启中美合作新时代。中国作为世界最大的发展中国家，在参与货币政策国际协调过程中：需要充分认识中国与其主要贸易伙伴的经济周期协动趋势；客观地、理性地认识自身在世界经济的国际地位；积极参与各种双边、多边对话机制和政策协调；积极参与国际货币体系新秩序的建设。

三　不足之处

由于本人的时间和精力有限，本书还存在许多不足之处，未来的研究可以从以下几个方面进行完善。

第一，从理论上分析，世界经济周期协动的传递渠道包含国际贸易、国际直接投资、产业结构差异等实体经济渠道，但同时也包含金融市场等虚拟经济渠道。所以，从经济体系整体层面的结果解释上，还不够全面，需要未来进一步的深入研究。

第二，在宏观经济政策内外均衡政策搭配中，讨论比较多的是财政政策与货币政策的合理搭配以同时实现内部均衡和外部均衡，但本书仅讨论了货币政策国际协调问题，而没有涉及财政政策、贸易政策、产业政策等，并且在研究对象的选择方面，仅分析了中美两国的货币政策协调，而没有考虑中国与其他国家情形，因此后续的研究将进一步关注其他类型宏观经济政策协调，同时考虑更多的具有重要影响的国家，为构建多层次、多维度的宏观经济政策国际协调体系提供素材支撑。

第 二 章
国内外相关研究文献综述

本章围绕本书研究主题相关的已有文献作了系统梳理。首先，解释了主要概念的含义及其测度，回顾了世界经济周期传递渠道的理论研究与实证研究文献；其次，阐述了宏观经济政策国际协调的目标、类型、工具、起源、动因、福利和方案等；最后，讨论了开放经济下货币政策的国际传递和国际协调的相关研究成果。

第一节　核心概念的界定及测度

一　世界经济周期协动性及传递

（一）经济周期协动性的含义

经济周期协动性研究的最初目的是，考察国内经济体系中不同经济变量变化的相互关系，主要集中于探究经济变量在方向和波幅上的趋同性现象，包括国内生产总值、工业增加值、就业、失业、投资、消费、储蓄等多方面。随着各国之间相互依存关系的加强，近年来，国际学界开始考察不同国家或不同区域之间经济变量的变化关系，由此引申出对国际经济周期协动性、世界经济周期协动性的研究，并且国际经济周期协动性、世界经济周期协动性已经成为世界经济周期波动最显著的特征事实之一。国际经济周期协动性强调两个或两个以上国家之间经济波动的相互影响，即一个国家的经济波动会在多大程度上引起另一个国家的经济波动，其核心是经济波动的国际传递，其传递渠道包括国际贸易、国际资本流动、产业结构变化等。世界经济周期协动性则是经济变量在世界范围内的趋同性变化及相互联系。这是区别于"外生冲击源分析"的国际经济周期理论中的另一类研究。[①]

---

① Gross（2001）指出，此类研究通常被称为"机车"理论（locomotive theory），以突显其重要性。

国内学者张兵（2002）认为，经济周期协动性是经济上升或下降出现的时间基本相同或者是非常接近，且经济周期持续时间有所重合。这个理解更接近于同步性的意思。为清晰对协动性的理解，需要区分它与同步性、相关性和一致性的区别。同步性往往是指各个国家经济波动在拐点、顶峰和谷底的时点上表现出一致性。相关性是指国家之间经济波动的关联程度。一致性强调时间上的相对滞后与否。虽然国际经济周期协动性程度的衡量需要同步性、相关性和一致性的各种统计数据来衡量，但是，仅用这些测算方法无法体现协动性的核心内涵——国际经济周期的传递机制。（刘崇仪，2006）①

（二）经济周期协动性的测度

根据现代经济增长理论，宏观经济变量的时间序列由长期趋势成分、季节波动成分、循环波动成分、随机变动成分构成。长期趋势成分是经济变量时间序列的长期趋势性质。季节波动成分是由一些季节性因素引起的周期性波动，在季度和月度数据中尤其明显，虽然不同时间序列的季节变化幅度不同，但周期是固定的，通常情况为一年，季度因素和月度因素在一年内会以相同的规律出现，因此分析年度数据时可以不加考虑。循环波动成分是年度时间序列表现出的一种周期性波动现象，周期不固定且时间较长，波幅不规则。随机变动成分是由一些偶发性事件引起的波动，比如战争爆发、政治动荡、自然灾害、意外事故等，无规律可循，是时间序列中除去长期趋势成分、季节波动成分、循环波动成分后余下来的波动。

根据 OECD 提出的"增长循环"概念，经济周期波动是围绕长期趋势上下的波动。国际经济周期协动性考察的是国家之间经济变量的互动变化的关联程度，因此，在运用年度时间数据进行分析时，需要剔除长期趋势成分，得到周期性循环波动成分并将其作为研究对象进行处理。这种剔除趋势成分的方法被称为消除趋势法（detrending method）。主要的消除趋势法有线性趋势分解法、分段趋势分解法、一阶差分分解法、BN 分解法、HP 滤波法、BP 滤波法、UC - 卡尔曼滤波法等。

---

① 协动性（co - movement）与同步性（synchronization）、相关性（correlation）和一致性（consistency）在内涵上有一定的区别，但是在统计计量上却难以区分，在具体测量时不作严格地区分。

1. 线性趋势分解法

假定宏观经济变量的时间序列中包含确定的线性时间趋势，其增长可以用指数形式表示：$Y_t = e^{\beta t}$，取对数后转化为线性趋势形式 $\ln(Y_t) = a + \beta_t + \varepsilon$，回归后的残差即为周期成分。这种方法假设简单，计算方便，但是对宏观经济变量时间序列的理论和经验分析表明，宏观经济变量并不是具有确定时间趋势的过程，其趋势成分往往是一个随机游走过程。

2. 分段趋势分解法

宏观经济变量序列可能存在结构变化特征，因此需要确定结构变化点，由此划分不同的线性趋势，再运用线性趋势分解法，这种方法称为分段趋势分解法，它是基于线性趋势分解法而诞生的。这种方法虽然考虑了结构变化的情况，但是要从统计上识别结构变化点比较困难，所以通常人们是根据经验外生地确定结构变化点。

3. 一阶差分分解法

大量的理论和经验分析表明，宏观经济变量时间序列是非平稳的，存在单位根，即趋势成分中除了包含确定性趋势外，还有可能存在随机趋势。对于这种时间序列，通常的做法是，对序列进行差分，使其达到平稳。如果序列是一阶单整，那么一阶差分后可以剔除长期趋势成分中的随机趋势，得到周期成分，该周期成分是一个平稳过程。

4. BN 分解法

Beveridge 和 Nelson 于 1981 年分析了差分平稳的时间序列如何分离趋势和周期成分，提出了基于 ARIMA 模型的 BN 分解法。

对产出序列 $\{Y_t\}$ 增长率的差分建立 ARIMA 模型：

$$\Delta Y_t = \alpha_0 + \sum_{i=1}^{p} \alpha_i \Delta Y_{t-i} + \varepsilon_t + \sum_{j=1}^{q} \beta_{t-j}, \qquad t = 1, 2, \cdots, T$$

得到周期成分：

$$Y_t^C = Y_t - \lim_{k \to +\infty}(E_t Y_{t+k} - k a_0) = -\lim_{k \to +\infty} E_t(\Delta Y_{t+k} + \cdots + \Delta Y_{t+1}) + k a_0,$$

式中：$a_0 = \dfrac{\alpha_0}{(1 - \sum\limits_{i=1}^{p} \alpha_i)}$。

趋势成分：$Y_t^T = Y_t - Y_t^C$，$k a_0$ 是确定性趋势，$E_t(\Delta Y_{t+k} + \cdots + \Delta Y_{t+1})$ 为随机趋势。BN 分解法得到的趋势成分与周期成分的残差呈负相关。

5. Hodrick – Prescott（HP）滤波法

Hodrick – Prescott（HP）滤波法是 Hodrick 和 Prescott 于 1980 年在其分析战后美国经济周期的论文中提出的，其原理是：设 $\{Y_t\}$ 是包含长期趋势成分和周期波动成分的经济时间序列，$t = 1，2，\cdots，T$。其中 $\{Y_t^c\}$ 是长期趋势成分，$\{Y_t^c\}$ 是周期波动成分，则有 $Y_t = Y_t^T + Y_t^c$。一般地，$\{Y_t^T\}$ 常被定义为下面最小化问题的解：

$$\min \sum_{t=1}^{T} \{(Y_t - Y_t^T)^2 + \lambda [c(L)Y_t^T]^2\}$$

式中：$c(L)$ 是延迟算子多项式；$\lambda = \sigma_T^2/\sigma_C^2$ 是趋势成分和周期成分的方差之比，λ 值越大，长期趋势成分越光滑，当 λ 趋近于无穷大时，趋势成分接近于线性函数。将 $c(L) = (L^{-1} - 1) - (1 - L)$ 代入上式得，

$$\min \sum_{t=1}^{T} \{(Y_t - Y_t^T)^2 + \lambda \sum_{t=1}^{T} [(Y_{t+1}^T - Y_t^T) - (Y_t^T - Y_{t-1}^T)]^2\}$$

HP 滤波方法的优点是其对宏观经济变量的趋势描述较为合理，而且不需要借助特定的判别假定和经济理论，因此被广泛接纳和应用。但是也存在不足之处，主要表现在 λ 的取值具有主观性和随意性，不同的 λ 值会得到不同的周期。根据经验，当 λ 为年度数据时，$\lambda = 100$；当 λ 为季度数据时，$\lambda = 1600$；当 λ 为月度数据时，$\lambda = 14400$。

6. Band – Pass（BP）滤波法

Band – Pass（BP）因其是一种带通滤波（Band – Pass filter）的线性近似而得名。因其由 Baxter 和 King 于 1995 年提出，它又被称为 BK 滤波法。带通滤波方法是将时间序列分解为趋势成分、周期成分和不规则成分，分别处于低频率处、中间带上和高频率处，对应低通滤波、带通滤波和高通滤波，BP 滤波会过滤掉低频率处的趋势成分和高频率处的不规则成分，保留中间带上的周期成分。一个理想的带通滤波，是对称权数、绝对可加的移动平均，公式如下：

$$Y_t^c = \sum_{j=-\infty}^{+\infty} \omega_j Y_{t-j}$$

式中：Y_t^c 是周期波动成分；Y_{t-j} 是平稳的时间序列；ω 是权重序列。上式的时域表示形式可以转化为频域形式。用延迟算子表示，有 $Y_t^c = W(L)Y_t$，其中 $W(L) = \sum_{j=-\infty}^{+\infty} \omega_j L^j$。

其频率响应函数为：$\omega(\lambda) = \sum\limits_{j=-\infty}^{+\infty} \omega_j e^{-ij\lambda}$，$i$ 是满足 $i^2 = -1$ 的单位复数。

在具体应用中，只能进行有限项滤波，因此用 k 阶移动平均滤波来代替理想滤波，此时，频率响应函数为 $\omega_k(\lambda) = \sum\limits_{j=-k}^{k} \omega_j e^{-ij\lambda}$，估算的周期成分为 $Y_t^C = \sum\limits_{j=-k}^{k} \omega_j Y_{t-j}$。

这种消除趋势法的关键是 k 的取值。Burns 和 Mitchell（1946）在研究美国经济周期时得出：对于月度数据，周期范围取 $[8, 96]$，k 取 36；对于季度数据，周期范围取 $[6, 32]$，k 取 12；对于年度数据，周期范围取 $[2, 8]$，k 取 3。相比 HP 滤波法，BP 滤波法的优点是可以避免 λ 取值的主观性和随意性，可以根据所观测数据的周期频率来选择周期频率的带宽，提取较为合意的周期成分。不足之处是观测数据损失严重，两端会各丢失 k 个观测数据，因此对样本量的要求比较高。

7. UC – 卡尔曼滤波法

UC – 卡尔曼滤波法是不可见成分模型（unobserved – component）和卡尔曼滤波法的结合。该方法将经济变量时间序列看成由不可观测的趋势成分与周期成分构成，即 $Y_t = Y_t^T + Y_t^C$，其中，Y_t^T 是不可观测的趋势成分，Y_t^C 是不可观测的周期成分，两者都是状态变量。通常假定，趋势成分 Y_t^T 是具有固定漂移的随机游走过程，周期成分 Y_t^C 是一个二阶齐次差分方程，且趋势成分与周期成分不相关。状态变量动态变化的转移方程为：

$$Y_t^T = Y_0^T + Y_{t-1}^T + \varepsilon_{1t}, \quad Y_t^C = \alpha_1 Y_{t-1}^C + \alpha_2 Y_{t-2}^C + \mu_{1t}。$$

然后进行参数估计。

不同的消除趋势法对时间序列数据的趋势成分和周期成分有特定的假定条件（见表 2 – 1）。

表 2 – 1   **不同消除趋势法的假设条件**

消除趋势法	变量要求	趋势成分假定	周期成分假定	两种成分的关系
线性趋势分解法	单变量	线性确定性趋势	线性回归的残差	不相关
分段趋势分解法	单变量	分段确定性趋势	分段回归的残差	不相关
一阶差分分解法	单变量	随机游走	平稳	不相关
BN 分解法	单变量或多变量	带漂移的随机游走	平稳的 ARIMA 过程	负相关

消除趋势法	变量要求	趋势成分假定	周期成分假定	两种成分的关系
HP 滤波法	单变量或多变量	介于平稳与非平稳之间	平稳	不相关
BP 滤波法	单变量	介于平稳与非平稳之间	平稳	不确定
UC - 卡尔曼滤波法	单变量或多变量	带漂移的随机游走	平稳的 ARIMA 过程	不相关

经济周期协动性的测度，是基于上述各种消除趋势法得到的宏观经济时间序列的周期成分，借助特定方法的计算，如相关系数法、一致统计量法、一致指数法、动态相关统计量法、因素模型法、交叉相关分析技术 (cross - correlation) 等。从现有国内外研究文献看，运用较多的是相关系数法，又称皮尔逊矩相关系数法，是以两国之间实际经济活动剔除趋势后的双边相关性来衡量经济周期协动性程度，系数值越大，说明协动性程度越高。相关系数的计算公式如下：

$$Corr(v_i, v_j) = \frac{Cov(v_i, v_j)}{\sqrt{Var(v_i)\,Var(v_j)}}$$

式中：$Corr(v_i, v_j)$ 表示国家 i 和国家 j 之间实际经济活动 v 的双边相关性。

运用相关系数法计算经济周期协动性有一个缺陷，它计算的是若干个子阶段的交叉相关，获得的是每个阶段的单一相关系数值，无法反映某一特定年份的负相关、混乱时期的异步行为或稳定时期的同步行为，不适合面板数据分析，为此，Cerqueira 和 Martins（2009）构建了一个同步化指数，该指数可以获得以每一个年份为一个时点的数值，而非一个阶段为一个时点的数值。同样，指数值越大，表明两国之间经济周期协动性程度越高。同步化指数的计算见公式：

$$Corr_{ij,t} = 1 - \frac{1}{2}\left[\frac{(d_{i,t} - \bar{d}_i)}{\sqrt{\frac{1}{T}\sum_{t=1}^{T}(d_{i,t} - \bar{d}_i)^2}} - \frac{(d_{j,t} - \bar{d}_j)}{\sqrt{\frac{1}{T}\sum_{t=1}^{T}(d_{j,t} - \bar{d}_j)^2}}\right]^2$$

式中：$Corr_{ij,t}$ 表示 t 时期国家 i 和国家 j 之间实际经济活动的双边相关性；$d_{i,t}$ 和 $d_{j,t}$ 分别为国家 i 和国家 j 的实际国内生产总值和总就业的增长率；$\bar{d}_i$ 和 $\bar{d}_j$ 为对应增长率的均值。

（三）世界经济周期传递

源自一个国家的经济波动，往往会以多种渠道迅速地向联系密切的周边国家甚至世界经济蔓延、传播，使得世界经济周期协动性得以形成。世界经济周期通过贸易、投资、劳动力转移、产业变化等多种渠道的跨国扩散，引起各国间整体经济变化趋于协同，这种现象我们称为世界经济周期传递。

二　宏观经济政策国际协调

宏观经济政策国际协调是国际经济学中的一个根本性问题。在给出国际经济政策协调的含义之前，有必要对国家之间的联系作一个简单的认识，以区分"协调"与"合作"。凯伯（Robert J. Carbaugh）曾用谱线图清晰地描述了国与国之间的经济联系（见图2-1）。谱线图最左端表示国家之间政策冲突，即经济政策在解决一个问题的同时会引起另一个问题的恶化。图2-1的中间点表示各国政策相互独立、彼此的政策不受对方政策影响也不会影响对方的政策。最右端表示政策一体化，各国会将一部分自主权让渡给一个超国家机构。在政策独立和政策一体化之间，存在各种形式的合作与协调，而协调是更高要求的合作形式，是各国之间实施某些政策的正式协议。

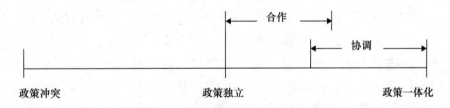

图2-1　各国政府之间的经济联系

来源：罗伯特·J. 凯伯（Robert J. Carbaugh）：《国际经济学》，原毅军等译，机械工业出版社2005年版。

国外学界对国际经济政策协调的内涵的界定比较接近。

美国学者 Wallich（1984）和 Buiter（1985）都认为，国际宏观经济政策协调是国际经济一体化过程中各国经济政策的相互调整过程，以及彼此在政策执行上的承诺和约束。Kenen（1990）则把国际宏观经济政策协调视为一种政府间的明确的经济合作形式，是参与宏观经济政策国际协调的过程。Currie（1990）强调了各国经济政策协调的目的，是各国在充分考虑国际经济联系的基础上，有意以互利的方式来调整各自宏观经济政策的过程。Webb（1995）认为，国际宏观经济政策协调是各国政府间对目标不同的政策进行协调，并设计宏观经济政策实施工具和实施路径的行为。Horn 和 Masson 认为，国际经济政策协调是对某些宏观经济政策进行共同的调整，就某些共同的经济目标进行合作规划和政策实施。Carbaugh 认为，国际经济政策协调是不同国家之间，就国际贸易和货币政策等达成一个彼此满意的可接受协议，而不需要一个国际组织或国际机构告诉各国该做什么。

国内学者姜波克（1999）将国际经济政策协调的内涵分为广义和狭义。广义的国际经济政策协调是指在国际范围内，能对各国国内宏观经济政策产生一定程度制约的行为。狭义的国际经济政策协调是各国在制定国内政策的过程中，通过磋商等形式来对某些宏观经济政策进行共同的设置。国际货币基金组织，在布雷顿森林体系下所实行的互相监督即属于狭义的国际经济政策协调范畴了；而七国首脑会议的全面的一揽子协调计划，则属于广义的国际经济政策协调范畴（唐文琳等，2006）。

张幼文（1999）认为，所谓宏观经济政策的国际协调，简称"国际经济政策协调"，是指以各国或地区的政府或国际经济组织为主体，在承认世界经济相互依存的前提下，就财政政策、货币政策、汇率政策、贸易政策等宏观经济政策在有关国家之间展开磋商、协调，或对现行的经济政策做适当修改，或联合采取干预市场的政策行动，从而减缓各种突发事件和经济危机所带来的冲击，维持和促进各国经济稳定增长。黄金竹（2004）进一步补充，认为国际经济政策协调强调了当有关国家利益发生冲突或无法同时达到最大化时，就宏观经济政策进行协调，寻求整体利益最大化。

宋玉华（2007）给出的定义是，国际经济政策协调是在世界相互依存日益加深、各国经济政策溢出效应不断增强的背景下，各个国家或地区的政府、区域一体化组织及国际经济组织，就财政、货币、汇率、贸易等宏观经济政策在一定范围内进行磋商、协调，并就宏观经济政策目标、政策工具和方法，形成某种承诺和约束，实行某种共同的宏观经济政策和调控方式，或调整国内政策，以减轻各种内外部冲击的影响，实现国内经济和世界经济的平稳发展。

第二节　世界经济周期的传递渠道

国际经济政策协调的基础是各国之间经济相互依存关系不断深入，以及国际经济周期协动性程度不断提高。一国的经济波动会通过贸易、投资、货币、技术、劳动力和信息等实体经济和虚拟经济多种渠道相互传递和扩散，导致失业、通货膨胀、经济衰退、汇率波动和国际收支失衡等宏观经济波动出现协动现象。随着经济全球化以及国际经济一体化的深入，国际经济周期协动现象趋于明显。一般情况下，各国往往会采取一些"反周期"的宏观经济调控政策来熨平经济周期波动，在各国经济周期协动性显著的情形下，如果各国政策各自为政，那么会由于政策的溢出效应使政策效果大大降低甚至产生消极影响；如果各国加强经济政策协调，则可以降低经济波动造成的损失。

由于篇幅所限及考虑中国当前的实际情况，仅从实体经济角度分析世界经济周期协动性的主要传递渠道。

一　世界经济周期的主要传递渠道分析

在实体经济层面，世界经济周期协动性的主要传递渠道包含三个方面：国际贸易；国际资本流动；国际产业结构变化。

（一）国际贸易传递渠道

国际贸易传递渠道是指外国经济波动经由国际贸易流量和流向变化影响国内宏观经济变化的途径。具体的传递过程表现为：国际贸易流量和流向变化导致一国的消费和投资变化，引起国内经济和贸易伙伴国的经济波动，贸易伙伴之间的联系越密切，经济波动相关性就越强。国际市场产品价格变化，造成国内进出口贸易商品价格的变化，进而与进出口贸易部门相关的非进出口贸易部门价格变化，导致国内产出、就业和其他宏观经济变量的变化。不同的贸易模式如产业间贸易模式或产业内贸易模式，对贸易伙伴国之间的需求和供给变化及经济波动会产生不同的影响。因此，国际贸易对国际经济周期协动性的传递过程是比较复杂的。

（二）国际资本流动传递渠道

国际资本流动传递渠道包括短期资金流动传递和长期直接投资传递。短期资金流动传递需要借助国际金融市场，涉及短期国库券、商业票据、大额可转让存单等传统金融工具，同时涉及期权、期货等金融衍生工具，经由利率和汇率的变化对实体经济产生影响。长期直接投资传递是以跨国公司为载体，通过国际直接投资流量和流向变化，影响各国之间经济波动的相关程度。不同类型的国际直接投资对经济波动的影响程度不同，因此对经济周期协动性的影响难以一概而论。

（三）国际产业结构变化传递渠道

国际产业结构变化传递渠道，包括国际产业转移和国际产业结构的差异化程度对一国经济周期波动的传递。国际产业转移会影响国际分工格局变化，国际产业结构差异影响国家间经济结构的动态变化和经济增长的动态变化。

在经济全球化时代，国际经济周期波动通过国际贸易、国际直接投资和产业结构的变化在全球范围进行传递。国际传递机制对国内经济增长的影响程度与一国的经济开放度、资本开放度、经济结构和宏观经济政策调控能力有关。

二　世界经济周期传递渠道的理论研究

自 20 世纪 80 年代，国别经济周期的研究视角从封闭经济扩展至开放经济，由此形成国际经济周期（International Business Cycle[①]）理论，Kydland 和 Prescott（1982）创立的实际经济周期（Real Business Cycle[②]）理论为日后国际实际经济周期（International Real Business Cycle[③]）理论的诞生奠定了基本框架，也为世界实际经济周期（World Real Business Cycle[④]）的研究提供了理论基础和方法指引，更为国际经济周期协动性、世界经济周期协动性的探索提供了理论分析框架。

Kydland 和 Prescott 最初提出的 RBC 模型，在解释封闭经济体宏观经济波动特征的若干经验规律方面取得了巨大成功。虽然还存在许多尚未解决的重大问题有待进一步探讨，但 Kydland 和 Prescott 的成果作为 RBC 理论的开创之作，已经成为最近二十多年来西方宏观经济学界的一个研究热

---

① 以下简称 IBC。
② 以下简称 RBC。
③ 以下简称 IRBC。
④ 以下简称 WRBC。

点，同时也是之后学者们研究经济全球化背景下国际经济周期波动趋同、世界经济周期传递的理论基础。

（一）基础 RBC 模型检验封闭经济体经济波动的部门传递

2004 年诺贝尔经济学奖获得者 Kydland 和 Prescott，在他们 1982 年合著的论文"Time to Build and Aggregate Fluctuations"中，首先将经济增长理论与经济周期理论融合，在部分修改均衡增长模型的基础上解释了封闭经济体经济时间序列的周期变化，提出了技术冲击作为经济周期波动来源而非货币冲击作为波动来源的 RBC 模型，经济波动的传递机制是建造时间和劳动供给的跨期替代。他们认为："酒非一日酿成"，新生产资本的建造不是在一个时期能够实现的，投资项目的完成需要一定的周期，少则几个月，多则几年，因此它对于产出的持续性有影响。另外，积极的技术冲击（如技术进步）引起劳动生产率的提高，使得劳动的边际产出增加，于是，劳动者愿意牺牲闲暇以增加当期的劳动供给，因为劳动投入的增加变得更加有利可图，从而劳动供给增加，带来产出和就业增长，收入、消费及投资等增加，部门间经济波动协同变化。

RBC 理论运用动态的随机一般均衡模型，研究封闭经济体部门经济波动的传递从而导致整体经济的协动。其最关键的假设是新生产资本的建造需要若干时期。其他假设包括：完全竞争市场；经济体由无限生命的代表性家庭构成，家庭跨时配置其消费与闲暇以最大化其一生效用；厂商是同质的并根据规模报酬不变的柯布 – 道格拉斯生产函数安排生产；技术冲击是经济波动的唯一来源，并以索洛残差表示，服从一阶自回归过程等古典假说。其模型的构成包括家庭的效用函数、厂商的生产函数、资本积累函数以及信息构成等。这种方法的好处是从微观经济主体的最优化行为出发，将实际经济周期理论建立在坚实的微观经济基础之上。研究者可以通过理论分析、模型构建、数值模拟及校准、敏感性分析等步骤验证模型对理论或政策的匹配程度，这是计量经济学办不到的。

封闭经济 RBC 模型（Kydland & Prescott，1982）在模拟美国宏观经济数据的特征事实方面成效显著。但是该模型隐含了一个特别假设：即各国之间不存在货物贸易和金融资产交易，因此，忽略了国家之间经由货物贸易和金融资产交易从而分担特定国家风险的这个事实（Stockman & Tesar，1995），无法直接模拟经济全球化、区域经济一体化背景下，各国经济波动的关系，需要将 RBC 理论拓展至开放经济环境。该理论对于分析国际经济周期协动性的可供借鉴之处，是它研究了宏观经济变量之间的传递机制，强调了实际因素而非货币因素的影响，运用了动态随机一般均衡分析方法。

（二）单一商品单部门两国 IRBC 模型检验经济波动跨国相关性

Cantor 和 Mark（1988）构建的模型假定两国生产一种同质可贸易品，两国的相同产业面临不同的特定国家冲击。他们认为，有助于提高国外产出的劳动生产率冲击，通过商品贸易而积极地提高本国产出，消费者通过资本市场分散特定国家收入风险而引起国家之间收入比产出更相关。更有意思的是：当两国所面临的技术冲击具有相同的方差时，相互贸易使得两国产出和消费波动都降低，经济波动趋同；当本国技术冲击的方差小于外国时，相互贸易使得本国产出和消费波动提高，外国产出和消费波动降低，两国经济波动是趋异的。由此可见，收入的跨国波动性与消费者在资产市场能否实现风险分担有关，两国之间的贸易开放对产出和消费波动的影响，与国家受到的技术冲击的方差大小有关。不同国家面临的技术冲击可能不同，一个国家在每个阶段面临的技术冲击也可能不同（Backus 等，1992）。

Backus 等（1992）的两国 IRBC 模型，是 Kydland 和 Prescott（1982）模型的拓展，添加了国家在每个阶段遭遇不同技术冲击以及行为人参与国际资本市场的假设。行为人借助国际资本市场平稳消费的需求和能力，以及国际资本流动允许的额外投资周期变动，共同决定贸易差额的波动。国际资本市场带来的跨国风险分担机制，不但使国家之间的收入更积极地与跨国相关（Cantor & Mark，1988），同时使国内消费波动性降低，使国内投资经过资源的重新配置变得波动性更大。虽然他们没有直接揭示贸易在经济活动跨国相关性变化中的作用，但是，关于消费的跨国相关性显著高于产出的跨国相关性的模拟结果，完全有悖于数据结论的观点，引起研究者对该 IRBC 模型的假设及其适用性等问题的思考。Backus 等（1992）本身也试图解释甚至消除这种现象。他们在模型中引入小规模运输成本，虽然能缩小但并不完全消除理论与数据之间的差异，即使消除全部国际借入（International Borrowing）也不能完全解决消费 - 产出异常（Consumption/Output Anomaly），因此，这种差异并不仅仅是国际风险分担的结果，还需要诉诸其他国际版本的新古典经济周期框架。

Backus 等（1992，1993）对经济变量的跨国相关性的一些研究，总结了理论经济模拟与实际数据结论之间存在的两类明显分歧，并命名为"数量异常"和"价格异常"①，它们成为之后该领域理论研究的焦点，试图诠释这两类分歧的研究者的努力使 IRBC 理论更加完善。

（三）多商品两部门两国 IRBC 模型检验贸易、资本流动与国际经济周期协动性

一类研究是将生产部门按可贸易品部门和非贸易品部门分。

多商品模型最初在 20 世纪 90 年代中期发展起来，通过假定国家专业化而引入一种额外的消费和投资品（Backus 等，1994）。这种方法由 Stockman（1990）、Stockman 和 Tesar（1995）首先提出，在 IRBC 模型中引入非贸易品。

Stockman（1990）在 Lucas（1982）的两国模型中加入非贸易品，由每个国家完全专业化生产一种可贸易品，同时各国国内生产一种非贸易品，无论是可贸易品还是非贸易品都可用于消费或转化为随后生产所需的投资品。当非贸易品部门受到正的技术冲击时，本国消费和外国消费的变化是趋异的，产出则是协同变化的；当非贸易品部门和贸易品部门都受到技术冲击时，消费的跨国相关性变成正的，但低于产出相关性。因此，不同部门的冲击影响整体经济活动的跨国协动性，技术冲击经由贸易品部门传递会引起积极的国际经济活动协动。虽然，Stockman 只是对包含贸易品和非贸易品的开放经济体经济周期波动的国际传递描述，作了一些简单尝试，但考虑非贸易品的思想却使模型得以更加完善和贴近现实。

Stockman 和 Tesar（1995）进一步对非贸易品的可能影响进行了检验。他们指出，在每个国家引入非贸易品部门，确实有助于研究贸易开放与经济周期的国际传递间的关系，有助于解决 Backus 等（1992，1993）的"数量异常"，但仍无法解决模型与数据间的所有难题，在考虑传统技术冲击的同时引入某种形式的"需求冲击"，比如偏好冲击，对于解决这些难题是有益的。

另外，也有研究发现，可贸易中间品并不是导致经济活动跨国传递的原因，而多部门结构和资本调整成本才是国家间经济活动相关的原因

① "数量异常"（Quantity Anomaly）即消费－产出异常，指在数据中，产出的跨国相关性高于消费的跨国相关性；在标准模型中，产出和消费的跨国相关性大小排列恰巧相反；"价格异常"（Price Anomaly）指模型中贸易条件的波动性小于数据中所显示的。

(Ambler, Cardia & Zimmermann, 2002)。多部门模型相比单部门模型具有更高的产出跨国性,原因有二:一是一国特定部门的积极技术冲击会引起富有效率的资源从国外及国内其他部门流动到该部门,引起国内未受到冲击的部门产出与国外两个部门产出的积极协动;二是凸性资本调整成本的假设控制了响应技术冲击的国际资本流动的规模。可见,尽管 Stockman 和 Tesar 考虑非贸易品迈出了重要一步,但是,只要资本国际流动不被允许,模型就包含严重的缺陷,因为资本的国际流动对发达国家的经常账户波动往往具有主导作用。McIntyre(2003)通过在以贸易品和非贸易品为特性的两部门模型中,引入资本流动可能性,纠正了 Stockman 和 Tesar 模型内在的资本流动问题。这个引入包括对国内和国际资本的使用和交易设置一系列约束。McIntyre(2003)同时强调了非贸易品和国际资本流动的重要性,指出与贸易品部门有关的经济变量比非贸易品部门的波动更大,包含实物资本流动的模型能更好地解决投资支出和就业方面的"国际协动性问题"[1]。

Kose 和 Yi(2001)在 Backus 等(1994)模型中引入运输成本,以不同的运输成本表示不同的贸易强度,衡量其对经济周期相关性的影响。这个运输成本除了涵盖简单的运输费用外还包括关税和其他非关税壁垒,被定义为二次方的"冰山成本"[2]。在资产市场完全一体化和资产市场独立的两种情况下,IRBC 模型无法完全传递与实证研究(Frankel & Rose,1998;Clark & van Wincoop,2001)一致的定量结论。在资产市场完全一体化情况,运输成本越低,经济周期相关性越低。原因有二:运输成本越低则贸易联系越密切,在其他条件不变时经济周期协动性程度越高,但同时,低的运输成本导致更多"资源转移"(Resource Shifting),资本及其他资源转移至受到积极生产率冲击的国家,在其他条件不变时降低经济周期协动性,显然前者力量弱于后者。在资产市场独立情况下,运输成本较低引起贸易强度增加,导致经济周期相关性提高,而没有"资源转移"途径。但是由模型获得的 GDP 的相关性小于数据中所反映的,自由贸易

---

① "国际协动性问题",指从实际数据计算的投资和就业的跨国相关性是正的,但许多 IRBC 模型的模拟结果却是负的,如 Baxter(1995)。

② "冰山成本"(Iceberg Costs):如果出口 b_1 单位商品,则在运输过程中损失 $gb_1{}^2$ 单位,仅进口 $(1 - gb_1)$ $b_1 = m_1$ 单位,gb_1 即"冰山成本",或丢失的出口。

国家的 GDP 相关性，仅比有 35% 运输成本的国家之间的 GDP 相关性高 0.045，但自由贸易国家的贸易比含运输成本国家的贸易多 3.5 倍。由 Frankel 和 Rose（1998）与 Clark 和 van Wincoop（2001）的经验结论推算，贸易多 3.5 倍的国家 GDP 相关性会分别高出 0.089 和 0.125，因此该模型只能定性地与经验研究的结论一致，在量上则相差 2—3 倍。

通过与非贸易品部门的比较，显而易见，可贸易品部门经济变量波动性更大，且有显著的国际经济活动协动现象，同时，考虑国际资本流动或交易的 IRBC 模型，也能更好地解决投资和就业方面的国际协动性问题。理论模型在模拟过程中越来越接近现实世界，也越来越接近经验研究定性结论，虽然在定量匹配上还有差距。

另一类研究是将部门按消费品部门和投资品部门分。

从 Backus 等（1992）开始的现有 IRBC 文献，几乎所有模型都是将传统意义上的影响整体技术水平的总体中性技术冲击（Aggregate Neutral Technology Shocks），作为分析国际经济周期特征事实的冲击来源，以此作为假设前提。Boileau（2002）、Basu 和 Thoenissen（2008）、Khan（2008）是考虑影响投资边际效率的特定投资技术冲击（Investment - specific Technology Shocks），在国际经济周期特征事实中的作用的少数几个模型。Boileau（2002）研究特定投资技术冲击和资本品贸易，在解释产出的跨国相关性和贸易条件波动中的作用，Basu 和 Thoenissen（2008）构建了一个具有特定投资技术冲击和总体中性技术冲击的、开放经济体弹性价格两国模型。这两个模型都反映特定投资技术冲击，在解释产出跨国相关性时相对总体中性技术冲击更加重要，但是，它们没有抓住由两部门模型的技术冲击带来的部门要素重新配置效应。相比这些，Khan（2008）发现，在两部门 IRBC 模型，在对产出跨国相关性的解释中，由于部门要素重新配置效应，特定投资技术冲击比总体中性技术冲击显得相对不重要，同时，也发现特定投资技术冲击增加劳动力投入和投资支出的跨国相关性，投资品贸易增加产出和劳动力投入的跨国相关性。总之，在没有考虑由技术冲击引起的生产部门间要素重新配置效应的前提下，特定投资技术比传统意义上的总体中性技术冲击，能更好地解释产出的跨国相关性，但是，如果考虑要素重新配置效应，特定投资技术冲击的影响弱化。另外，投资品贸易开放将有助于产出和劳动力波动的跨国传递。

研究了各种理论机制和相应模型之后，可以发现，在满足尽可能接近现实的理论经济体的某些假设条件下：相比非贸易品，可贸易品无疑在国际经济周期波动跨国传递中发挥更显著的作用；相比消费品，投资品贸易的发展对协动性也存在积极意义。

（四）引入垂直专业化的 IRBC 模型

随着垂直一体化生产模式越来越普遍，贸易越来越以国家专业化于特定生产阶段为特点，而非整个商品（Hummels et al.，2001）。这种特殊的"来回贸易"（Back and Forth Trade）可能导致经济周期相关性更高。Burstein 等（2008）在对美国和墨西哥贸易的研究中证实了这一点。他们运用美国跨国公司及其子公司、美墨出口边境加工区的贸易数据，以及美国制造业产出数据，衡量了生产共享型贸易与经济周期的联系，计算及回归结果显示，相比和生产共享无关的贸易，和生产共享有关的贸易与美国制造业产出的相关性更高，而与美国有更多生产共享型贸易联系的国家与美国的制造业产出相关性也更高，同时，数据也反映了在国际经济周期传递中，生产共享型贸易至少和总贸易具有同等重要的作用。另外，他们在Backus 等（1993）的基础上构建了一个 IRBC 模型，假定两国各自专业化生产一种中间产品，由这些中间投入品组装生产一种垂直一体化产品和一种水平差异化产品，两国都消费水平差异化产品，但仅一国消费垂直一体化产品，结果表明，两国之间垂直一体化产品生产中运用的中间投入品贸易额比重越高，两国的经济周期越同步，得出了与数据一致的结论。

Burstein 等（2008）模型的不足之处是，它基于大量简化的假设，这些假设还有待深入研究。尤其是抽象了各国在分配具有生产共享的工厂中的长期替代性。

（五）三国 WRBC 模型

根据上述理论中的假设，在由两国构成的世界经济环境，一对国家即构成整个世界，就此而言，一个国家至少是世界经济的一半。这样的假设显然扩大了这个国家在世界经济的地位以及对另一国的影响。事实上，一对国家相比世界其他国家的总和是非常小的，不仅这对国家的 GDP 占世界 GDP 的比重很小，这对国家的双边贸易额占其中一国的对外贸易额的比重也很小，如 2008 年 GDP 排名第一的美国仅占世界 GDP 总额的23.44%，不到 1/4。因此，有必要在理论模型中引入除一对贸易伙伴以外的另一国，以间接地、不完全地衡量世界其他国家（rest of the world）的影响（Kose 和 Yi，2006）。理论上和经验上的研究也曾反映，双边贸易关系在一定程度上受一国与世界其他国家的贸易壁垒影响（Anderson & Wincoop, 2003）。Kose 和 Yi（2006）的三国实际经济周期模型，从某种程度上弥补了这方面的不足，而且更符合世界经济周期（WBC）理论研究。

Kose 和 Yi（2006）运用具有运输成本的三国模型，模拟了两种资产市场结构下，商品市场贸易自由化程度提高的影响。从三个方面拓展了 Backus 等（1994）模型：（1）比较了完全一体化和市场独立两种资产市场结构；（2）引入运输成本作为贸易强度变化的衡量；（3）增加了除一对贸易伙伴之外的第三国。在两种资产市场结构，模型都显示，贸易联系越多的国家之间经济周期相关性越强，但是，其相关性程度依然远低于经验结论，被作者称为"贸易－协动性之谜"。

由于存在研究国家组对世界经济的反馈效应，模型尚无法解释"贸易－协动性之谜"。这个谜是关于双边贸易强度变化引起的产出相关性变化，是一个斜率问题，不同于 Backus 等（1992，1993）的数量异常，不同于 Baxter（1995）、McIntyre（2003）的国际协动性问题，它们是关于标准 IRBC 模型无法获得数据中显示的产出、消费、投资、就业等的跨国相关性，是相关性的水平问题。

三　世界经济周期传递渠道的实证研究

（一）国际贸易传递渠道

国外研究者试图从实证角度检验国际贸易开放对经济周期协动性的传递的结论并不一致，大致可分为四类。

第一类，支持贸易开放促进经济周期协动性的观点。Mckinnon 于 1963 年研究最优货币区（The Optimum Currency Area, OCA）理论时，重点研究了贸易开放度与宏观经济活动相关性之间的关系，指出，贸易将带来经济活动的高度相关。这是对贸易与经济周期协动性关系的最初探讨。之后，不少研究者在该领域展开深入探讨。Canova 和 Della（1993）借助随机一般均衡模型，以 10 个发达国家为考察对象，发现贸易开放是宏观经济协动的重要原因，但是，相比 1973 年前，1973 年后受石油危机等全球性冲击影响，金融一体化及各国政策协调削弱了贸易的作用。Frankel 和 Rose（1997，1998）也是在研究最优货币区时，重点分析了一国进入共同货币区的其中两个标准间的关系，即贸易强度和经济周期波动的相关性，以实际 GDP、工业生产指数、总就业和失业率的趋势分离后的周期性部分的相关性，衡量经济周期协动性程度，在趋势分离方法上选用四种方法，即变量四阶差分；二次趋势分离；HP 过滤；对 SA 残差的 HP 过滤等。同时考虑到内生性问题，以两国距离、共同边界虚拟变量、共同语言虚拟变量作为贸易强度的工具变量，通过对 21 个发达国家双边贸易强度与经济周期双边相关性的研究，揭示了两者之间的正相关关系。但是，他们没有深究正相关的原因，只是推测可能是贸易增量中以产业内贸易增加占主导。Frankel 和 Rose（1997，1998）为日后研究提供了许多启示及可供借鉴的研究方法，尤其是对双边贸易强度和经济周期协动性的度量。Choe（2001）借鉴 Frankel 和 Rose（1998）的研究方法，对 1981—1995 年东亚 10 国和发展中东亚国家（除日本）的研究再次证实这一结论。

Canova 和 Della（1993）、Frankel 和 Rose（1997，1998）对发达国家的研究，Choe（2001）对东亚地区的研究，并没有区分不同性质国家的贸易对经济周期协动性的影响究竟是否一样。身处经济全球化潮流"主动"地位的发达国家和"被动"地位的发展中国家受到的影响显然不同。发达国家和发展中国家生产结构不同，从而贸易结构各异，因此，贸易开放和经济周期协动性之间的关系在两类国家也可能不同。Calderon 等（2003）搜集了 147 个国家 1960—1999 年的时间序列数据，根据 Frankel 和 Rose（1998）的双边贸易强度和经济周期协动性计算方法，不但分析了发达国家之间贸易开放对经济周期协动性的影响，还分析了发展中国家之间以及发达国家和发展中国家之间的情况。最后指出，贸易自由化的正效应在发达国家组最大，其次是混合国家组，最后是发展中国家组。另外，Anderson 等（1999）、Ambler 等（2002）也都指出，一国贸易自由化程度越高，它与贸易伙伴之间的经济周期协动性就越强。

第二类研究提出截然相反的看法。Kenen（1969）和 Krugman（1993）等认为，随着贸易联系的增强，特别是经济周期主要由特定产业的技术冲击引起时，国家之间专业化程度提高，导致经济周期协动性减弱。

第三类认为，产业内贸易开放而非总贸易促进经济周期协动性。当总贸易开放产生的正负影响意见不一时，Frankel 和 Rose 最初的猜测引起了重新思考。贸易开放的或积极或消极的影响是否与统计上过于笼统有关，贸易模式不同是否发挥不同作用？经过对不同对象的研究，学者们得到了肯定的答案。Fidrmuc（2001）基于 OECD 国家 1990—1999 年的横截面数据，在检验最优货币区标准内生性的过程中，证实对经济周期协动性发挥积极效应的是产业内贸易，而非双边贸易强度。Gruben 等（2002）对Frankel 和 Rose（1998）也提出两方面批判。第一，工具变量估计方法并不合适；第二，用总贸易分析贸易强度对经济周期协动性的影响会导致一定的估计偏差，因为产业内贸易和产业间贸易的影响是不同的。Gruben（2002）对 Frankel 和 Rose（1998）的 21 个发达国家重新分别估计了产业内贸易强度和产业间贸易强度的影响，结果是产业内贸易具有积极效应，产业间贸易的影响并不确定。Shin 和 Wang（2003，2004）对亚洲国家的研究同样得到，产业内贸易是韩国与亚洲其他 11 个经济体变得同步化的主要渠道，而贸易增加本身不一定导致更高程度的经济周期协动性。Calderon 等（2007）在 Calderon 等（2003）的基础上，考虑了产业内贸易指数，证实产业内贸易程度越高，贸易自由化对产出相关性的影响越大。在发达国家组与发展中国家组，贸易强度的影响的差异中，40% 归因于生产结构不对称，30% 归因于产业内贸易差异。这些实证分析表明，仅当贸易增量中有更多的产业内贸易时，经济周期协动性才得到加强（Imbs，2003）。

第四类观点指出，贸易开放甚至产业内贸易增加与经济周期协动性没有直接联系，贸易开放所表现出的正效应可能是其他原因引起的，比如垂直专业化（Ng，2007）。Ng（2007）在分析双边贸易、双边产业内贸易与经济周期协动性之间的关系时，还考虑了双边垂直专业化。他利用 30 个国家 1970—2004 年的数据，借助广义力矩工具变量估计法（GMM - IV），指出双边贸易对经济周期协动性的积极原因是由双边垂直专业化引起的，而非双边贸易强度。

迄今为止，已有的经验研究结果对贸易强度是否促进国际经济周期协动性还存在异议。

（二）国际直接投资传递渠道

有关国际直接投资与国际经济周期协动性的研究还处在起步阶段，目前研究文献还比较少。Otto 等（2001）通过对 17 个 OECD 国家经济冲击传递的分析，识别出货物和服务贸易、金融资产交易（包括双边 FDI）的解释能力弱于国家间的共同特征，如类似的法律体系、健全的会计标准、共同语言、对新技术的开放等，由于 FDI 相对 GDP 的规模小于贸易，因此，FDI 的影响小于双边贸易。Jansen 和 Stockman（2004）将 OECD 国家 1982—2001 年数据进行分析，提出国际直接投资与国际经济周期协动呈正相关的观点，而且，从 1995 年开始，国际直接投资的影响有所增强，这与 FDI 的影响具有时滞性有关。Wu 等（2009）的结果表明，国际直接投资具有显著的正效应，认为 FDI 联系能比贸易和产业结构相似更好地解释经济周期协同变化模式。

（三）国际产业结构传递渠道

产业结构与经济周期协动性关系的研究是相对比较新的领域。有学者指出，两国的产业结构相似性具有比贸易开放、金融一体化更显著的正效应（Imbs，2003；Lee & Azali，2009），但是，遭到了另一些人的反驳（Baxter & Koupiratsas，2005；Cerqueira & Martins，2009；Wu 等，2009）。虽然从理论上而言，产业结构越相似，两国经济周期协动性越强，但从经验角度看，产业结构相似的影响却有待商榷。Imbs（2003）、Lee 和 Azali（2009）在研究产业专业化模式与经济周期协动性的动态关系时发现，产业结构越相似，经济周期协动性程度越高。但是部分学者（Clark & van Wincoop，2001；Otto 等，2001；Cerqueira & Martins，2009；Wu 等，2009）指出，产业结构相似与经济周期协动性并不具有显著关系。Clark 和 van Wincoop（2001）在探索欧洲货币区欧洲边界效应的解释因素时，发现两者的关系并不显著。Otto 等（2001）在研究贸易、金融一体化以及国家的经济和制度特征的多元回归中，产业结构相似性缺乏显著性。有学者否定了产业结构差异指数的负号。Baxter 和 Koupiratsas（2005）对 100 多个国家的研究，指出产业结构相似对经济周期协动性影响的系数符号并不稳定。

（四）评述

从上述实证研究发现，目前，有关国际经济周期协动性的影响因素和传递渠道的研究对象大多数是发达国家，而且，研究结果还存在较多的分歧。就本轮全球金融危机冲击而言，对中国及其他一些发展中国家经济发展的冲击也是相当严重的，原因是发展中国家与发达国家之间的经济周期趋同的趋势，正随着经济全球化深入及发展中国家开放程度不断提高而日益增强。因此，对发展中国家与发达国家之间经济周期协动性的研究也是非常值得探讨的。分析与总结对发达国家的研究文献，从中获得研究方法、研究思路方面的启示，有助于我们对中国等新兴市场国家的分析研究。

第三节 宏观经济政策国际协调的
目标、类型和工具

一 宏观经济政策国际协调的目标

在开放经济条件下，一国宏观经济政策的目标是保持内部均衡和外部均衡。内部均衡要求实现国内经济增长、充分就业和物价稳定；外部均衡则要求经常账户既不会因为过度赤字而无力偿还外债，又不会因为过度盈余而使其他国家陷入无法偿还债务的境况，即国际收支平衡。但是一国的宏观经济政策会因溢出效应对其他国家产生影响，同时，也会因反馈效应受到其他国家经济政策的影响，即一国的财政和货币等宏观经济政策的有效性在很大程度上受到外部因素影响。因此，大多数国家共同努力、协调宏观经济政策，从而在不牺牲经济政策内部均衡目标的前提下保持外部均衡，在维护世界经济共同利益的前提下，实现各国福利最大化，从而达到国际经济政策协调的目标。

二 宏观经济政策国际协调的类型

根据国际经济政策协调的程度不同，大致可以分为以下几类：

第一是信息交流。各国为实现经济内外均衡，就宏观经济政策的目标范围、政策目标的侧重点、政策手段种类、政策搭配原则等信息进行交流，但政策实施和执行仍然基于独立、分散的原则。通过信息交流，各国在制定和实施本国宏观经济政策过程中，洞悉其他国家的经济政策及其对本国的影响，从而提高政策实施的有效性。但是，如果一方国家存在"欺骗"行为，会误导信任国的政策方向，导致利益损失。

第二是危机管理。针对世界经济中出现的一些严重的突发性事件，各国进行政策协调从而缓减并渡过危机。

第三是避免共享目标变量的冲突。当两个国家面对同一目标时采取的政策发生冲突，如国家间货币的竞争性贬值。

第四是合作确定中介目标。一国经济政策对另一国的溢出效应的实现往往会借助某些中介变量，两个国家常常就这些中介变量形成协调协议。

第五是部分协调。国家之间就某一个政策目标或某些政策工具进行协调。比如就货币政策的某些方面开展国际协调。

第六是全面协调。各国之间就财政、货币、汇率等一系列宏观经济政策的目标、工具、手段等达成协议，制定规划及实施方案。在这种情况下，协调范围最大，可以最大程度地实现国际经济政策协调的目标，获得最佳收益。

这六类国际经济政策协调类型协调程度由浅入深，协调范围由窄至宽，政策的全面协调可以实现最大利益，但也是最为困难的，是今后各国共同努力的方向。

三 宏观经济政策国际协调的工具

就国内外学者对国际宏观经济政策协调的含义的理解，国际宏观经济政策协调的工具主要包括财政政策、货币政策、汇率政策、贸易政策等。财政政策和货币政策主要是通过对社会总需求水平的调节而实现其政策目标，因此被称为"需求管理型"政策。

（一）财政政策

财政政策作为国家宏观经济政策的组成部分之一，是政府凭借其特有的政治权力和财产权利，综合运用各种财政调节手段，通过财政收支变动，参与社会产品和国民收入的分配和再分配，从而实现调控宏观经济运行的目标。它是一种以国家为主体的分配活动，是一种国家经济行为。财政分配包括财政收入和财政支出。财政收入的主要来源是向生产者和消费者征税，形成由政府集中支配的财政资金。财政支出主要包括购买性支出和转移性支出，是对财政集中性资金的再分配。财政政策根据其在调节总需求方面的功能不同，可以分为扩张性财政政策、紧缩性财政政策和中性财政政策。扩张性财政政策适用于社会总需求不足时，以财政分配活动刺激社会总需求，弥补通货紧缩缺口，如减税、国家预算规模扩大、国家信用规模扩大、财政赤字等。紧缩性财政政策适用于社会总需求膨胀时，将总需求控制在一定水平，以防止经济过热进而产生各种副作用，其手段恰好与扩张性财政政策相反。中性财政政策是财政分配活动对社会总需求的影响保持中性。根据财政政策运作的不同特点，可以分为相机抉择的财政政策和自动稳定器的财政政策。前者是指根据宏观经济的实际情况变化，主动地、灵活地采取财政政策。后者是指在既定法律纲领规章制度下，经济系统本身具有减少各种干扰对国民收入冲击的能力。由于自动稳定器的财政政策可以随着宏观经济运行自动产生政策效应，尽可能避免人为因素的干扰，因此它往往比相机抉择的财政政策起着更重要的作用。但是，当这类政策无法有效改变市场非正常的运行状态时，仍然需要借助相机抉择的财政政策，因此，两类政策在宏观经济调控过程中是相辅相成的。

财政政策在调控宏观经济运行过程中具有导向功能、协调功能、控制功能和稳定功能。导向功能就是通过调整物质利益从而调节企业和个人的经济行为，进而引导国民经济向既定的经济发展方向运行。协调功能就是制约和调节社会经济发展过程中出现的某些失衡。控制功能就是借调节企业和个人的经济行为而实现对宏观经济的有效控制。稳定功能就是实施反周期操作，使货币支出水平与产出水平恒等，实现国民经济的稳定发展。

财政政策可以有效弥补市场机制的不完善，促进社会资源的优化配置。财政政策的调节直接而猛烈，如果运用得当，对于宏观经济的稳定与可持续发展具有显著的政策效应，但是因时滞问题、不可逆性、挤出效应等局限性使其效果大打折扣。

在现代开放经济环境中，财政政策的运作会引起国内物价和利率变化，从而对进出口产生影响，进而对其他国家经济产生影响，即通过国际收支变化将政策效应传递至外国。

（二）货币政策

货币政策作为宏观经济调控的另一种"需求管理型"政策，是中央银行为实现既定的宏观经济政策目标，而采取各种调节货币供应量和利率的方针和措施的总称。货币政策以调控货币流通、货币供给和信用规模为中心内容，是与财政政策具有同样举足轻重作用的宏观经济运行调控工具。它可以分为扩张性货币政策、紧缩性货币政策和中性货币政策三类。一般情况下，货币政策包括货币政策最终目标、货币政策中介目标、货币政策工具和货币政策传递机制及效果四个方面内容。在经济学中，有人将财政政策和货币政策称为政府的左拳头和右拳头。与财政政策有所不同，货币政策是一种间接的调控措施，是通过中介目标的变化对总需求产生影响，间接实现最终目标。

货币政策的局限性主要体现在：由于货币政策最终目标的实现需要经过若干环节，因而速度较慢、实际效果可能与预期目标相悖；由于总投资对利率变化缺乏弹性，因而，货币政策调节利率以刺激或抑制投资的目的可能无法达到；货币供应量增加或减少对利率的影响需要以货币流通速度不变为前提条件；货币政策易受到国际准备金流动的冲击。

（三）汇率政策

汇率政策与贸易政策同属于对外经济政策。汇率政策是一个国家（地区）货币当局通过颁布金融法令、规定相关政策和推行相关措施，将本国货币与外国货币的比价控制在合适的水平，从而达到控制进出口与资本流动以实现国际收支平衡的目的而采取的政策手段。

汇率政策主要包括汇率政策目标和汇率政策工具。汇率政策目标规定了汇率政策工具的方式、方法和使用范围。而汇率政策工具又涵盖汇率制度的选择、汇率水平的确定、汇率水平的调整以及国际协调与合作等。汇率政策的根本目标与其他宏观经济政策目标一致，其直接目标是维持本币对内及对外价值稳定、影响贸易条件和贸易流量、影响国际资本流动等。汇率制度是指一个国家（地区）货币当局就本国（地区）汇率水平的确定、汇率变动方式等一系列问题做出的规定或安排。根据汇率变动的方式，可以将汇率制度分为两类：即固定汇率制和浮动汇率制。前者是将本国（地区）货币与某种参考物维持固定比价的汇率制度；后者是由外汇市场供求状况决定汇率水平，政府不做任何干预的汇率制度。关于两种汇率制度孰优孰劣是国际金融领域长期争论的一个话题，在这里暂不讨论和比较。美国经济学家罗伯特·赫勒指出，一国汇率制度的选择主要由经济规模、经济开放程度、进出口贸易商品结构及地理分布、金融开放程度、相对通货膨胀率等经济因素决定。根据他的分析，一国贸易开放程度低、对外贸易商品地理分布多样化、相对通货膨胀率较高、金融开放程度高的国家往往选择浮动汇率制。发展中国家经济学家认为，汇率制度的选择与对外经济、政治、军事多方面相联系。

汇率水平的确定是一国根据不同的政策目标需要，确定本国货币的汇率是高于其价值平价或是低于其价值平价。这是发达国家经常采取的手段。而发展中国家，在确定本国货币汇率水平时常常结合本国经济发展战略考虑，比如，出口导向型国家倾向于将其货币汇率定值偏低，以保护本国出口商品的竞争力。

一些国家也经常通过国际协调与合作来实现其汇率政策目标，比如以协定的方式共同确定汇率规则、共同创建货币区、加强各国央行之间的合作等等。

（四）贸易政策

贸易政策也是对外经济政策之一。经济全球化的趋势已经不可逆转，经济全球化的收益日益显现，各国更加主动地融入经济全球化进程，积极地调整贸易政策，以期分享更多的经济全球化利益。

贸易政策是一国用于干预进出口贸易的方法和制度的汇总。贸易政策根据国家对进出口干预的程度，可以区分为自由贸易政策和保护贸易政策。前者是指政府对进出口贸易不加或少加干预，由市场自发地、自由地调节。后者是指政府利用各种措施鼓励出口限制进口。从理论角度而言，自由贸易政策有助于实现世界范围内的资源优化配置，实现全球经济福利最大化。但是在实践中，由于各国所获得的实际经济福利不一致，许多国家往往会从本国福利最大化出发采取保护贸易政策。

贸易政策的主要目的在于：保护本国商品的国内市场；提高本国出口商品的国际竞争力；扩大本国出口商品的外国市场；促进本国产业结构优化；稳定本国与其他国家的对外经济贸易关系。

本轮金融危机对以美国为主的西方发达国家的金融市场造成了严重冲击，因此，在选择中美经济政策协调的工具进行分析时，如果选择贸易政策自然无法有效地解决金融危机带来的各种问题。同时，考虑到全球金融危机的爆发与现有的国际货币体制和国际金融体系不合理有很大关联，改革当前的国际货币体制成为必然选择和趋势，因此，笔者在本书中以货币政策的国际协调作为重点研究对象。

第四节　宏观经济政策国际协调的研究文献

一　宏观经济政策内外均衡搭配

20 世纪 50 年代，英国经济学家詹姆士·米德（Meade）提出了开放经济下的政策搭配思想。即在开放经济条件下，内部均衡是充分就业和物价稳定，外部均衡是国际收支平衡。为解决内外均衡问题，需要借助政策搭配方法。但是，在固定汇率制下，政府无法借助汇率工具，在依靠单一金融政策寻求内外均衡时，会出现内外目标冲突，即"米德冲突"。

Tinbergen 指出，政策目标与政策工具之间的数量关系需要满足，至少有与独立政策目标数量相等的相互独立的若干个有效的政策工具，即丁伯根法则。

Mundell 进一步提出，运用财政政策实现内部均衡，运用货币政策实现外部均衡的思想。

Mundell（1962）和 Fleming（1963）将反映财政政策、货币政策的
IS - LM曲线和反映汇率政策的 BP 曲线结合，分析了资本自由流动情况
下，财政政策和货币政策在固定汇率制度和浮动汇率制度下的协调搭配。
当资本自由流动时：在固定汇率制度下，财政政策比货币政策更有效；而
在浮动汇率制度下，货币政策则比财政政策更加有效。

1962 年，Mundell 利用开放条件下的两国模型，研究了各国经济相互依
存关系以及政策的传递效应，他指出，由于经济的相互依存，一国政策制
定者在制定政策时必须与其贸易伙伴国的政策协调，借此提出了"政策组
合理论"（policy mix theory）。该理论系统地分析了政策组合的机制，但是，
该理论并未对不同国家、不同时期的情况具体分析，有以偏概全之嫌。

Krugman（1999）针对蒙代尔 - 弗莱明模型，指出固定汇率制度、资
本自由流动和独立的货币政策三个目标无法同时达到，最多只能实现其中
的两个，他称之为"三元悖论"，并用"蒙代尔不可能三角"来描绘。

上述学者的研究主要集中于一国宏观经济的内外均衡政策搭配，包括
财政政策和货币政策的搭配，但是，将蒙代尔 - 弗莱明模型拓展为两国模
型，便可以用它来分析货币政策的国际传递机制，分析货币政策的国际协
调。Dorbush（1976）对蒙代尔 - 弗莱明模型作了扩展，基于两国开放宏
观经济静态模型，假定两个国家是具有相同偏好和结构的完全对称国家，
每个国家生产一种商品，资本在国际上自由流动，两国国内经济在遭遇外
部冲击前处于充分就业状态。他构建了基于产出、价格水平、货币、利
率、汇率的一组等式，以经济政策效用函数的变化来衡量政策协调的损失
和收益，发现两国开展政策协调时的货币政策比不协调时的货币政策更扩
张，受到外部冲击时，彼此之间的政策协调提高了两国的福利水平。

二　宏观经济政策国际协调的动因

Scitovsky（1942）和 Johnson（1953）是最早将博弈论引入宏观决策
分析和国际经济协调理论的经济学家，他们从国际贸易冲突角度进行了分
析。Copper 于 1968 年在其《相互依存经济学：大西洋共同体的经济政
策》一书中，将国际经济政策协调分为内部协调和完全协调，从博弈论
角度对国际经济协调进行了策略性分析。他通过模型构建，描述了两个具
有固定汇率和不变价格的对称依赖的经济体，他指出，政策协调的收益会
随经济相互依赖程度以及政策协调程度的变化而变化。20 世纪 70 年代，

日本经济学家 Koichi Hamada 在其著作《国际货币相互依存的政治经济学》中对国际货币政策协调进行了分析，他研究了在各国宏观经济政策决策当局三种不同的行为模式下，国际经济政策协调实现均衡的过程及不同的福利结果，并运用图形加以直观地说明。

（一）哈马达（Hamada）模型

哈马达模型从理论上再次证明了国际经济政策协调的必要性。研究结果表明，基于政策的溢出效应，政策的协调的确可以提高参与国的福利。哈马达模型假设世界经济由本国和外国两个国家组成，每个国家生产一种商品，对应地为本国商品和外国商品，劳动力是唯一的生产要素。

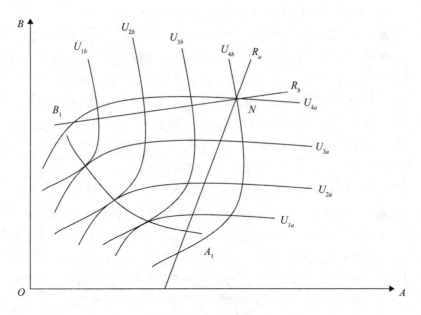

图 2-2 哈马达模型

两个国家的政策协调过程及效用可借图 2-2 分析。根据图 2-2，横轴表示国家 A 的政策工具，越向右表示经济政策越宽松，纵轴表示国家 B 的政策工具，越向上表示经济政策越宽松。假设 U_a 和 U_b 分别表示两个国家的政策函数，用无差异曲线描绘，且 $U_i > U_{i+1}$，同一条无差异曲线上的点表示福利水平相同，每个国家都会调整自己的政策格局以实现福利最大化。当不存在溢出效应时，国家 A 的无差异曲线是一条垂线，国家 B

的无差异曲线是一条水平线。但是，随着各国相互依存程度及经济全球化程度的加深，溢出效应不可避免，一国的政策措施除了对本国福利产生作用外，同时影响其他国家的福利水平。存在溢出效应时，两国无差异曲线呈部分椭圆，有效的政策组合点位于两国无差异曲线的切点上，即在契约线 A_1B_1 上，切点上的政策组合实现帕累托最优，是两国政策协调的结果。不存在两国协调的情形下，国家 A 假定国家 B 的政策给定，选择使本国福利最大化的点，即国家 A 与对应水平线相切的点，构成直线 R_a，同理，国家 B 的选择构成直线 R_b，两者交点 N 是一个稳定的纳什均衡点。但是，N 点是无效的，它远离契约线，是次优点。因此，如果国家之间存在政策的溢出效应，政策协调能提高各国政策的实际效果，实现帕累托最优。

（二）克鲁格曼（Krugman）的静态博弈模型

保罗·克鲁格曼（Krugman）以 20 世纪 80 年代各工业国实行货币紧缩政策为例，分析了两国在独立行动和协调合作两种情形下，采取不同的货币紧缩政策对国内通货膨胀与失业率的影响。各国都希望放慢货币增长速度来降低通货膨胀，但由于汇率对价格水平的影响，当一国实行的货币政策紧缩程度不如另一个国家时，该国货币面临贬值，从而在一定程度上阻碍了通货紧缩目标。而当各国都单独行动采取紧缩性货币政策，整体的货币政策会过于紧缩，从而使经济衰退程度加深。

可以用一个简单的博弈支付矩阵分析两国不同货币政策组合的效用，证实政策协调的必要性和重要性。假定存在两个国家，本国和外国，每个国家有两种政策选择：比较紧缩的货币政策和高度紧缩的货币政策。效用矩阵（见表 2 - 2）中括号内左边数值是本国采取相应的货币政策得到的效用，括号内右边数值是外国采取相应的货币政策得到的效用，该效用表示失业率每增加一个单位，通货膨胀率降低的数量。当本国和外国都选择独自行动时，给定其他国家的政策，两个国家都会选择使自身利益最大化的政策。如果给定外国采取比较紧缩的货币政策，则本国会采取高度紧缩的货币政策，因为其效用更高（8/7 大于 1）；如果外国采取高度紧缩的货币政策，则本国会采取高度紧缩的货币政策，因其效用更高（5/6 大于 0）。因此，无论外国采取哪一种货币政策，本国都会选择使其利益最大化的高度紧缩货币政策。相应地，外国面临同样的情况。无论本国采取哪一种货币政策，外国都会采取高度紧缩的货币政策。整体的结果是两国都选择了高度紧缩的货币政策，所得利益分别是 5/6，5/6。这是纳什均衡解，但却不是帕累托最优解。因为，如果两个国家同时选择比较紧缩的货币政策，那么彼此的利益所得都是1，大于都选择高度紧缩的货币政策时的所得。由此可见，虽然两个国家都试图使自己的效用最大化，但是在独自行动情形，各国都会忽略其他国家利益受损，结果导致整体利益受损。这就是个体理性与集体理性的冲突，也是博弈论中囚徒困境的一个例子。要实现帕累托最优状态，两个国家之间必须进行政策协调，达成一致的协议，放弃采取以邻为壑的高度紧缩的货币政策，遵守该协议并承诺没有欺骗行为，这样本国和外国都可以获得最大效用。

表 2 - 2　　　　　　　　　不同货币政策组合下的效用矩阵

		外国	
		比较紧缩的货币政策	高度紧缩的货币政策
本国	比较紧缩的货币政策	(1, 1)	(0, 8/7)
	高度紧缩的货币政策	(8/7, 0)	(5/6, 5/6)

（三）坎佐尼里（Canzoneri）等人的博弈模型

Canzoneri 和 Gray（1985）用国际货币政策协调的博弈模型，以领导者 - 追随者模式，从理论上证明了国际货币政策协调的必要性。他们考虑了三类代表性溢出效应：对称的负溢出效应属于"以邻为壑"情形，即一国的扩张政策会向另一国输出失业；对称的正溢出效应情形，即货币政策具有"火车头"效应，一国的扩张政策增加另一国的产出；不对称情形，美国的政策扩张增加国外产出，但是世界其他国家的政策扩张引起美国产出下降。溢出效应的符号和对称性关键是取决于货币政策的传递渠道的相对重要性，包括利率渠道、商品需求渠道、工资率与商品价格指数关系、石油价格政策等。在此基础上，借助福利函数和博弈模型，比较分析了三类溢出效应情形下的纳什解、斯坦科尔伯格解、固定汇率解所对应的美国和世界其他国家的福利水平。

基于两国一次性博弈模型，Canzoneri 和 Henderson（1991）对世界经济的两种变化（世界生产率和世界需求由外国向本国转移）下的纳什均衡、斯坦科尔伯格领导均衡、固定汇率均衡和效率均衡四种均衡条件进行了分析，发现政策制定者的合作会使他们的福利提高，而欺骗行为会破坏信誉，损害福利。同时，他们对三国博弈模型的分析结果表明，如果两国联盟形成合作机制，允许有一个约束力很强的承诺机制，那么联盟会达到预期效果。他们引入无限重复博弈，发现触发机制会经由补偿安排使结果有效。最后，他们提出：在一次性博弈情形，超国家机构应该通过加强政策制定者之间的协调协议促进福利；在重复博弈情形，超国家机构应该提供一个供政策制定者汇聚的论坛，以便进行福利改进方面的协调。

（四）引入公共物品分析的博弈模型

国际组织，犹如俱乐部，提供必要的服务并在某些条件下实现最优。Fratianni 和 Pattison（1982，2001）、Lawrence（2008）等将俱乐部理论作为理解国际组织的一个重要工具。Kawai 和 Petri（2010）以"三元治理悖论"分析了联合国、WTO、IMF、WB、G7 和 G8 等国际组织的不足，提出在亚洲范围内构建一个俱乐部形式的国际经济组织，从而提高宏观经济和金融稳定，加深地区贸易和投资一体化。原因是国际经济组织提供的服务——宏观经济和金融稳定、发展中国家贫穷减少、全球商业管理规则等都是公共物品。

Gaspar 和 Schinasi（2010）将金融稳定视为一种公共物品，区分为纯公共物品和联合物品，应用 Olson 和 Zechauser（1966）的联盟经济理论（the economic theory of alliances）及 Bergstrom，Blume 和 Varian（1986）的公共物品的私人供给模型，比较了欧洲成员国之间非合作与合作（科斯）纳什均衡配置结果，并检验了在相互依存和溢出效应普遍存在的特定环境下影响合作的各种要素。事实反映，集排他性与非排他性为一体的联合物品的存在更可能促使协调博弈。

三 宏观经济政策国际协调的福利

（一）理论角度的分析

20 世纪 70 年代，出现了国际经济政策协调的第一代模型，它们基于国家之间的相互依存结构和社会损失函数，借助博弈论工具来评价国际经济政策协调的必要性，如哈马达模型、坎佐尼里等人的博弈模型。针对第一代模型缺乏微观经济基础的不足，诞生了国际经济政策协调的第二代模型，它们以 Obstfeld 和 Rogoff（1995）首创的 NOEM 框架为基础，运用个人效用函数衍生的福利函数，取代第一代模型的社会损失函数，进行战略博弈分析。NOEM 框架克服了微观经济基础不足的缺陷，采用动态一般均衡分析方法，通过在垄断竞争和黏性价格下最优化经济主体行为，考察了宏观经济政策的国际传递机制以及国际经济政策协调的福利，并基于福利标准准确评价政策效率而非传统模型中所主张的社会损失函数。Obstfeld 和 Rogoff（1995，1998，2000，2002）、Devereux 和 Engel（2000）、Corsetti 和 Pesenti（2001）、Ganelli（2003）、Lombardo 和 Sutherland（2003）、Canzoneri 等（2005）、Koenig 和 Zeynelogu（2006）等都为第二代国际经济政策协调模型做出了巨大的贡献。

1. 国际经济政策传递和最优政策选择

基于垄断竞争和名义价格黏性假设，Obstfeld 和 Rogoff（1995）［以下简称 OR（1995）］首先提出了一个确定性的 NOEM 基准模型，它不同于传统的黏性价格凯恩斯模型和现代灵活价格跨期模型。该模型充分考察全球宏观经济动态，尤其是汇率波动与经常账户动态，为开放经济条件下宏观经济政策的分析奠定了新的里程碑，同时，引发了对货币政策和财政政策引起国际福利溢出的新的研究视角。他们指出，在浮动汇率、金融市场一体化、李嘉图等价条件成立、一价定律成立、生产者货币定价（PCP）等假设条件下，财政政策扩张是对本国不利但对邻国有利的，因为扩张的财政政策降低本国私人消费，从而降低本国的福利水平。财政扩张可能引起贸易赤字或盈余，取决于扩张是暂时的还是持久的。他们的模型被后人称为 Redux 模型。

他们假设世界由两个规模相同、相互依存的国家构成，每个国家的生产者生产一种差异化商品，本国和外国居民偏好相同，居民的效用来自本国和外国复合商品消费、本国而非外国实际货币持有以及闲暇。其中，效用函数中以对数形式表示的消费意味着跨期消费弹性等于 1，大部分后续研究中保留了这一假设，但 Tille（1999）、Corsetti 和 Pesenti（2001）例外。另外，大部分 NOEM 模型沿袭了 OR（1995），以对数形式在效用函数中引入货币持有量，但为了考虑所有类型的交易，Carre 和 Collard（2003）、Steffen（2005）通过现金先行约束引入货币。针对 OR（1995）中家庭既是消费者也是生产者的假设，Corsetti 和 Pesenti（2001）、Ganelli（2003）引入一个具体的劳动力市场，但保留了劳动力投入的负效用的二次加性可分形式。Carre 和 Collard（2003）则假设消费和闲暇是不可分的。

同时，OR（1995）假设居民对本国商品和外国商品具有相同的偏好，但是根据 McCallum（1995）和 Helliwell（1996）对加拿大跨省贸易数据以及加拿大各省与美国的贸易数据的经验研究，一国的家庭对本国生产的商品有更强的偏好，因此，Warnock（1998）考虑了倾向于本国商品的消费偏好，在 OR（1995）的消费指数中引入偏好参数，当偏好参数大于 1/2 时，表明本国家庭对本国生产的商品有更高的偏好。Tille（1999）认为，由于商品生产国际专业化，本国商品之间的替代弹性必须高于本国和外国商品之间的替代弹性。

OR 还假设两国之间不存在贸易成本，两国政府购买消费品不直接影响私人效用，政府支出由税收和铸币税提供收入。OR（1995）的不足之处及可以拓展的方向包括：没有分析不确定性的影响，可以引入随机性；仅研究财政政策，而将货币政策视为外生，可以考虑将其内生化；假定同质的无限生命个体，可以考虑用迭代模型；仅仅分析了一个时期的名义刚性，可以考虑用更丰富的价格动态；没有考虑国内投资的影响。OR（1995）的研究结论并不是最重要的，重要的是提出的 Redux 模型，为分析和理解新开放经济宏观经济学领域的相关问题，提供了基于微观基础的新的研究方法，包括对国际经济政策传递的分析、对国际宏观经济政策的严谨的福利评价等。

OR（1998）采用普遍用于求解动态随机模型的线性化方法，提出，不确定性的重要影响——包括对经济活动水平的影响——会复合或抵消波动的福利效应。OR（2000）在 OR（1995）基础上，引入非贸易品，采用名义工资黏性而非价格黏性，阐述了不确定性（包括货币不确定性、汇率不确定性等）的积极效应及对福利的意义。OR（2002）基于 OR（2000），进一步探究了不确定性的影响及作用机制。

Obstfeld 和 Rogoff（1995，1998，2002）在分析国际经济政策传递及福利意义时，假定生产者货币定价，但 Devereux 和 Engel（2000）发现，根据经验文献，在工业化国家的贸易中有相当大程度的当地货币定价被忽略，传统的名义汇率的支出转换效应被扩大。虽然 Obstfeld 和 Rogoff（2000）涉及讨论不同的价格设定机制对福利的影响，但 Devereux 和 Engel（2000）的研究更为详尽，他们比较了生产率冲击和货币供给冲击下，不同的价格设定机制情形，国际经济政策传递以及最优的货币政策选择。传统研究以生产者货币定价，汇率变化向消费者的价格传递程度为 1。但根据作者的结论：当受到特定国家冲击时，在生产者货币定价（PCP）假设下，汇率变化时，进口商品价格与汇率一对一变化，浮动汇率是最优的货币政策；在当地货币定价（LCP）假设下，最优的货币规则与固定汇率一致。当受到货币供给冲击时，在 PCP 假设下，一国不会选择纯净的浮动（a clean float）；在 LCP 假设下，浮动汇率是最优的货币政策，汇率的支出转换效应无效。作者的贡献在于提供了一个基于理论选择模型（choice - theoretic models）的分析。

2. 国际货币合作及货币规则设定

另外一些以 NOEM 框架为基础的研究，则主要集中于对国际货币合作和货币规则设定的研究。

Obstfeld 和 Rogoff（2002）考虑了随机因素的影响，将不确定性引入 OR（1995）的两国一般均衡模型，讨论了各国在设计国内货币政策制度时，形成某种国际合作是否会提高全球的福利。在他们之前，Persson 和 Tabellini（1995, 2000）已经对这个问题进行探讨，但是，他们没有深入提供开放经济宏观经济学的严格福利基础，而 OR（2002）首次将 NOEM 的新模型用于战略国际环境下货币政策规则的设计。在现实世界中，存在着各种经济扭曲，如垄断力、不完全竞争市场、价格刚性等，这些扭曲之间会产生相互作用。OR 认为，货币政策的目标是通过直接操作消除各种扭曲，如果最优货币政策离消除扭曲的效应越近，则单个国家背离合作的动机越小。

作者同时引入了差异化的非贸易品，仅集中于货币政策分析而将财政政策暂时搁置。考察了当所有生产部门受到相同的生产率冲击时，来自稳定的收益和来自货币政策国际合作的收益。结果发现，虽然理论上分析国际货币合作是有利的，但从经验上分析，国际货币合作的收益通常是不存在的或可以忽略的。在货币规则设定中，经济体对风险的反应程度会影响经济体的期望值轨迹，只有不对称的冲击才导致合作失灵。

Canzoneri 等（2005）假定每个国家有三个生产部门，即供国内市场消费的贸易品生产部门、供出口的贸易品生产部门和非贸易品生产部门。他们指出，理论上的货币政策协调收益可以是一阶的、二阶的，或是与国家层面以明智的方式简单应对冲击的收益同等重要，但取决于各种冲击的规模和相关性。部门生产率冲击的不完全相关导致了政策协调的必要性。经基准模型的校准得到，货币政策的国际协调收益是一阶的，不可忽略的。

3. 国际财政政策合作

Obstfeld 和 Rogoff（1995，1998，2002）、Devereux 和 Engel（2000）、Canzoneri 等（2005）的研究，假定政府购买不直接影响私人消费，因此，在个体效用函数中并未引入来自政府购买的效用。Corsetti 和 Pesenti（2001）以公共支出和私人消费加性可分的形式，在效用函数中引入政府购买，假定公共支出对个人效用产生影响，同时：放宽了消费的跨期替代弹性等于 1 的假设和两国经济结构对称的假设；引入一个具体的劳动力市场，放宽了家庭既是生产者又是消费者的假设；考虑柯布 – 道格拉斯形式的消费指数，而非 CES 形式，放宽了本国和外国商品以相同份额进入消费指数的假设。他们再次研究了开放环境下，相互依存的经济体中货币和财政政策如何传递，如何影响居民福利。指出，外国货币扩张，汇率贬值对国内的福利效应取决于价格设定机制和汇率传递程度。

Lombardo 和 Sutherland（2004）扩展了 Beetsma 和 Jensen（2002）的研究，分析了当所有部门受到相同的生产率冲击时：财政政策作为稳定工具的作用以及与货币政策相互作用的程度；国际财政政策合作的福利收益范围及这些收益与货币政策体制的相互作用。同样，他们在效用函数中以加性可分的形式引入政府公共支出。结果证实：货币政策和财政政策都是有效的稳定工具；全面政策合作体制（包括财政和货币政策）比非合作政策（财政或货币政策是以纳什战略方式）得到更高的福利；不管货币体制如何，如果财政当局是纳什博弈者，或者冲击的跨国相关性是强烈负的，那么非积极的财政政策得到比积极的财政政策更高的福利。

Ganelli（2003）则以效用函数中公共支出与私人消费不可分的方式引入公共支出，探讨了政府支出的非可分性对短期和长期国内外财政扩张乘数的影响，以及公共消费对私人消费的替代性对短期产出有积极效应。

Koenig 和 Zeynelogu（2006）基于 OR（2002），在一个随机的两国 NOEM 框架，假定效用函数中公共支出和私人消费不可分，但与 Ganelli（2003）的表达方式有所不同。他们考察了生产率冲击后的最优财政政策及其效率，风险厌恶程度和一国开放度对最优反应系数的影响，以及基于两国博弈的财政政策国际合作的额外收益。他们指出，相比被动政策，积极的财政政策在纳什博弈和合作博弈中都是有效的。通过对劳动力供给和需求的影响发挥作用，最优的财政政策的偏离方向与冲击的偏离方向一致，从而降低了冲击的负效应，但是福利无法恢复到冲击前的水平。他们同时还发现，当一国开放程度较高时，财政政策合作会得到比纳什博弈时更高的福利水平，但是合作收益可以忽略不计，尤其在风险厌恶系数较高的情况下。由于国家之间存在溢出效应，合作收益随着风险厌恶程度的提高而递减。

由于理论模型的过度简化，导致部分理论研究结论与经验分析矛盾。比如，在 OR（1995）的基准模型中，财政政策仅限于商品购买，与经验事实有偏差。因此，人们在模型中引入了一些符合事实的要素，如汇率的不完全传递、国际生产专业化等。货币政策传递的现代模型表明，许多渠道可能导致国家从一国最优的角度而非全球最优的角度设定货币规则（OR，2002）。总之，国际经济政策协调的第二代模型比第一代模型更具有政策协调的广度（Canzoneri et al.，2005）。

（二）实证角度的量化

哈马达等模型的博弈分析基于各国当局者独自行动的假设，比较了非合作与合作博弈的福利结果，对于所得利益的度量仍然是基于理论和推测。从实证角度量化国际经济政策协调的研究大致可以分为两类。

一类是基于大型多国模型的模拟分析。如 Oudiz 和 Sachs（1984）借助政策乘数以及静态博弈模型，从实证角度估算了美国、日本和德国经济政策协调的潜在收益，发现政策协调为参与国带来的收益是微小的，美国和德国的收益约为 GNP 的 2%，日本的收益约为 GNP 的 1%，类似方法估计的欧洲货币体系各国间政策协调的收益约为 GNP 的 0.2%。从静态博弈结果看，协调始终优于非协调。

另一类是基于若干公式构成的小型理论模型分析。如 Currie 和 Levine（1985）的两国模型，其中包含了 18 个公式，并假设两国经济完全对称；Miller 和 Salmon（1985）的简单模型中每个国家仅包含 3 个公式。他们最后测得的收益同样很小。McKibbin（1997）集中于宏观经济政策协调下制度的选择问题，借助博弈论从实证角度量化了协调的收益。从乌拉圭回合贸易自由化的国际宏观经济政策协调角度，分析了协调中可能出现的不确定性。他指出，在考虑不确定性的前提下，协调的收益将是非常大的。

四　宏观经济政策国际协调的方案

Currie、Cevine 和 Vidalis（1987）提出建立对违约者惩罚的约束机制，比如通过国家让渡部分主权或建立超国家机构对政策协调进行管理，从而确保政策协调的可信性和约束性，避免协调无效现象。Frankel 和 Rockett（1988）建议，各国政府之间建立一种政策协调和冲突解决机制，来评价一国宏观经济政策变化的溢出效应，鼓励各国合理分担成本。Devereux 和 Arman（1992）借助非合作博弈两国财政政策模型，指出非合作财政政策博弈的最重要的条件是国家之间的贸易条件。David Currie（1993）对以汇率规则为核心的国际货币政策协调机制予以考察，发现汇率合作无法成为全部货币政策合作的替代。Suzuki（1994）在两国合作均衡的货币政策互动模式中，指出国家之间的相互依存关系视乎一个国家独立制定财政和货币政策以追求内外均衡的能力。实证研究表明，G7 各国的制度结构之间存在一种积极关系，引起货币政策国际协调，而这种关系依赖于经济发展水平和相互依存度。

Clarida、Gali 和 Gertler（2001）指出，纳什均衡下的货币政策协调对每一个中央银行都是相似的。一国中央银行必须与外国合作应对通胀，才能取得预期收益，并且在这种情况下，灵活的浮动汇率是可取的。

Barrell、Dury 和 Hurst（2003）借助全球经济计量模型（NIGEM）来评估独立设置的货币政策的效果，结果发现，国内因素是各国设置货币政策的首要目标。

第五节　开放经济下货币政策的 国际传递和国际协调

一　开放经济下的货币政策

从广义上来讲，货币政策是一国或经济体的中央银行及其他有关部门，关于货币方面的全部规定和采取的影响货币供给的所有措施。包括建立货币制度的有关规定以及影响货币金融体制的其他外生变量，比如政府借款、国债管理、政府税收与支出等影响货币供给的政策，比如促进货币金融体制发展和效率的各种措施等。

从狭义上来讲，货币政策是中央银行为实现其特定的经济目标，而采取的各种控制和调节货币供应量及利率的方针和措施的总和。它可以分为扩张性（积极的）货币政策、紧缩性（从紧的）货币政策和中性（稳健的）货币政策三种。一般情况下，货币政策包括四个方面的内容：货币政策目标、货币政策中介目标、货币政策工具、货币政策传递机制及其效果。

（一）货币政策目标

1. 含义

货币政策目标，是指一国采取货币政策所期望实现的最终宏观经济目标。在下文提及的货币政策目标指货币政策的最终目标，以区别于货币政策中介目标。

在封闭经济条件下，物价稳定、充分就业和经济增长是货币政策追求的三大宏观经济目标。

物价稳定是在某一时期内，使物价总水平保持基本稳定，而并不是简单地抑制物价水平上升或者下降，也不是将物价水平控制在某个绝对水平。

充分就业是由英国经济学家凯恩斯在《就业、利息和货币通论》一书中提出的，是指在某一工资水平，愿意就业者都可以在短期内找到就业机会。充分就业并不意味着每个人都有工作，它是与一定程度的失业同时存在的，这些失业属于摩擦性失业和季节性失业。因此，充分就业并不是失业率等于零，它允许存在一个自然失业率。各国对于自然失业率水平的确定不一。

经济增长是一定时期内，一个国家或地区创造的以货币形式衡量的产出增量，它可以用以反映一国的经济发展水平和速度。通常以一国国内生产总值增长率来衡量经济增长速度，在具体计算时，需要剔除价格因素。

在开放经济下，一国与世界其他国家的经济往来频繁，对国内经济既存在有利影响，也存在不利影响。因此，货币政策除了上述三个经济目标外，还需要考虑反映经济开放性的指标，即国际收支，它衡量了一定时期内，一国或地区与其他国家之间各项经济交易的以货币计价的总和。国际收支会出现三种情况：国际收支顺差、国际收支逆差和国际收支平衡。国际收支顺差或逆差即为国际收支不平衡。因此，国际收支平衡是货币政策追求的又一个目标。但是，在一般情况下，绝对的国际收支平衡很难实现，短暂的顺差或逆差并不一定是不利的。比如，短暂的逆差可能是某一时期内为满足国内经济发展需要，大量进口大型机械设备引起的。但是长期逆差则会大量消耗一国的外汇储备，是不被支持的。从理论角度分析，就世界范围而言，一国的国际收支顺差，必定意味着有其他国家国际收支逆差，世界整体的国际收支差额为零。但在实践中，这往往是难以实现的。原因是各国的经济发展水平不同，在各个时期所需要的外国经济资源量不同。国际收支平衡也是开放经济下货币政策追求的目标之一。

　　然而，各个国家在不同时期对四个目标的倚重程度不同。1913年，美联储成立之初，没有确定明确的货币政策目标，只将其作用确定为维持货币弹性，保证经济和金融体系的健康。1946年，美国国会通过《就业法》，规定美联储的货币政策目标为促进最大就业。1977年和1978年的《全面就业与预算平衡法》确立货币政策目标为"完全就业，价格稳定，中长期利率平稳"。进入20世纪90年代，美联储一直以"充分就业、价格稳定和适度的长期利率"作为货币政策目标。2011年4月美联储议息会议公告显示，美联储的货币政策目标已经转向"通胀率和失业率"，同时，伯南克也表示"美国中长期政策目标是维持美元购买力，控制通胀在较低水平，确保经济强劲复苏，吸引资金流入，有助美元走强"。

　　自1984年中央银行制度建立至20世纪90年代初期，中国货币政策目标是"发展经济、稳定货币"。1993年，国务院发布《关于金融体制改革的决定》。1995年3月18日，第八届全国人民代表大会第三次会议通过《中华人民共和国中国人民银行法》，明确中国货币政策目标是"保持货币币值的稳定，并以此促进经济增长"。2003年12月27日，第十届全国人民代表大会常务委员会第六次会议通过《关于修改〈中华人民共和国中国人民银行法〉的决定》修正案，再次重申中国货币政策目标为"保持货币币值的稳定，并以此促进经济增长"。

　　2. 各目标之间的冲突

　　货币政策的四个目标在一国经济发展中的地位和作用，根据各个不同发展阶段的经济状况和需求各有不同，但它们对于一国的发展都是重要的。四个目标之间具有一致性，同时也存在矛盾性。

　　首先，充分就业与经济增长之间的一致性。一般情形下，当经济增长处于较高水平时，对劳动力需求也就越大，失业率越低，就业率越高；相反，当经济增长处于较低水平时，生产规模相对较小，对劳动力需求相对较低，就业率就低。

　　其次，物价稳定与充分就业之间的矛盾性。物价上涨与失业率之间存在一种此消彼长的关系。当一国物价处于较高水平时，要降低物价，就需要减少货币供应量，降低社会总需求，这会导致生产规模收缩，失业率提高；如果要降低失业率、增加就业，就必须扩大生产规模，增加货币供应量，这会导致物价上涨。澳大利亚籍的英国经济学家菲利普斯，对英国1861—1975 年间的失业率和工资物价变化关系进行研究，发现了失业率和物价水平之间的这种此消彼长的关系，并用菲利普斯曲线加以描述，见图 2－3。

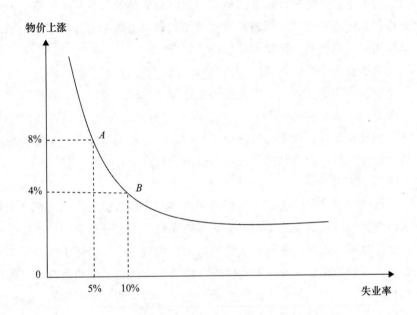

图 2 - 3　菲利普斯曲线

根据上述分析，在物价稳定与充分就业之间存在三种选择组合：保持物价稳定，失业率较高；保持充分就业，物价水平较高；在物价水平和失业率之间相机抉择。因此，货币政策的目标是根据特定的经济环境，寻找物价上涨和失业率之间的适当组合。

再次，物价稳定与经济增长之间的矛盾性。当一国经济处于衰退时，经济增长速度较慢，通常采取扩张性货币政策来刺激经济，但货币供应量的增加会导致物价上涨。在实际生活中，也会出现物价稳定与经济增长同时存在的现象，或者经济停滞与通货膨胀同时存在的现象，即"滞胀"，比如 20 世纪 70 年代西方国家出现的情形。

最后，国际收支平衡与物价稳定、充分就业、经济增长之间的关系。当一国发生通货膨胀时，如果本国货币汇率调整幅度小于物价上涨幅度，或者汇率变动滞后于物价上涨速度，本国货币被高估，导致出口减少，进口增加，造成经常账户逆差。当一国资源并未得到充分利用时，出口增长会提高国内出口部门产出，提高就业水平。当一国资源利用接近充分就业状态时，出口增长并不会带来就业水平进一步提高，反而会造成国内出口商品的价格上升，进而带动其他非出口部门商品及原材料等价格上升，造成物价总体水平上涨。而进出口贸易增长和吸引外资对经济增长的贡献是众所周知，也是被经济学家证实的。

总而言之，货币政策的各个目标之间的关系是复杂的，并且存在一定的矛盾性。为了实现一个宏观经济目标而采取的货币政策，可能会破坏另一个宏观经济目标的实现；为了实现一个目标，可能需要牺牲另一个目标。因此，在货币政策措施选择过程中，需要根据当前经济形势和经济环境，综合考量，权衡利弊，选择最适当的目标组合。

3. 内外均衡

假定一国经济分为贸易品部门和非贸易品部门，则内部均衡被定义为国内商品和劳务的需求足以保证非通货膨胀下的充分就业，即非贸易品市场处于供求平衡的均衡状态。外部均衡是指贸易品市场处于供求平衡的均衡状态。物价稳定、充分就业和经济增长等反映国内经济运行状况的政策目标是内部均衡目标。而国际收支平衡是外部均衡目标。如果一国同时实现内部均衡和外部均衡，此时经济处于全面均衡状态，是最佳的经济发展状态。正如前面所述，为实现某一内部均衡目标的货币政策，可能会破坏另一个外部均衡目标的实现，也可能改善另一个外部均衡目标的实现。前者通常被称为内外均衡冲突，后者通常被称为内外均衡一致。

1951年，由英国经济学家米德最早提出内外均衡冲突问题。他指出，在固定汇率制下，难以运用汇率政策作为政策工具实现外部均衡，只有借助财政政策和货币政策等影响社会总需求的政策来调节内外均衡。但是，当国内经济疲软、失业增加与国际收支逆差并存，或者国内通货膨胀与国际收支顺差并存时，要运用财政政策和货币政策同时达到内外均衡常常存在冲突。当国内经济衰退、失业增加时，为实现内部均衡，政府往往采取增加社会总需求的措施，这将导致进口增加，在出口不变的情况下，引起经常账户逆差增加，使原来的国际收支逆差现象更加严重。当国内出现通货膨胀情形时，为实现内部均衡，政府会采取减少总需求的措施，这将导致进口减少，在出口保持不变的情况下，引起经常账户顺差，使原来的国际收支顺差现象加重。这种内外均衡冲突现象在经济学上被人称为"米德冲突"。虽然米德的分析仅仅针对固定汇率制度情形，但是，在浮动汇率制度下，也会出现很多类似的内外均衡冲突问题，而且更加复杂。通常，将米德分析中的与开放经济特定运行区间相联系的内外均衡冲突称为狭义的内外均衡冲突，而将一般情形下为实现某一均衡目标而对另一均衡目标造成破坏的现象，称为广义的内外均衡冲突。就目前中国宏观经济而言，通货膨胀与经常账户顺差同时存在，已经出现了"米德冲突"。

（二）货币政策中介目标

1. 货币政策中介目标的含义

在运用货币政策工具实现货币政策目标过程中，往往需要经过许多中间环节，经历相当长的时间，同时也面对很多复杂因素。因此，中央银行不可能通过控制政策工具直接而迅速观测其最终目标达到与否，是否偏离最初预想的目标。在整个过程中，需要及时了解货币政策工具是否合适，政策目标能否实现等问题，但是，货币政策目标无法提供这些方面的数据资料，因此，需要一个可以量化、并且能够及时反映政策工具的实施情况的金融指标，使得政策工具在实施过程中可以根据实际效果及需要随时做出调节，这个指标就是货币政策的中介目标。它联系着货币政策工具和货币政策目标，能够及时测定和评估政策效果，避免因判断不及时造成的宏观经济损失。

货币政策中介目标的概念最早是美国经济学家在 20 世纪 60 年代提出的，但当时中央银行并不是从宏观控制的角度来考察中介目标，直到 70 年代中期，中介目标的思想才被普遍接受。

2. 货币政策中介目标的选择标准

货币政策中介目标的选择恰当与否，关系着货币政策目标的最后实施效果，因此，对于中介目标的选择必须慎重。

选择货币政策中介目标，往往需要考虑以下五个标准：

第一，相关性。相关性是指货币政策的中介目标和最终目标之间必须具备的稳定的、密切的联系。

第二，可测性。可测性是指有关中介目标的量化资料必须是可以及时获取的，并且具有较高的可信度和准确性，以利于分析和测定。

第三，可控性。可控性是指中介目标是易于被中央银行所控制的。中介目标与中央银行采用的货币政策工具之间必须有密切的、稳定的联系。

第四，抗干扰性。抗干扰性是指中介目标在实施过程中不易受外来因素的影响，具有较强的抗外界干扰能力，从而确保最终目标的实现。

第五，适应性。适应性是指由于各个国家或者同一个国家在不同时期所处的经济、金融环境不同，需要采取的政策工具有所不同，中介目标与最终目标的关系也有所不同，因此，中介目标必须根据特定环境而有所不同。

根据以上五个标准，确定的中介目标通常有利率、货币供应量和基础货币。

3. 几个常用的货币政策中介目标

第一，利率。利率与投资需求、消费需求紧密相关，因而与最终目标有一定程度的相关性。利率可以根据中央银行对再贴现率的控制而变化，具有较强的可控性。在任何时候，中央银行都可以获取关于市场利率水平和结构的资料，可以根据这些资料，确定是否有必要调整再贴现率、调节市场利率，因此，具有较强的可测性。但是，利率在经济中的内生性与外生性较难辨认。作为一个经济内生变量，当经济繁荣时，由于投资需求旺盛，导致利率上升。作为一个政策变量，当经济过热时，需要提高利率，从而抑制需求。因此，当中央银行以利率作为中介目标时，很难识别作为政策变量的利率是否实际发挥效应。

第二，货币供应量。货币供应量作为中介变量，同样满足相关性、可控性、可测性等标准。货币供应量的变化与经济增长、物价稳定有着密切联系，满足相关性标准。同时，中央银行可以控制基础货币和调整法定存款准备金率，从而达到控制货币供应量，因此具有较强的可控性。关于货币供应量的资料也是容易获得的。但是，货币供应量分为 M_0，M_1，M_2，M_3 等多个层次，它们都具有相当的可控性和可测性，但是，哪个层次的货币供应量与最终目标的相关性最强，目前存在较多争议。可选用的方法是分别考察各个层次的货币供应量与最终目标的相关性。

第三，基础货币。相比利率和货币供应量，基础货币的可控性更强，但是它离最终目标较远，通常被视为近期指标。而利率和货币供应量视作远期指标。基础货币是流通中的现金与商业银行存款准备金之和，是中央银行可以直接控制的目标，是货币供应量扩张的基础。

4. 中美货币政策中介目标的选择

第一，美国货币政策中介目标的选择。

20 世纪五六十年代，美国政府奉行凯恩斯主义的非中性货币政策，即当通货膨胀出现时采取反通货膨胀货币政策，当经济衰退时采取扩张性货币政策刺激经济。凯恩斯认为，利率是影响社会总需求的关键变量，央行可以采取措施来调节利率水平。因此，20 世纪 50 年代，美国以 3 个月的国库券利率作为货币政策的中介目标，60 年代，以联邦基金利率作为中介目标。

20 世纪 60 年代末 70 年代初，美国出现严重的"滞胀"现象，凯恩斯理论无法解释，以弗里德曼为代表的货币主义借此机会取代了凯恩斯主义的主流地位。弗里德曼指出，货币流通速度在长期具有相对稳定性，中央银行一旦控制货币供应量的增长速度，就可以实现低通胀下的经济增长。由此，美联储开始放弃以利率作为中介目标，代之以货币供应量为中介目标。同时，将信贷规模作为辅助性中介目标。80 年代，美国通货膨胀被控制，但货币供应量增长速度波动较大，同时，经济全球化使资本在国际间流动频繁，导致 M_1 与经济活动之间的关系弱化，美联储放弃了狭义 M_1 目标，选择广义 M_2 作为中介目标。80 年代末，美联储再次放弃了 M_2，以 M_3 作为中介目标。

进入 20 世纪 90 年代，由于美国国内金融市场的迅速发展，金融工具层出不穷，使得货币供应量与经济增长、物价水平等宏观经济之间的联系变得难以把握，1993 年 7 月 22 日，美联储决定放弃以货币供应量为货币政策的中介目标，代之以联邦基金利率为中心，以货币量、汇率、产出等多项变量共同构成的中介目标体系。

第二，中国货币政策中介目标的选择。

中国货币政策中介目标的形成，是从建立中央银行制度开始的。1983 年 9 月，国务院决定由中国人民银行专门行使中央银行的职能。1986—1993 年，中国将现金计划和贷款规模作为货币政策的中介目标。1993 年年底，中国人民银行制定《中国改革规划》，将货币供应量作为中国货币政策的中介目标。1994 年国务院发布的《关于金融体制改革的决定》规定，"货币政策的中介目标和操作目标是货币供应量、信用总量、同业拆借利率和银行备付金率"。1994—1998 年，中央银行将货币供应量和信贷规模作为货币政策的中介目标。随着市场经济的发展，贷款规模的作用逐渐弱化，其弊端也逐渐暴露。1998年正式取消对商业银行的信贷规模控制，代之以资产负债比例管理，而货币供应量继续作为中介目标。

（三）货币政策工具

为了实现特定的货币政策目标，需要借助一定的政策手段，即货币政策工具。货币政策工具通过调控货币政策中介目标，从而实现最终目标。货币政策工具通常分为一般性货币政策工具、选择性货币政策工具、直接信用控制和间接信用指导等。

1. 一般性货币政策工具

一般性货币政策工具包括传统的三个货币政策工具，即法定存款准备金率、再贴现率和公开市场业务。它们的共同特点是对一国宏观经济的影响是总体的、普遍的。法定存款准备金率是指中央银行规定的、商业银行等金融机构必须向中央银行缴存的存款比例。中央银行调高法定存款准备金率，使得货币乘数变小，商业银行等金融机构应缴存的存款准备金增加，从而引起商业银行等金融机构的可贷款额减少，控制了市场上的货币供应量。相反，中央银行调低法定存款准备金率，可以达到增加货币供应量的目的。

再贴现率实质上是商业银行等金融机构向中央银行的借款利率。当商业银行感到资金短缺时，可以凭借其合格的商业票据向中央银行进行再贴现，以获取资金，此时需要向央行支付一定比例的利息。中央银行通过调整再贴现率，干预和影响市场利率，从而调节货币供应量、实现货币政策目标。中央银行调高再贴现率，使得商业银行等金融机构向中央银行借款的成本增加，限制了他们的贷款和融资行为。与法定存款准备金率所不同的是，再贴现率直接影响的是货币需求，由此间接影响货币供给。而且，以调整再贴现率来调节货币供应量的过程中，中央银行处于被动地位，因为商业银行未必一定向银行申请再贴现，关键取决于商业银行。

公开市场业务是指中央银行在证券市场上公开地买卖各种政府有价证券，如政府公债、国债等，从而调节货币供应量和利率的一种货币政策工具。当中央银行买入有价证券时，一方面，商业银行的超额准备增加，从而增加了这些机构的贷款和投资能力，相当于向市场投放了基础货币；另一方面，证券需求增加，引起证券价格上升，利率上升。当中央银行卖出有价证券时，则相当于回笼了市场中的基础货币。中央银行可以根据主观意愿进行上述操作，从而将基础货币数量控制在合适的规模。与法定存款准备金率和再贴现率政策不同的是，公开市场业务可以经常性地、连续性地运用，不会对货币供应量产生很大的冲击。

2. 选择性货币政策工具

选择性货币政策工具是除一般性工具之外，中央银行有选择地对某些特殊领域或特殊用途的信贷加以调节和控制的手段。与一般性的货币政策工具不同，选择性货币政策工具的主要特点是：对货币政策和国家经济运行的影响不是全局性的，而是局部性的，但也可作用于货币政策目标；它们的作用过程是间接的，只有通过市场供求关系或资产组合调整才能实现。主要有优惠利率、消费者信用控制、证券市场信用控制、不动产信用控制和预缴进口保证金制度。优惠利率是中央银行对国家拟重点发展的经济部门、产业和产品规定较低的贷款利率，从而鼓励其发展，促进国民经济产业结构调整和产业转型升级。该工具主要是配合国民经济产业政策使用。消费者信用控制是中央银行对不动产以外的耐用消费品的信贷量进行控制的过程，从而达到抑制过度消费或刺激消费的目的。它可以通过规定贷款购买耐用消费品的首付金额比例和最长偿还期限、规定可供贷款的耐用消费品种类和贷款条件等实现对贷款量的控制。例如，当提高首付金额比例时，意味着可供贷款的金额降低，从而一定程度上抑制贷款需求。证券市场信用控制是中央银行对购买有价证券的贷款作出的限制，比如规定法定保证金比率，从而限制放贷量、控制过度投机行为。不动产信用控制是中央银行对房地产等不动产方面的贷款进行限制的工具，目的是为了预防和抑制房地产投机行为。比如，规定贷款的首付金额比例、规定最长还款期限等。预缴进口保证金制度是中央银行为了抑制进口过快增长，对那些进口商规定的预缴进口商品总值一定比例的金额。通常是国际收支经常处于逆差的国家所采用的工具。

3. 直接信用控制

直接信用控制是中央银行以行政命令或其他方式，从质和量两个方面，直接对金融机构，尤其是商业银行的信用活动进行控制。直接信用控制的方式主要有信用配额、利率最高限额、流动性比率和直接干预等。信用配额是中央银行为了避免信用过度扩张，根据金融市场状况及客观经济形势，对各个商业银行的信用创造及资金运用加以合理分配，以限制其信贷活动。利率最高限额是中央银行对商业银行等金融机构做出的、关于定期存款和储蓄存款的最高利率的规定，目的是防止银行为吸收存款过分提高利率，或是为牟取高额利润进行高风险投资或放贷。流动性比率也可称为可变流动资产准备金率，是流动资产与存款的比率。一般情况下，流动性比率与收益率成反比。中央银行对该比率进行限定，目的是限制商业银行等金融机构的信用过度扩张。直接干预是中央银行以"银行的银行"的身份，根据经济金融形势，在必要时对商业银行等金融机构的信贷业务进行干预，包括干涉银行对活期存款的吸收、限制银行的最高贷款额度、限制银行的贷款投资项目类型、惩罚银行的不正当业务行为等。

4. 间接信用指导

除了直接信用控制外，中央银行还可以凭借其特殊地位和足够的权利，对商业银行等其他金融机构通过道义劝告、窗口指导等方式，间接影响商业银行的贷款数量和投资方向。道义劝告是中央银行凭借其自身较强的地位和较高的权威，以发出书面通知、指示或口头通知等形式，或与商业银行负责人面谈，向商业银行等金融机构通报经济形势，劝其遵守金融法规和金融政策，并自觉采取相应的措施。这种方式不具法律约束力，故效果视商业银行等金融机构的配合程度而定。它不产生行政费用，运用起来灵活方便。窗口指导是中央银行根据产业行情、物价变动趋势和金融市场状况，规定每家商业银行每季度贷款增减额度，并要求其遵照执行。如果商业银行不予执行，中央银行可以采取制裁措施，比如削减对其贷款额度，甚至取消对其贷款等。

（四）货币政策传递机制及其效果

货币政策传递机制是中央银行运用货币政策工具影响中介目标，进而实现最终目标的传递途径与作用机理。货币政策传递途径一般经过三个环节：首先是中央银行实施货币政策工具，影响商业银行等金融机构的准备金、融资成本、信贷行为等；其次是商业银行等金融机构通过市场利率变化，影响企业、居民等经济主体的消费、储蓄、投资等经济活动；最后是企业、居民等经济主体的行为影响社会各个经济变量，如社会总支出、社会总产出、就业、物价等。

关于货币政策传递机制的理论观点主要有：

1. 利率渠道

该理论观点的核心是：利率是传递机制中的关键。以凯恩斯学派的观点为代表，基本思路可以归纳为 $M \rightarrow r \rightarrow I \rightarrow E \rightarrow Y$。货币政策工具改变货币供应量 M，从而引起利率 r 升降，利率变化引起投资的边际收益率变动，进而影响投资活动 I，投资变化引起社会总支出 E 和总收入 Y 变动。

在凯恩斯学派的理论观点中，前提条件是利率对消费和投资具有重大影响。而且，在利率传递机制中，影响消费和支出的是实际利率而非名义利率，对投资产生重要影响的是长期利率而非短期利率。凯恩斯学派仅仅分析货币市场变化对商品市场的影响，而没有考察货币市场与商品市场的相互作用，因此，属于局部均衡分析。在它们基础上的 IS – LM 模型从一般均衡角度分析了货币政策的利率传递机制。首先，货币供应量增加，货币的实际供给大于实际需求，利率降低，LM 曲线向下平移，结果经济均衡点向右移动，投资增加，总支出和总收入提高，这是货币市场变化对商品市场的影响；其次，收入增加引起货币的交易性需求增加，在货币供给不变情形下，货币的投机性需求减少，利率回升，这是商品市场变化对货币市场的影响；再次，利率上升引起投资减少，收入相应减少，货币的交易性需求减少，投机性需求增加，利率又开始回落；最后，由于货币市场与商品市场的重复多次相互作用，收入与利率接近一个均衡点，两个市场同时实现均衡。

2. 货币实际余额渠道

货币主义学派认为，在货币政策的传递机制中，对名义国民收入变化起关键作用的是货币供应量，而非利率。经由该渠道的传递过程可以归纳为 $M \rightarrow E \rightarrow I \rightarrow Y$。当采取扩张性货币政策，虽然货币供应量增加，但是货币需求函数中的变量并没有变化，因此，实际货币需求量没有发生变化。那么，居民手中持有的名义货币余额将超过他们愿意持有的货币余额数量，他们无疑会增加开支，将这些多余的货币用于购买其他金融资产或投资于非金融资产，刺激投资，从而增加产出和收入。

在这里，弗里德曼认为，货币需求函数是稳定的，即居民愿意经常贮存在身边的平均货币数量，与决定它的几个变量之间存在着一种稳定的、可以借助统计方法估计的函数关系。作出这样的假设，目的是在于尽量缩小货币流通速度发生变化的可能性，及其对产量和物价的可能影响，从而，在货币供应量与名义国民收入之间，建立一种可以从理论上预测的因果关系。

与凯恩斯主义不同的是，弗里德曼认为，从长期看，货币供应量变化只会影响名义经济变量，而对实际经济变量不产生作用，因此货币是中性的，凯恩斯认为货币是非中性的。

3. 资产价格渠道

该理论观点的支持者认为,在考察货币政策的传递渠道时,不仅仅要考虑货币资金的价格即利率,还要考虑其他各种相关资产的价格。在这里介绍两种与股票价格相关的传递渠道,即托宾 Q 理论和消费的财富效应理论。

第一,托宾 Q 理论。

托宾 Q 理论是由诺贝尔经济学奖获得者詹姆斯·托宾提出的。该理论建立了货币政策影响股票价格进而对投资支出产生影响的理论。

托宾的 Q 是企业市场价值与资本的重置成本之间的比率,反映了企业两种不同价值估计的比值: $Q = MV/RC$ 。企业市场价值是企业股票和债券等在金融市场上的市场价值,重置成本是当前需要用多少钱才能购买所有上市公司的资产。当 $Q > 1$ 时,说明企业市场价值高于其重置成本,新厂房设备的资本低于市场价值,购买新生产的资本品更加有利,在这种情况下,企业可以发行少量的股票但买到较多的投资品,从而增加投资需求和投资支出;当 $Q < 1$ 时,说明企业市场价值低于其重置成本,购买现成的投资品比新生产的投资品更便宜,企业于是不会购买新的投资品,而是购买旧的投资品或收购其他企业,从而投资需求和投资支出降低;当 $Q = 1$ 时,企业投资和资本成本实现动态均衡。

根据托宾 Q 理论,货币政策的传递机制可以描述为 $M \to P_e \to Q \to I \to Y$ 。扩张性货币政策引起货币供应量 M 增加,使得居民手中持有的货币余额超过其实际所需的货币数量,他们会通过各种途径增加开支,其中之一就是购买股票,因此,对股票的需求增加引起股票价格 P_e 上升,Q 比率上升,企业增加其投资支出 I ,国民收入 Y 增加。

第二,消费的财富效应理论。

消费的财富效应理论的基础是莫迪利安尼 (Modigliani) 的生命周期理论。该理论指出,消费者的消费支出由其终身财富决定,而这些财富中包括以股票形式反映的金融资产。当货币政策扩张时,股票价格 P_e 上升,消费者所持有的金融资产价值 A 提高,终身财富 W 增加,其消费支出 C 随之增加,引起社会总支出和总收入 Y 增加,其传递机制可以表述成 $M \to P_e \to A \to W \to C \to Y$ 。

4. 信贷渠道

人们认为,利率效应并不能有效地解释货币政策对长期资产支出的影响，于是，出现了强调信贷市场信息不对称的观点。由于信贷市场的信息问题，会产生两种货币政策传递渠道：银行贷款渠道和平衡表渠道。

第一，银行贷款渠道。

在该渠道中，商业银行等金融机构发挥着重要且特殊的作用。基本思路可以归纳为 $M \rightarrow D \rightarrow L \rightarrow I \rightarrow Y$，$M \rightarrow D \rightarrow L \rightarrow C \rightarrow Y$。扩张性货币政策工具引起货币供应量 M 增加，使得商业银行的头寸 D 数量增加，可供贷款的资金 L 随之上升，从而刺激投资 I 和消费 C，引起总收入 Y 增加。

货币政策的银行贷款渠道，对于那些无法从股票和债券等金融市场融资的企业尤为重要，特别是中小企业。

第二，平衡表渠道。

平衡表渠道包括针对企业支出效应和消费者消费支出效应两类。

对于一个企业而言，其净值越低，贷款给这些企业可能产生的逆向选择和道德风险问题越严重。一方面，因为净值低意味着放贷人对其贷款拥有的抵押品较少，逆向选择的损失较大、较严重；另一方面，净值低也意味着企业的权益比重低，其参与高风险投资项目的动机较强，因此，道德风险较高。具体地，货币政策的企业平衡表渠道可能表现为以下几种：

一类是货币政策扩张使企业的股票价格上升，企业净值提高，逆向选择和道德风险降低，贷款增加，投资增加，总收入增加。

一类是货币政策扩张引起利率下降，使得企业现金流增加，同样降低了逆向选择和道德风险，引起贷款、投资增加，从而总收入增加。

一类是货币政策扩张引起物价水平上涨，合同中由名义额量化的企业债务负担的实际值降低，同时，由于企业的实际资产不变，因此，企业资产净值由此增加，企业逆向选择和道德风险降低，贷款、投资和总收入增加。

从消费者支出效应考虑，同样存在货币政策影响家庭消费、现金流的信贷传递渠道。但是，消费方面的信贷传递渠道主要体现在耐用消费品和住房支出方面。扩张性货币政策：一方面使消费者可获得的银行贷款增加，于是，会提高在耐用消费品和住房方面的支出，即 $M \rightarrow L \rightarrow C \rightarrow Y$；另一方面货币供应量增加使股票价格上升，消费者持有的存款、股票等金融资产增加，他们发生财务危机的可能性降低，也会提高他们在耐用消费品和住房方面的支出，即 $M \rightarrow P_e \rightarrow A \rightarrow C \rightarrow Y$。

5. 汇率渠道

随着各国经济开放程度的不断提高以及国际金融一体化的逐渐深入，货币政策传递机制中的汇率渠道的地位和作用日渐显著。汇率渠道主要是经由净出口对产出和收入产生作用。

在浮动汇率制国家，扩张性货币政策使得货币供应量增加，国内通货膨胀率上升或利率下降，导致本币相对外币贬值，本国出口商品的国外价格降低，而进口商品的国内价格上升，引起出口需求增加，进口需求减少，本国净出口提高，本国产出和收入增加，其传递过程可以表述为 $M \rightarrow \pi(r) \rightarrow E \rightarrow NX \rightarrow Y$。

二　开放经济下货币政策的国际传递

随着各国经济开放程度不断提高以及经济全球化的深入，各国之间的经济相互依存度越来越高，一国实现内外均衡目标的国内宏观经济政策会通过各种渠道对另一国国内经济产生影响，即货币政策的国际溢出效应，同时，另一国会采取相应的政策措施，对该国国内的经济变量产生反馈效应，从而影响该国最初的政策措施的效果。货币政策发生溢出效应和反馈效应的过程就是货币政策的国际传递过程。国际传递的渠道、方式、内在机理等构成了货币政策国际传递的机制。

对于规模相同的两个国家，它们之间往往存在三种冲击传递机制。

第一，收入机制。由于边际进口倾向的存在，当一国国民收入增加时，引起该国进口增加，贸易伙伴的出口相应增加，经乘数效应作用引起伙伴国的收入相应增加。收入机制主要是借助国际商品贸易渠道而产生作用。毫无疑问，边际进口倾向越高，经由收入机制的传递效果越显著。

第二，利率机制。当两国利率水平不同时，国际资金出于逐利目的会流入利率水平相对较高的国家。当一国由于货币供应量变化，引起利率变化时，会引起国家间资金流动，导致外汇储备、汇率等相关变量发生变动，从而对其他国家国内经济产生影响。利率机制主要是经由国际资金流动渠道发挥作用。国际资金流动程度越高，利率机制的传递效果越显著。

第三，相对价格机制。相对价格机制主要包含两个方面：汇率不变而国内价格水平变化；本国名义汇率变化。无论是名义汇率变化还是价格水平变化，都会引起实际汇率变化，从而，两国商品的国际竞争力发生变化。相对价格机制主要是经由两国实际汇率发挥作用。

　　具体地，姜波克和杨长江（2004）根据两国蒙代尔－弗莱明模型，分析了不同汇率制度下货币政策的国际传递机制。发现在固定汇率制下，当两国之间经济通过收入和利率机制相互影响时，本国货币政策扩张使得两国产出和收入都高于政策扩张前的水平，这意味着本国货币政策扩张对外国经济具有积极的溢出效应；在浮动汇率制下，当两国经济经由收入机制和利率机制相互影响时，货币政策扩张使得本国产出和收入增加，但是，外国产出和收入减少，这意味着，本国货币政策扩张对外国经济具有消极的溢出效应，本国的货币政策是一种"以邻为壑"的政策。由此可以得出，一国货币政策对外国的溢出效应与两国之间的汇率制度有关。

　　需要区分的是，货币政策的传递机制和货币政策的国际传递机制之间的区别。前者强调的是本国货币政策工具经由中介目标实现最终目标的过程，货币政策最终影响的是国内的各个经济变量，如社会总产出、就业、物价等。而货币政策的国际传递机制强调了本国货币政策的溢出效应，其最终影响的是其他国家国内的经济变量。

三　开放经济下货币政策的国际协调

（一）货币政策国际协调机制的功能定位

　　在开放经济条件下，国家之间进行宏观经济政策协调的目的，是在不牺牲内部均衡目标的前提下，保持外部均衡，实现内外均衡一致，在维护世界经济共同利益的前提下，实现各国福利收益最大化，即从协调整体而言，在各协调成员都能接受的条件下，实现协调总体收益增加。各协调成员都能接受的条件，保证了没有一个国家的福利是损失的。虽然，从理论上讲，只要参与货币政策国际协调的整体收益高于未协调时的情形，有可能是大多数国家的福利水平提高，而个别国家福利水平降低，这种以牺牲个别国家的福利来换取整体福利水平的提高，是值得的。但在现实中，没有一个国家愿意从事一件对自身没有任何好处的事情。

　　在货币政策的国际协调过程中，各成员国总是尽力使自身获得的利益增加，通过权衡比较国际协调机制所产生的收益与成本，决定是否参与国际协调。毫无疑问，如果一国参与国际协调导致的成本和费用超过其可能获得的收益，那么，参与协调自然是无利可图的，宁可选择各行其是。一国参与协调面临的成本包括各种运作成本、放弃一国政策独立性的成本以及不参与协调时可能获得部分收益的机会成本。只有当一国所得收益大于所有成本之和，它才会选择积极地参与国际协调。因此，合理的货币政策的国际协调机制必须确保整体福利水平提高，同时，各成员国所获得的收益大于其所付出的成本。

由于各国之间经济规模差异、经济性质差异、开放程度差异、在协调过程中担负的责任差异等多重原因，各国在参与货币政策国际协调的过程中所获得的收益也会存在差异。合理的货币政策国际协调机制必须确保各成员国之间的利益分配是合适的、公正的、公平的、最佳的，是能促进世界整体利益提高和稳定发展的。在过去的货币经济关系中，往往出现大国、强国分得大块"蛋糕"，而小国、弱国所得微乎其微。新环境、新形势下的货币政策国际协调机制应该改变这种现象。

从一个国家宏观经济角度而言，福利收益增加可以体现在多个方面，包括经济稳定增长、经济波动的不确定性降低、价格稳定、充分就业、国际贸易和国际资本流动顺畅、制度优化、国际地位提升等。经济长期稳定增长是一国货币政策的最终目标之一，也是各国参与货币政策国际协调需要保证的。从一国国内微观经济角度而言，福利收益增加则可以表现为消费者收入提高、消费品种多样化、生产者利润增加等方面。

货币政策国际协调并非是一种静态的均衡状态，而是一个动态发展的过程。因此，可能出现长期均衡与短期不均衡并存，整体均衡与局部不均衡并存，各成员国之间的博弈将推动长期均衡和整体均衡。当外部环境发生变化时，就会形成新的博弈，从而推动新的协调和均衡。

总之，货币政策国际协调机制的功能定位应该是确保参与协调的整体福利水平提高，各成员国所获得的收益大于其付出的成本，同时，各成员国之间的利益分配必须是合适的、公正的、公平的、最佳的，是能促进世界整体利益提高和稳定发展的。

（二）货币政策国际协调机制设计

货币政策国际协调机制是阐述如何有效地进行国际协调，从而最大程度地获得收益。

1. 协调的表现形式

货币政策国际协调的机制通常有两种表现形式，即规则性协调机制和随机性协调机制。

规则性协调机制。是参与协调的各国一致同意按照一定的规则就其政策行动达成某种协议，前提条件是所有成员国都接受这些规则。由于这种协调机制通常是以各种制度为基础，因此，又被称为制度性协调机制，比如金本位制、欧洲货币体系等。规则性协调机制的优点是，达成的协议对各方具有一定的约束力和强制性，能够确保协调机制顺利进行。但这种机制的缺点是，各成员国运用宏观经济政策的自由度受到限制，往往需要让渡一部分自由支配政策的权利。

随机性协调机制，又称为相机性协调机制。是根据具体的环境和形势，参与协调的各成员国之间通过博弈、协商、谈判，确定针对特殊情形的政策协调方案。在这种形式的机制下，不存在制度或规则对各方行为进行约束。这种机制的优点是，由于没有制度约束，协调方案较为灵活，可以针对不同的特殊情形采取特定的协调方案，适用范围较广，针对性较强。但是，也存在不足之处，就是可信度低、可行性差。由于没有制度和规则约束，因此，存在较大的不确定性，可信度低。同时，每次协调之前各参与方都需要进行谈判、协商，成本较高，并且对各国没有约束力，容易产生违约行为和"搭便车"现象，因此，可行性较差。

两种形式的政策协调机制各有千秋，需要根据具体情况予以选择。

2. 协调机制设计

到目前位置，关于货币政策国际协调的机制设计中最为著名的方案有托宾（1972）提出的托宾税方案、麦金农（1974）提出的固定汇率制方案、威廉姆森（1987）提出的汇率目标区方案以及通货膨胀目标制方案。

第一，托宾税方案①。

托宾税方案是由托宾于1972年提出的。背景是20世纪70年代，国际资金流动，尤其是短期投机性资金流动规模急剧膨胀，导致汇率极不稳定，严重影响各国货币政策的独立性。托宾由此提出对现货外汇交易征收全球统一的交易税，从而限制短期投机性资本的过度流动。经济学家们把这种交易税称为"托宾税"。

托宾税具有两个功能。第一个功能是可以抑制因牟取暴利产生的投机，稳定汇率，引导短期资金流向生产性实体经济。据我们所知，为牟取利益，资金会从低利率国家流向高利率国家，根据非套补的利率平价，当

① 参阅姜波克、杨长江：《国际金融学》，高等教育出版社2004年版，第323—324页。

两国预期的汇率变动率与两国之间的利率差存在差异时，投机活动就会产生。因此，一国在运用利率政策进行宏观经济调控时，需要考虑这一现象。当存在托宾税时，外汇交易就产生了交易成本，当预期汇率变动率与两国利率差之间的差异超过交易成本时，投机活动就会产生。由于套利交易涉及两次外汇交易，故需要交两次托宾税。当两国利率相同时，如果预期的汇率变动率小于托宾税的两倍，交易就不会产生，托宾税就起到了抑制投机交易的作用。由于托宾税只是针对短期资金，因此，对于由长期投资引起的国际资金流动并不会受到影响，反而会引导短期资金转变为长期生产性投资目的。

第二个功能是有助于全球收入再分配。由于全球外汇交易量大，即使托宾税率设置得很低，得到的税收也是巨额的。将这笔巨额收益用于再分配，有助于帮助贫穷国家，有利于世界整体均衡发展。

关于托宾税率的设定，目前没有统一的意见。托宾 1978 年提出的税率是 1%，1994 年提出的税率是 0.5%。多恩布什（Dornbush）提出的税率是 0.25%。德国经济学家延斯（Uwe Jens）提出的税率是 0.05%。

托宾税方案的设想具有抑制投机、稳定汇率、促进全球收入再分配的功能，但是在实践中，仍然存在令人争议的问题。首先，参与外汇交易的可能涉及个人、企业、金融中介、政府和国际组织，区分投机性资金与非投机性资金有一定的难度。其次，设想的托宾税方案针对的是投机性现货交易，但外汇市场上最活跃的投机活动往往发生在衍生工具领域。对衍生工具交易征税相对复杂，而且可能破坏衍生市场的发展。再次，托宾税具有全球性，但是，如果有小国不愿采纳，当其他国家被征收托宾税时，它便会成为避税型离岸金融中心，使征收托宾税的初衷与结果背道而驰。最后，从理论上讲，征收托宾税所得税收可以用于全球收入再分配，但由于涉及巨额经济利益，如何使分配公平、公正、合理，具有很大的争议性，各国出于自身利益考虑，往往难以达成一致，因此，操作起来难度很大。

第二，固定汇率制方案[①]。

固定汇率制方案是由麦金农（R. I. Mckinon，1974）为代表的经济学家共同提出的。他们主张，在固定汇率制的基础上进行国际货币政策协调，因为以浮动汇率制为基础的国际货币制度缺乏效率。他们对协调机制

---

① 参阅姜波克、杨长江：《国际金融学》，高等教育出版社 2004 年版，第 325—326 页。

的设计包括以下内容:

一是各国根据购买力平价确定相互之间的汇率水平,实行固定汇率制。麦金农提出,以可贸易商品为标的,采用批发物价指数计算购买力平价。同时,可先以美、日、德三国为对象,在这三个发达国家实行固定汇率制,然后逐步缩小汇率波动区间实现固定汇率制。

二是各国通过协调货币供给来维持固定汇率制。从全球角度来讲,货币供应量的确定应该是在经济增长基础上,维持全球物价水平稳定。全球货币供应量在各国之间的分配遵循以下原则:考虑各国具体经济情况差异,比如经济增长水平、货币流通速度、非贸易品部门发展水平等,保持可贸易品相对比价稳定,从而确保依据购买力评价确定的名义汇率稳定。引起汇率不稳定的主要原因是货币替代和各国之间金融资产替代,因此,当发生此类冲击时,各国应该采取对称的、非冲销的外汇市场干预措施,从而稳定汇率。需要注意的是,由此引起的各国货币供应量的调整,是伴随各国货币需求变化而自发调整全球货币总供给后在各国之间的分配。

麦金农方案强调了从全球视角,而非某个国家视角,来讨论物价稳定问题。这对于各国实现内外均衡目标的努力具有非常重要的意义。尤其是在当前,金融危机的一揽子经济刺激计划后,各国通胀预期压力不断增大的背景下。但是,麦金农方案也存在几点不足之处:

一是麦金农方案以牺牲汇率灵活性来实现汇率稳定性。麦金农以固定汇率制完全否定汇率变化的处理方法过于极端。在很多情形下,汇率浮动对于实现外部均衡目标是非常有效的,也是非常必要的。在货币政策国际协调机制的设计中,需要重视确定何种形式和何种程度的汇率灵活性是最适合的。

二是麦金农方案以购买力平价作为均衡名义汇率的确定标准也是有待商榷的。作为一种汇率决定理论,购买力平价本身存在一定的缺陷,比如:假设条件严格、计量困难,这些都影响购买力平价的实际运用。

三是麦金农方案以协调各国货币供给量来维持固定汇率制的设想难以在实际经济中实现。麦金农将汇率不稳定的因素归于货币替代和各国金融资产替代方面的冲击。但在现实经济中,除了这类货币性冲击,也存在实物性冲击,仅依靠调整货币供给量无法解决实物性冲击带来的问题。

第三，汇率目标区方案①。

汇率目标区方案是由威廉姆森（John Williamson，1987）首先倡导的，是指参与国际经济政策协调的国家的货币当局围绕一组可调节的汇率，共同制定一个汇率波动幅度。

汇率目标区方案的设想包括以下几方面的内容：

一是有别于麦金农方案的固定汇率制，汇率目标区方案主张实行更有弹性的汇率制度，汇率变动范围达中心汇率上下10%。

二是中心汇率的确定依据威廉姆森提出的"基本均衡汇率"，而非麦金农所建议的购买力平价。威廉姆森认为，从政府宏观调控角度看，政府追求的基本均衡汇率，应该是在中期内（一般为5年）能够实现经济内外均衡的汇率。由于基本均衡汇率是一种实际汇率，因此，目标汇率区方案要求名义汇率根据各国通货膨胀率进行及时调整，从而保持实际汇率不变。

三是在宏观经济政策协调方面，目标汇率区方案坚持蒙代尔－弗莱明的以货币政策实现外部均衡，以财政政策实现内部均衡的搭配思路。首先，运用各国利率政策维持相互之间的汇率。如果存在 N 个国家，就有 $N-1$ 种利率差维持外汇市场平衡。然后，确定利率差之后，只要一国确定某一利率水平，其余国家的利率水平随之确定。而该国确定利率水平的原则是，是在此基础上计算的全球平均利率水平，恰好处于足以控制全球通货膨胀的前提下达到最大的全球产出水平。最后，该国独立运用财政政策控制国内产出。由于汇率在一定范围内波动，因此，各国的货币政策具有一定的自主性。当汇率变动处于目标区内时，根据国内需要进行调整；当汇率变动超出目标区时，借助利率政策实现外部均衡目标。

汇率目标区方案几乎涉及国际金融领域的所有重大问题，且对政策协调的具体实施方法做出了详尽地规定，因此，引起高度重视。但是，汇率目标区方案也存在一些不足之处。其一，该方案具有"双刃剑"效应，既具有稳定汇率的效应，也具有加剧汇率波动的效应。其二，基本均衡汇率的计量非常复杂，其应用受到影响。内部均衡与外部均衡的区分具有较强的主观性，影响基本均衡汇率的计算数值。其三，对于这一方案所描述

---

① 参阅姜波克、杨长江：《国际金融学》，高等教育出版社2004年版，第327—329页。

的政策协调规则存在问题。学者们对于财政政策仅用于实现内部均衡目标存在异议，认为用财政政策维持经常账户目标更具有比较优势。

第四，通货膨胀目标制。

通货膨胀目标制是指各国货币当局以通货膨胀作为目标，并将其对外公布的货币政策制度。在该制度下，货币政策的决策依据是对通货膨胀的定期预测，而不再像传统货币政策体系那样，在政策工具和最终目标之间设立中介目标，通过监测中介目标的实现情况来决定货币政策是否有效。货币当局往往根据预测，提前确定本国未来一段时期内的中长期通货膨胀目标，然后运用相应的货币政策工具监测实际值是否与预期值相符，即首先要确定并公布合理的通货膨胀目标区间。

Gianluca Benigno 和 Pierpaolo Benigno（2005）建议，可以通过承诺一个设计恰当的可变的通货膨胀目标制度，从而提高由于生产率冲击、加价冲击等不同冲击下国际货币政策协调的收益。

这种方案的缺点是，要提前精确地预测合理的通货膨胀目标区间有一定的难度，而且各国可能仅仅关注国内的产出缺口和国内通货膨胀率。

西方学者提出了许多具有代表性的国际经济政策协调方案，对于我们设计新形势、新环境下的货币政策国际协调机制具有重要的参考价值，尤其是汇率目标区方案对于中美两国货币政策协调具有借鉴意义。

本章小结

本章首先给出了经济周期协动性的界定及其测度，世界经济周期传递及宏观经济政策国际协调的含义。经济周期协动性最初考察的是国内经济体系中不同经济变量变化的相互关系，主要集中于经济变量在方向和波幅上的趋同性现象，经济变量涉及国内生产总值、工业增加值、就业、失业、投资、消费、储蓄等多个方面。而国际经济周期协动性强调两个或两个以上国家之间经济波动的相互影响。世界经济周期协动性则是世界范围内经济变量的周期趋同变化。测度经济周期协动性需要将时间序列数据中的长期趋势成分剔除，消除趋势法主要有线性趋势分解法、分段趋势分解法、一阶差分分解法、BN 分解法、HP 滤波法、BP 滤波法、UC - 卡尔曼滤波法等。最常用的为 HP 滤波法和 BP 滤波法。由于世界经济周期波动通过贸易、投资等多种渠道的传递，世界经济周期协动得以形成。

各国之间经济周期协动性程度不断提高，以及相互依存关系愈加密切是进行宏观经济政策国际协调的基础，国家之间经济周期协动的传递渠道主要包含国际贸易、国际资本流动和国际产业结构变化等实体经济渠道，以及其他虚拟经济渠道。由于篇幅所限，书中暂不考虑虚拟经济传递情形。

国际经济政策协调是国家之间经济联系的最高合作形式，是各国经济政策溢出效应愈加显著的背景下，各国就宏观经济政策进行协调、磋商，形成某种承诺或约束，实行某种共同的宏观经济政策和调控方式，从而减轻内外冲击影响，实现各经济平稳发展（宋玉华，2007）。国际经济政策协调的目标是实现内部均衡和外部均衡。国际经济政策协调根据协调程度不同，可以分为信息交流、危机管理、避免共享目标变量的冲突、合作确定中介目标、部分协调以及全面协调六种类型。

关于国际经济政策协调的模型，最初是由米德提出固定汇率制下的"米德冲突"现象，引发对内外均衡政策搭配问题的研究，之后，丁伯根法则、蒙代尔政策指派原则、蒙代尔－弗莱明模型、克鲁格曼"三元悖论"等进一步丰富了内外均衡政策搭配。另一些学者，将博弈论引入国际经济协调理论，分析了国际经济政策协调的动因，最为著名的包括哈马达模型、克鲁格曼的静态博弈模型、坎佐尼里等人的博弈模型、引入公共物品分析的博弈模型等。哈马达等人的博弈模型缺乏微观经济基础，是国际经济政策协调的第一代模型。20 世纪 90 年代，诞生了以新开放经济宏观经济学框架为基础的第二代国际经济政策协调模型，运用个人效用函数衍生的福利函数，取代第一代模型中的社会损失函数，采用动态一般均衡分析方法，在垄断竞争和黏性价格假设下最优化经济主体的行为，从而考虑宏观经济政策的国际传递机制以及最优政策选择、国际货币合作及货币规则设定、国际财政政策合作等。Oudiz 和 Sachs（1984）、Currie 和 Levine（1985）、McKibbin（1997）则从实证角度量化了国际经济政策协调的收益。Devereux 和 Arman（1992）、Suzuki（1994）、Clarida，Gali 和 Gertler（2001）、Barrell，Dury 和 Hurst（2003）等人从互动模式探究了国际经济政策协调的方案，为我们研究中美两国货币政策协调方案提供了帮助。

在开放经济中，不同汇率制度下，货币政策的国际传递具有不同的特点。开放条件下，货币政策国际协调的方案主要有托宾（1972）提出的托宾税方案、麦金农（1974）提出的固定汇率制方案、威廉姆森（1987）提出的汇率目标区方案以及通货膨胀目标制方案。

总之，根据现有理论与实证研究文献，研究对象大多集中于发达国家。本轮金融危机对发展中国家经济发展的巨大冲击是不可否认的，文献对发达国家的研究有助于为研究发展中国家情形提供借鉴和帮助。

第 三 章
世界经济周期协动性变化趋势

在开放经济条件下，一国的经济波动会通过贸易、投资、货币、生产、技术、劳动力和信息等实体经济和虚拟经济多种渠道相互传递和扩散，导致失业、通货膨胀、经济衰退、汇率波动和国际收支失衡等宏观经济波动出现协动现象。随着经济全球化以及国际经济一体化的深入，国际经济周期协动现象趋于显著，协动范围趋于广泛。本章以欧盟主要国家、欧美、东亚和东南亚等主要国家为例，描述并分析了世界主要国家的经济周期协动性的过程与变化趋势。

第一节　欧盟主要国家经济周期
协动性变化趋势

欧盟是世界上最大的经济体。在推进经济一体化方面，欧盟曾取得了巨大成就，是成功的典范，其成员国数量增长迅速，内部贸易发展快速。2012 年欧盟实现经济总量 17.5 万亿美元，比美国高出 1.9 万亿美元，是中国的 2.1 倍。2000 年至 2012 年间，欧盟经济平均年增长率为 1.47%，比发达经济体平均水平低 0.29 个百分点。2012 年欧盟 27 国对其他经济体出口共计 2.23 万亿美元，主要目的地是美国、中国和俄罗斯；欧盟 27 国从其他国家进口共计 2.37 万亿美元，主要来源国是中国、俄罗斯和美国。但是全球金融危机后，经济增速明显下降。主权债务危机、高失业率、成员国发展不平衡等问题和矛盾凸显，加之美国、新兴市场国家等外部经济的负面影响，使欧盟经济陷于泥潭，对欧盟的国际地位产生了巨大挑战。高度经济一体化及经济周期协动反而使其更快、更大幅度地遭受了金融危机冲击。在 2009 年之前的三年，欧盟经济增长速度保持在发达经济体总体增速线之上，但是 2009 年之后则处于发达经济体总体增速线以下，2012 年经济增速出现了深度下滑。

　　回顾欧盟经济一体化的发展过程，1951 年 4 月 18 日，法国、意大利、联邦德国、荷兰、比利时和卢森堡在法国巴黎签订建立欧洲煤钢共同体，又称《巴黎条约》。1952 年 7 月 25 日，欧洲煤钢共同体正式成立。1957 年 3 月 25 日，这 6 国又在罗马签订建立欧洲经济共同体条约和欧洲原子能共同体条约，统称为《罗马条约》。1958 年 1 月 1 日，欧洲经济共同体和欧洲原子能共同体正式组建。1965 年 4 月 8 日，6 国签订《布鲁塞尔条约》，将三个共同体的机构合并，统称为欧洲共同体。1967 年 7 月 1 日，《布鲁塞尔条约》生效，欧洲共同体正式成立。1973 年后，英国、丹麦、希腊、爱尔兰、西班牙和葡萄牙先后加入，12 个国家建起了关税同盟。1993 年 11 月 1 日，欧共体正式更名为欧洲联盟。1995 年，奥地利、瑞典和芬兰加入，欧盟成员国达到 15 个。此后，欧盟又经历了多次扩大，至 2007 年 1 月，欧盟共经历 6 次扩大，成为涵盖 27 个国家的世界上一体化程度最高的国家联合体。在半个多世纪里，欧盟经历了从关税同盟到欧共体到欧洲经济货币联盟的发展过程，其经济一体化程度越来越高，欧盟内部主要国家的经济周期协动现象也越来越明显，尤其是在经济货币联盟成立以后。从图 3 - 1HP 滤波后的经济周期波动数据可见，1960 年至 2010 年间，欧盟主要 15 国经济周期波动总体趋同现象显著，经济衰退与扩张的时间及幅度比较一致，尤其是 20 世纪 90 年代开始至今。

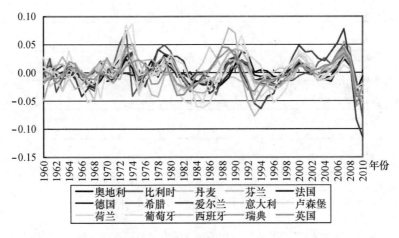

图 3 - 1　欧盟主要 15 国经济周期波动（1960—2010 年）

　　注：根据世界银行 World Development Indicators（WDI）数据库的实际 GDP（2000 年 = 100）数据计算，图中显示的经济周期波动为 HP 滤波后的周期性部分；德国数据自 1970 年开始。

比利时、法国、德国、意大利、卢森堡和荷兰作为欧盟最早的 6 个成员国，除卢森堡的实际 GDP 波动幅度相对较大外，其他五个国家自 20 世纪 70 年代以来，经济周期波动非常一致，波峰和波谷点非常接近（见图 3 - 2）。

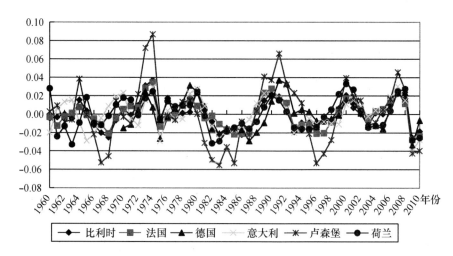

图 3 - 2　20 世纪 50 年代加入欧盟的国家的经济周期波动（1960—2010 年）

注：根据世界银行 World Development Indicators（WDI）数据库的实际 GDP（2000 年 = 100）数据计算，图中显示的经济周期波动为 HP 滤波后的周期性部分；德国数据自 1970 年开始。

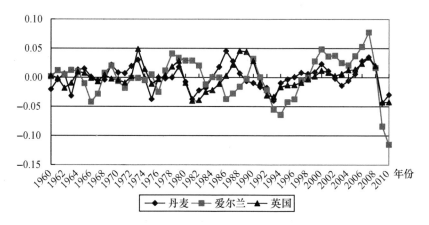

图 3 - 3　20 世纪 70 年代加入欧盟的国家的经济周期波动（1960—2010 年）

注：根据世界银行 World Development Indicators（WDI）数据库的实际 GDP（2000 年 = 100）数据计算，图中显示的经济周期波动为 HP 滤波后的周期性部分；德国数据自 1970 年开始。

　　1973 年，丹麦、爱尔兰和英国加入欧盟。从 20 世纪 70 年代加入欧盟的三个国家的经济周期波动可见（见图 3 - 3），60 年代后期至 80 年代，90 年代中期至今，丹麦和英国的实际 GDP 周期波动较为一致，而爱尔兰实际 GDP 周期波动幅度相对较大，尤其是 90 年代初期至今。

　　希腊于 1981 年加入欧盟，葡萄牙和西班牙于 1986 年加入欧盟。从三个国家的经济周期波动看（见图 3 - 4），20 世纪 80 年代后期开始，波动趋势渐趋一致，以葡萄牙的波幅最大，无论是波峰值还是波谷值都要大于希腊和西班牙，但是 2007 年波峰值较小。

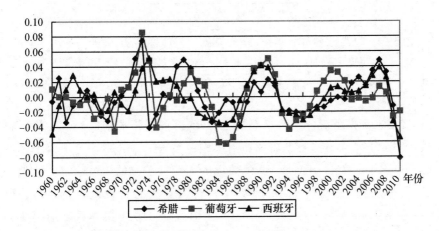

图 3 - 4　20 世纪 80 年代加入欧盟的国家的经济周期波动（1960—2010 年）

　　注：根据世界银行 World Development Indicators（WDI）数据库的实际 GDP（2000 年 = 100）数据计算，图中显示的经济周期波动为 HP 滤波后的周期性部分。

　　芬兰、奥地利和瑞典于 1995 年加入欧盟。从这三个国家的实际 GDP 周期波动看（见图 3 - 5），20 世纪 90 年代末开始，周期波动趋势变得相当一致。

　　从上述分析发现，不同时期加入欧盟的国家，它们的经济周期波动趋同现象从 20 世纪 90 年代开始变得非常显著。这不但与欧盟内部体系有关，同时与经济全球化浪潮下各国开放程度提高、经济周期传递迅速有很大关系。

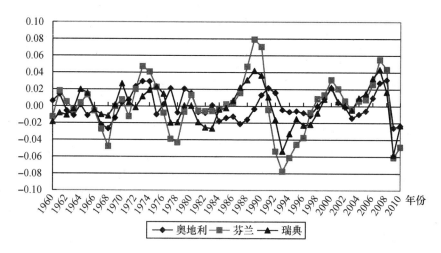

图 3 - 5   20 世纪 90 年代加入欧盟的国家的经济周期波动 (1960—2010 年)

注：根据世界银行 World Development Indicators (WDI) 数据库的实际 GDP (2000 年 = 100) 数据计算，图中显示的经济周期波动为 HP 滤波后的周期性部分。

接下来具体分析各个时期欧盟主要 15 国的经济周期协动性变化。将 1960 年至 2010 年分成五个阶段，借鉴相关系数法，分别计算了每个阶段欧盟 15 国年度实际 GDP 经 HP 滤波后的周期性部分的相关系数，从而获得对欧盟主要国家经济周期协动性随时间变化的直观认识。同时，以 1960 年至 2010 年整体作为一个阶段，给出了该阶段的总体经济周期协动性数值，以作比较。

根据表 3 - 1，20 世纪 60 年代，欧盟主要 15 国实际 GDP 周期波动的相关系数值较为分散，变化范围处于 - 0.59 至 0.90，相对较多的数值处于 - 0.20 至 0.40，且负数值较多，说明协动性水平总体并不高，甚至有些国家之间表现出经济周期波动负相关。

表 3 - 1 　　　　　　　欧盟主要 15 国实际 GDP 周期波动的相关系数
(1960—1969 年)

	奥地利	比利时	丹麦	芬兰	法国	希腊	爱尔兰	意大利	卢森堡	荷兰	葡萄牙	西班牙	瑞典
奥地利	1.00												
比利时	0.62	1.00											

	奥地利	比利时	丹麦	芬兰	法国	希腊	爱尔兰	意大利	卢森堡	荷兰	葡萄牙	西班牙	瑞典
丹麦	-0.08	0.31	1.00										
芬兰	0.70	0.80	0.32	1.00									
法国	0.37	0.85	0.12	0.60	1.00								
希腊	0.68	0.43	0.09	0.69	0.18	1.00							
爱尔兰	0.16	0.34	0.02	0.18	0.11	0.08	1.00						
意大利	-0.24	-0.20	-0.08	-0.12	-0.24	-0.34	0.64	1.00					
卢森堡	0.68	0.90	0.31	0.74	0.72	0.55	0.55	-0.02	1.00				
荷兰	-0.04	0.05	0.32	-0.09	0.05	0.06	-0.04	-0.52	0.12	1.00			
葡萄牙	0.36	0.18	-0.47	0.02	-0.05	0.05	0.21	-0.20	0.02	0.04	1.00		
西班牙	-0.13	0.36	0.20	0.40	0.47	-0.03	0.16	0.38	0.28	-0.59	-0.37	1.00	
瑞典	0.03	0.67	0.58	0.48	0.61	0.34	0.10	-0.26	0.57	0.04	-0.25	0.55	1.00
英国	0.11	0.21	0.26	-0.05	0.06	0.43	0.01	-0.58	0.30	0.50	0.07	-0.32	0.50

注：根据世界银行 World Development Indicators（WDI）数据库的实际 GDP（2000 年 =100）数据计算，原始数据单位为美元，计算公式为 $Corr(v_i, v_j) = \dfrac{Cov(v_i, v_j)}{\sqrt{Var(v_i) Var(v_j)}}$，$Corr(v_i, v_j)$ 表示国家 i 和国家 j 之间的经济周期协动性，v 对应于实际 GDP 经 HP 滤波后的周期性部分；因德国数据自 1970 年开始，此处缺失；因篇幅问题，横向英国与纵向英国的相关系数为 1，故最后一列省去。

根据表 3 - 2，20 世纪 70 年代欧盟主要 15 国实际 GDP 周期波动的相关系数值变化范围处于 - 0.60 至 0.89，数值分布仍然较为分散，说明各国之间经济周期协动性尚未显著地处于比较一致的水平，且仍有部分系数值为负数。尤其是爱尔兰，与其中 8 个国家的 GDP 周期波动的相关系数值为负数，瑞典与其中 6 个国家的 GDP 周期波动的相关系数值为负数。

表 3 - 2　　　　　　　　**欧盟主要 15 国实际 GDP 周期波动的相关系数**
（1970—1979 年）

	奥地利	比利时	丹麦	芬兰	法国	德国	希腊	爱尔兰	意大利	卢森堡	荷兰	葡萄牙	西班牙	瑞典
奥地利	1.00													
比利时	0.63	1.00												
丹麦	0.66	0.44	1.00											
芬兰	0.44	0.65	0.14	1.00										
法国	0.73	0.77	0.62	0.45	1.00									
德国	0.62	0.41	0.70	-0.02	0.67	1.00								
希腊	0.25	0.03	0.76	-0.04	0.24	0.64	1.00							
爱尔兰	-0.10	-0.34	0.00	-0.41	0.10	0.52	0.34	1.00						
意大利	0.55	0.64	0.56	0.27	0.75	0.51	0.05	-0.03	1.00					
卢森堡	0.67	0.89	0.36	0.69	0.87	0.52	0.09	0.00	0.55	1.00				
荷兰	0.38	0.67	0.41	0.15	0.69	0.28	-0.13	-0.29	0.84	0.49	1.00			
葡萄牙	0.84	0.76	0.79	0.55	0.88	0.62	0.47	-0.09	0.60	0.80	0.53	1.00		
西班牙	0.36	0.67	-0.15	0.43	0.36	0.24	-0.23	-0.03	0.13	0.72	0.19	0.33	1.00	
瑞典	-0.07	0.33	-0.20	0.73	0.03	-0.47	-0.40	-0.60	0.26	0.00	0.23	0.04	0.07	1.00
英国	0.55	0.54	0.63	0.27	0.73	0.88	0.64	0.44	0.51	0.69	0.33	0.74	0.39	-0.20

注：数据来源及计算同表 3 - 1；因篇幅问题，横向最后一列英国与纵向一行英国的相关系数为 1，故最后一列省去。

根据表 3 - 3，20 世纪 80 年代，欧盟主要 15 国实际 GDP 周期波动的相关系数值的变化范围处于 -0.81 至 0.96。与 20 世纪六七十年代相比，经济周期协动性水平分布更为分散。爱尔兰和丹麦的实际 GDP 周期波动的相关系数值最低，为 -0.81；瑞典和英国的经济周期波动的相关系数值为 0.96，是最高值；其次是意大利和比利时、芬兰和西班牙，它们的经济周期波动的相关系数值均为 0.94。丹麦和爱尔兰与其他国家的经济周期协动性水平更多表现为负相关，其中，丹麦与 10 个国家的实际 GDP 周期波动的相关系数值为负数，爱尔兰与 6 个国家的经济周期波动相关系数值为负数。因此，20 世纪 80 年代，欧盟主要 15 国整体经济周期协动性水平并不一致，部分国家之间表现出较高的经济周期协动性。

表 3 – 3 　　　　　　欧盟主要 15 国实际 GDP 周期波动的相关系数
（1980—1989 年）

	奥地利	比利时	丹麦	芬兰	法国	德国	希腊	爱尔兰	意大利	卢森堡	荷兰	葡萄牙	西班牙	瑞典
奥地利	1.00													
比利时	0.64	1.00												
丹麦	−0.47	−0.45	1.00											
芬兰	0.04	0.53	0.11	1.00										
法国	0.57	0.88	−0.50	0.72	1.00									
德国	0.76	0.78	−0.47	−0.04	0.47	1.00								
希腊	0.66	0.87	−0.25	0.37	0.67	0.86	1.00							
爱尔兰	0.55	0.62	−0.81	−0.19	0.44	0.77	0.58	1.00						
意大利	0.47	0.94	−0.21	0.66	0.81	0.66	0.81	0.38	1.00					
卢森堡	0.20	0.66	0.18	0.88	0.70	0.24	0.57	−0.14	0.80	1.00				
荷兰	0.54	0.83	−0.02	0.49	0.58	0.77	0.87	0.32	0.89	0.73	1.00			
葡萄牙	0.61	0.84	−0.64	0.47	0.90	0.53	0.57	0.54	0.77	0.50	0.49	1.00		
西班牙	0.18	0.68	−0.04	0.94	0.81	0.13	0.43	−0.04	0.81	0.88	0.59	0.68	1.00	
瑞典	−0.24	0.30	0.49	0.89	0.38	−0.18	0.21	−0.45	0.54	0.84	0.47	0.15	0.81	1.00
英国	−0.22	0.23	0.50	0.88	0.37	−0.29	0.10	−0.55	0.46	0.78	0.36	0.15	0.81	0.96

注：数据来源及计算同表 3 – 1；因篇幅问题，横向最后一列英国与纵向最后一行英国的相关系数为 1，故最后一列省去。

根据表 3 – 4，20 世纪 90 年代欧盟主要 15 国实际 GDP 周期波动的相关系数变化范围处于 −0.62 至 0.98。丹麦和卢森堡的经济周期波动的相关系数值最低，为 −0.62；法国和西班牙的经济周期波动的相关系数值最高，为 0.98。从散点图观察，系数值大部分集中于 0.4 至 1.0，负数值显著减少，由此可见，欧盟主要 15 国经济周期协动性水平有提高的趋势。

表 3 - 4　　　　　　　欧盟主要 15 国实际 GDP 周期波动的相关系数
（1990—1999 年）

	奥地利	比利时	丹麦	芬兰	法国	德国	希腊	爱尔兰	意大利	卢森堡	荷兰	葡萄牙	西班牙	瑞典
奥地利	1.00													
比利时	0.87	1.00												
丹麦	-0.21	0.06	1.00											
芬兰	0.43	0.68	0.48	1.00										
法国	0.93	0.93	-0.20	0.58	1.00									
德国	0.85	0.72	-0.46	0.03	0.78	1.00								
希腊	0.92	0.87	-0.28	0.34	0.86	0.93	1.00							
爱尔兰	0.58	0.75	0.45	0.92	0.62	0.15	0.45	1.00						
意大利	0.78	0.90	-0.06	0.61	0.87	0.74	0.86	0.59	1.00					
卢森堡	0.81	0.66	-0.62	0.11	0.81	0.84	0.78	0.19	0.58	1.00				
荷兰	0.79	0.84	0.25	0.82	0.78	0.40	0.64	0.94	0.64	0.47	1.00			
葡萄牙	0.93	0.90	-0.03	0.65	0.88	0.68	0.87	0.80	0.81	0.63	0.91	1.00		
西班牙	0.94	0.93	-0.27	0.55	0.98	0.83	0.93	0.60	0.90	0.83	0.76	0.91	1.00	
瑞典	0.68	0.85	0.38	0.91	0.79	0.36	0.57	0.87	0.80	0.34	0.86	0.78	0.74	1.00
英国	0.27	0.55	0.50	0.95	0.49	-0.09	0.16	0.77	0.52	0.04	0.66	0.45	0.42	0.86

注：数据来源及计算同表 3 - 1；因篇幅问题，横向最后一列英国与纵向最后一行英国的相关系数为 1，故最后一列省去。

　　根据表 3 - 5，2000—2010 年间，欧盟主要 15 国实际 GDP 周期波动的相关系数值变化范围处于 0.27 至 0.98。葡萄牙和希腊的经济周期波动的相关系数值为 0.27，意大利和法国、英国和西班牙的经济周期波动的相关系数值为 0.98。从散点图看，系数值都为正数，且基本集中于 0.6 至 1.0，有相当部分处于 0.9 至 1.0。由此说明，21 世纪初，欧盟主要 15 国经济周期协动性水平普遍提高。

表 3 – 5 　　　　欧盟主要 15 国实际 GDP 周期波动的相关系数
（2000—2010 年）

	奥地利	比利时	丹麦	芬兰	法国	德国	希腊	爱尔兰	意大利	卢森堡	荷兰	葡萄牙	西班牙	瑞典
奥地利	1.00													
比利时	0.96	1.00												
丹麦	0.90	0.96	1.00											
芬兰	0.93	0.97	0.96	1.00										
法国	0.87	0.96	0.97	0.97	1.00									
德国	0.91	0.88	0.84	0.85	0.80	1.00								
希腊	0.60	0.62	0.65	0.74	0.71	0.34	1.00							
爱尔兰	0.71	0.82	0.86	0.89	0.93	0.58	0.81	1.00						
意大利	0.84	0.92	0.95	0.97	0.98	0.81	0.72	0.93	1.00					
卢森堡	0.94	0.97	0.95	0.96	0.96	0.86	0.62	0.87	0.93	1.00				
荷兰	0.93	0.91	0.83	0.86	0.86	0.92	0.80	0.80	0.93	1.00				
葡萄牙	0.68	0.75	0.69	0.72	0.78	0.74	0.27	0.70	0.73	0.82	0.87	1.00		
西班牙	0.81	0.85	0.89	0.94	0.93	0.64	0.90	0.95	0.93	0.88	0.72	0.59	1.00	
瑞典	0.81	0.91	0.96	0.93	0.93	0.76	0.65	0.86	0.95	0.87	0.70	0.59	0.86	1.00
英国	0.78	0.87	0.91	0.95	0.94	0.66	0.85	0.95	0.96	0.87	0.69	0.59	0.98	0.93

　　注：数据来源及计算同表 3 – 1；因篇幅问题，横向最后一列英国与纵向最后一行英国的相关系数为 1，故最后一列省去。

　　从 1960—2010 年整体来看（见表 3 – 6），欧盟主要 15 国的经济周期波动的相关系数值，虽然相比 21 世纪初获得的相关系数值要低，但总体表现为正相关，说明这些国家之间存在一种内在融合的程度以及趋势。

表3-6　　　　　欧盟主要15国实际GDP周期波动的相关系数
（1960—2010年）

	奥地利	比利时	丹麦	芬兰	法国	德国	希腊	爱尔兰	意大利	卢森堡	荷兰	葡萄牙	西班牙	瑞典
奥地利	1.00													
比利时	0.80	1.00												
丹麦	0.36	0.26	1.00											
芬兰	0.39	0.60	0.48	1.00										
法国	0.79	0.89	0.29	0.61	1.00									
德国	0.78	0.70	0.18	0.10	0.66	1.00								
希腊	0.56	0.55	0.39	0.34	0.61	0.55	1.00							
爱尔兰	0.48	0.52	0.38	0.58	0.62	0.38	0.59	1.00						
意大利	0.64	0.83	0.40	0.61	0.84	0.63	0.55	0.60	1.00					
卢森堡	0.73	0.80	0.25	0.44	0.84	0.66	0.48	0.33	0.68	1.00				
荷兰	0.78	0.83	0.41	0.52	0.76	0.66	0.48	0.55	0.74	0.70	1.00			
葡萄牙	0.71	0.81	0.10	0.49	0.84	0.61	0.50	0.42	0.69	0.69	0.66	1.00		
西班牙	0.67	0.81	0.23	0.60	0.83	0.50	0.53	0.55	0.70	0.84	0.68	0.65	1.00	
瑞典	0.38	0.59	0.56	0.87	0.61	0.14	0.33	0.54	0.68	0.51	0.58	0.36	0.66	1.00
英国	0.41	0.53	0.67	0.73	0.64	0.24	0.51	0.64	0.64	0.58	0.53	0.42	0.69	0.76

注：数据来源及计算同表3-1；因篇幅问题，横向最后一列英国与纵向最后一行英国的相关系数为1，故最后一列省去。

比较表3-1至表3-5，可以发现，20世纪60年代至80年代，欧盟15国实际GDP周期波动的相关系数很大一部分是负数，且分布比较零散，这与当时这些国家中有部分仍未加入欧盟，彼此之间经济协同程度以及政策协调程度相对较低有关。从90年代开始，尤其是21世纪以来，欧盟15国之间的实际GDP周期波动的相关系数基本为正，并且分布渐趋集中，相关系数值普遍提高，这意味着欧盟主要国家之间经济周期波动渐趋相同，协动性现象显著，这无疑与90年代以来经济全球化的作用密不可分。区域经济一体化带来的区域内贸易、资金、信息流动加速为各国经济周期波动渐趋相同提供了传递的基础。另外，欧盟各国在宏观经济政策上的相似性与协调性，尤其是货币政策方面，比如1999年欧元的启动等，都为熨平经济波动做出了巨大贡献。

第二节 欧美经济周期协动性变化趋势

作为中国的两个最大的贸易伙伴，美国和欧盟之间在经济贸易领域的关系是微妙的，既有相互合作，又有相互竞争。由表 3-7 欧盟 15 国与美国实际 GDP 的周期波动的相关系数发现，20 世纪 70 年代，相关系数值比较分散，从 -0.55 至 0.95 不等，美国与德国、英国表现出较高的协动性水平，分别为 0.9491 和 0.8871；80 年代和 90 年代，美国与欧盟主要国家的实际 GDP 协动性水平普遍不高，基本处于 -0.35 至 0.85，大部分在 0.5 以下；21 世纪初，美国与欧盟 15 国的实际 GDP 周期波动的相关系数值有了显著提高，均保持在 0.6 以上，其中有 8 个国家的相关系数值大于 0.9，最高是美国与瑞典的协动性水平，达到 0.9508，这说明 2000—2010 年间，美国与欧盟主要经济体的经济周期波动有较为明显的趋同现象，这也部分解释了爆发于美国的金融危机迅速波及欧洲国家的原因，发达国家经济周期协动性程度较高。

表 3-7　　　　　欧盟主要国家与美国实际 GDP 周期波动的
相关系数（1970—2010 年）

年份	奥地利	比利时	丹麦	芬兰	法国	德国	希腊	爱尔兰
1970—1979	0.4799	0.3059	0.7161	-0.0935	0.6090	0.9491	0.7760	0.6057
1980—1989	-0.2630	0.2455	0.5317	0.6280	0.1238	0.0425	0.3209	-0.3567
1990—1999	0.2047	0.3925	0.5377	0.7981	0.3342	-0.2708	-0.0263	0.7848
2000—2010	0.7648	0.8989	0.9407	0.9028	0.9436	0.6701	0.6421	0.9037

年份	意大利	卢森堡	荷兰	葡萄牙	西班牙	瑞典	英国	
1970—1979	0.3819	0.4530	0.1864	0.6060	0.1546	-0.5584	0.8871	
1980—1989	0.4920	0.6908	0.6052	-0.0944	0.5370	0.8416	0.7462	
1990—1999	0.1373	-0.0359	0.7058	0.3838	0.2286	0.6346	0.7835	
2000—2010	0.9111	0.8802	0.7213	0.6806	0.8633	0.9508	0.9176	

注：数据来源及计算同表 3-1。

第三节 亚洲主要国家经济周期
协动性变化趋势

经济全球化的深入推动了亚洲各国经济高速增长，生产要素流动加剧，区域内产业分工格局明显，区域经济合作发展加速，涌现一批经济发展快速的新兴发展中国家，尤其是东南亚国家，其外向型的经济发展模式促使其经济腾飞。本节分别选取东亚主要国家和东南亚主要国家，分析其经济周期协动性变化趋势。

一 东亚国家经济周期协动性变化趋势

由于朝鲜数据不可得，中国的经济周期波动将在第四章分析。在这里描述除中国、朝鲜以外的其他 3 个东亚国家，即蒙古、韩国和日本。图 3 - 6 描述了 1981 年以来蒙古、韩国和日本的实际 GDP 波动情况。两个发达国家，韩国和日本的经济周期波动趋势非常一致，而蒙古的经济周期波动幅度较前两者更大，具体表现为有更高的波峰和更低的波谷。

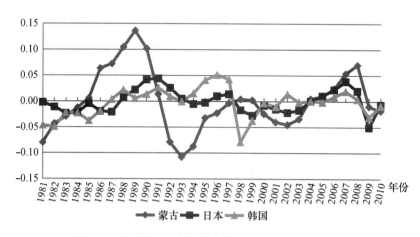

图 3 - 6 东亚主要 3 国经济周期波动 (1981—2010 年)

注：根据世界银行 World Development Indicators (WDI) 数据库的实际 GDP (2000 年 = 100) 数据计算，图中显示的经济周期波动为 HP 滤波后的周期性部分。

　　蒙古因其在地理上处于亚欧大陆腹地，以山地或高原为主，使得其国内经济以畜牧业和采矿业为主，工业化程度、重工业比例较低，经济发展相对缓慢，远低于日本和韩国（见图3-7）。因此，蒙古和韩国、日本虽然处于同一区域内，但经济发展水平和发展阶段差异、产业结构差异等因素，使其经济周期波动趋势与韩国、日本不一致。

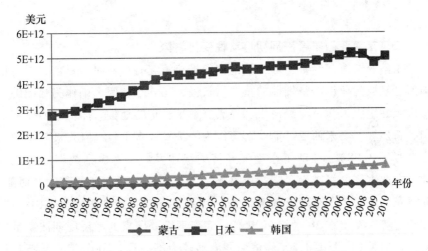

图3-7　东亚主要3国实际GDP（1981—2010年）

注：世界银行 World Development Indicators（WDI）数据库。

　　表3-8计算了蒙古、韩国和日本之间实际GDP周期波动的相关系数。20世纪80年代，蒙古和韩国的经济周期相关系数较高，为0.8844，与日本的经济周期相关系数为0.4889，而日本与韩国的经济周期相关系数仅为0.3460。90年代，日本与韩国的经济周期相关系数显著上升，为0.5354，而蒙古与韩国、日本的经济周期相关系数则呈明显下降。21世纪的开端十年，日本与韩国的经济周期相关系数进一步上升，系数值为0.7563。可见发达国家之间由于经济发展速度、经济结构较为接近，因此经济周期协动性程度较高且上升较快。

表 3 – 8　　　　东亚主要 3 国实际 GDP 周期波动的相关系数（1981—2010 年）

年份	1981—1989			1990—1999			2000—2010		
国家	蒙古	日本	韩国	蒙古	日本	韩国	蒙古	日本	韩国
蒙古	1.0000			1.0000			1.0000		
日本	0.4889	1.0000		0.3348	1.0000		0.7611	1.0000	
韩国	0.8844	0.3460	1.0000	−0.0739	0.5354	1.0000	0.3772	0.7563	1.0000

注：数据来源及计算同表 3 – 1。

二　东南亚国家经济周期协动性变化趋势

东南亚国家在经济全球化浪潮中的迅速崛起有目共睹。目前，东南亚国家已经成为亚洲经济发展的重要增长极，尤其是东盟十国作为亚洲的重要区域性组织，在世界经济中已经具有举足轻重的地位。印度尼西亚、泰国、新加坡、马来西亚、菲律宾等作为经济发展水平较高且发展较快的国家（见图 3 – 8），推动了东南亚经济的快速发展。考虑到数据的可获得性，在此主要分析越南、老挝、泰国、马来西亚、新加坡、印度尼西亚、菲律宾和文莱 8 个东南亚国家。图 3 – 9 描述了东南亚 8 国实际 GDP 周期波动态势。发现在 20 世纪 90 年代，东南亚主要国家的经济周期波动呈现趋同，但是 21 世纪初，其经济周期波动较为不一致，2005 年后又渐趋一致。波动幅度较大的是印度尼西亚和泰国。

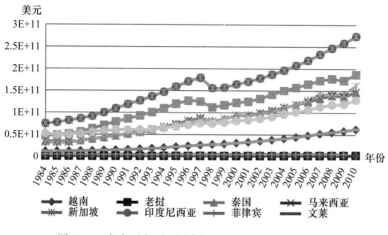

图 3 – 8　东南亚主要 8 国实际 GDP（1984—2010 年）

注：世界银行 World Development Indicators（WDI）数据库。

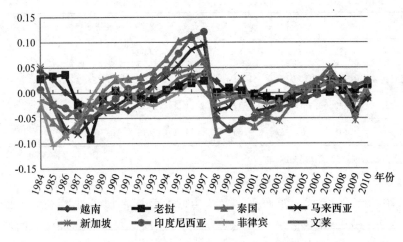

图3-9　东南亚主要8国经济周期波动（1984—2010年）

注：根据世界银行World Development Indicators（WDI）数据库的实际GDP（2000年=100）数据计算，原始数据单位为美元，图中显示的经济周期波动为HP滤波后的周期性部分。

　　根据表3-9至表3-11，由20世纪80年代东南亚主要8国的经济周期波动的相关系数，得到这些国家的经济周期协动性水平差异较大，系数值在-0.48至0.93之间波动。马来西亚和新加坡的经济周期协动性水平最高，相关系数值为0.9266，其次为印度尼西亚和越南，系数值为0.9240，再次是马来西亚和印度尼西亚，系数值为0.9061。经济周期协动性水平最低的是老挝和菲律宾，系数值为-0.4765，其次是老挝和泰国，系数值为-0.3339。经济水平较低的老挝和大部分国家的经济周期协动性程度较低。而经济水平较高的印度尼西亚、马来西亚之间经济周期协动性程度较高。

表3-9　　　　东南亚主要8国实际GDP周期波动的相关系数

（1984—1989年）

	越南	老挝	泰国	马来西亚	新加坡	印度尼西亚	菲律宾	文莱
越南	1.0000							
老挝	0.7552	1.0000						
泰国	-0.0839	-0.3339	1.0000					
马来西亚	0.8288	0.3747	0.4314	1.0000				

	越南	老挝	泰国	马来西亚	新加坡	印度尼西亚	菲律宾	文莱
新加坡	0.5822	0.0808	0.6685	0.9266	1.0000			
印度尼西亚	0.9240	0.7025	0.1631	0.9061	0.7292	1.0000		
菲律宾	-0.3066	-0.4765	0.8932	0.2451	0.5258	0.0298	1.0000	
文莱	0.4016	-0.2552	0.3183	0.6614	0.7613	0.3628	0.1987	1.0000

注：数据来源及计算同表 3-1。

　　20 世纪 90 年代，东南亚主要 8 国的经济周期协动性水平普遍提高（见表 3-10），系数值处于 -0.08 至 0.97 之间，仅菲律宾和文莱的经济周期波动的相关系数显示为负值，其他均为正值。经济周期协动性水平最高的是马来西亚和印度尼西亚，系数值为 0.9637，其次是马来西亚和新加坡，系数值为 0.9160。21 世纪初，经济周期协动性水平最高的是马来西亚和菲律宾，而最低的是老挝和文莱（见表 3-11）。

表 3-10　　东南亚主要 8 国实际 GDP 周期波动的相关系数
（1990—1999 年）

	越南	老挝	泰国	马来西亚	新加坡	印度尼西亚	菲律宾	文莱
越南	1.0000							
老挝	0.7934	1.0000						
泰国	0.1849	0.2941	1.0000					
马来西亚	0.6675	0.6504	0.8033	1.0000				
新加坡	0.6876	0.7817	0.6989	0.9160	1.0000			
印度尼西亚	0.5121	0.5096	0.8984	0.9637	0.8579	1.0000		
菲律宾	0.3644	0.6809	0.2569	0.3971	0.5080	0.4153	1.0000	
文莱	0.5097	0.3738	0.7381	0.7765	0.5689	0.7406	-0.0730	1.0000

注：数据来源及计算同表 3-1。

表 3 –11 东南亚主要 8 国实际 GDP 周期波动的相关系数
（2000—2010 年）

	越南	老挝	泰国	马来西亚	新加坡	印度尼西亚	菲律宾	文莱
越南	1.0000							
老挝	0.3640	1.0000						
泰国	0.8028	– 0.1527	1.0000					
马来西亚	0.8597	0.2296	0.7709	1.0000				
新加坡	0.8273	0.3562	0.5591	0.9007	1.0000			
印度尼西亚	0.6986	0.3012	0.7292	0.4812	0.2641	1.0000		
菲律宾	0.9156	0.1666	0.8427	0.9522	0.8635	0.5750	1.0000	
文莱	0.1580	– 0.5452	0.3702	0.2105	0.2188	– 0.2443	0.2106	1.0000

注：数据来源及计算同表 3 – 1。

通过对表 3 – 9 至表 3 – 11 东南亚主要 8 国 20 世纪 80 年代以来经济周期协动性水平的比较分析，发现经济发展水平较高、发展速度较快的新兴发展中国家表现出较高的协动性；而经济发展水平较低、发展速度较慢的国家，与其他国家之间的经济周期协动性水平则较低。

本章小结

本章从实证角度分析了欧盟主要国家之间、欧盟美国之间、东亚主要国家和东南亚主要国家之间经济周期协动性的发展过程与变化趋势，发现欧盟主要国家之间经济周期协动性程度较高，尤其是 21 世纪以来。区域经济一体化带来的欧盟区域内贸易、资金、信息等加速流动，为经济周期协动性提供了传递的基础。同时，欧盟各国宏观经济政策的相似性和协调性，也为熨平经济波动做出了巨大贡献。21 世纪初，美国与欧盟主要 15 国之间的经济周期协动性水平有了明显提高。东亚经济发展水平、经济结构相似的韩国和日本表现出经济周期协动性水平的提高。经济发展水平较高、发展速度较快的新兴东南亚发展中国家表现出较高的经济周期协动性；而经济发展水平较低、发展速度相对缓慢的国家，与其他国家的经济周期协动性水平则相对较低。

第 四 章

中国与贸易伙伴经济周期
协动性及传递

世界经济周期协动性的传递渠道很多，涉及贸易、投资、产业结构等实体经济方面，同时也涉及证券、期货、股票等虚拟经济方面。根据第二章对国际经济周期协动性传递渠道的理论分析及国内外研究综述，国际贸易、国际投资及产业结构变化是世界经济周期协动性的主要传递渠道，而国际贸易又是其中的核心。由于篇幅所限及考虑中国当前的实际情况，书中仅从实体经济角度分析中国与其主要贸易伙伴经济周期协动性的主要传递渠道，即双边贸易、双边直接投资以及产业结构变化。

第一节　关键指标的衡量及样本选取

一　关键指标的衡量

（一）双边贸易强度的衡量

我们借鉴 Frankel 和 Rose（1998）双边贸易强度的计算公式，即分别用国家 i 和国家 j 的贸易总额和名义总产出对两国的双边贸易额进行标准化，具体公式如下：

$$BTI_{ijt}^{T} = \frac{X_{ijt} + M_{ijt}}{T_{it} + T_{jt}} \times 100 \qquad BTI_{ijt}^{Y} = \frac{X_{ijt} + X_{ijt}}{Y_{it} + Y_{jt}} \times 100 \qquad (4-1)$$

式中：BTI_{ijt}^{T} 和 BTI_{ijt}^{Y} 分别是被贸易总额和名义总产出标准化的双边贸易强度；X_{ijt} 代表 t 时期国家 i 向国家 j 的出口额；M_{ijt} 代表 t 时期国家 i 从国家 j 的进口额；T_{kt} 和 Y_{kt}（$k = i, j$）分别代表 t 时期国家 i 或国家 j 的贸易总额和名义总产出。该指数值越大，表明双边贸易强度越高。

（二）双边直接投资强度的衡量

中国 2002 年才开始系统地统计对外直接投资额数据，2003 年正式发布《中国对外直接投资统计公报》，由于按国别（地区）分的中国对外直接投资统计资料缺乏，我们选取中国实际利用各国（地区）直接投资金额，来间接反映中国与其贸易伙伴之间的双边直接投资强度，计算方法类似于 Frankel 和 Rose（1997）进口强度的计算，公式如下：

$$FDI_{ijt} = \frac{FDIInward_{ijt}}{FDIInward_{it} + FDIInward_{jt}} \qquad (4-2)$$

由于 8 个欧盟成员国的 FDI 数据可获得性，双边 FDI 强度的计算类似于双边贸易强度的计算，公式如下：

$$FDI_{ijt} = \frac{FDIInward_{ijt} + FDIOutward_{ijt}}{FDI_{it} + FDI_{jt}} \qquad (4-3)$$

式中：FDI_{ijt} 是 t 时期国家 i 和国家 j 之间的双边直接投资强度；$FDIInward_{ijt}$ 是 t 时期国家 i 实际利用国家 j 的 FDI 量；$FDIInward_{it}$ 和 $FDIInward_{jt}$ 分别是 t 时期国家 i 和国家 j 的实际利用 FDI 总量，$FDIOutward_{ijt}$ 是 t 时期国家 i 对国家 j 的直接投资；FDI_{it} 是 t 时期国家 i 的 FDI 流入流出总量；FDI_{jt} 是 t 时期国家 j 的 FDI 流入流出总量。指数值越大，表明双边 FDI 强度越大。

（三）产业结构相似程度的衡量

在产业结构相似程度的衡量方面，我们采用 Krugman（1991）的绝对值指数构建产业结构差异指数，以间接衡量产业结构相似程度。其具体计算方法如下：

$$IS_{ijt} = \sum_{k=1}^{n} |s_{it}^k - s_{jt}^k| \qquad (4-4)$$

式中：s_{it}^k、s_{jt}^k 是 t 时期 k 产业在国家 i、国家 j 的增加值中的权重。IS_{ijt} 指数值越大，国家 i 和国家 j 之间产业结构差异越大，即相似性越低；反之，IS_{ijt} 指数值越小，产业结构相似性越高。

二　样本选取

我们计算了 2000—2008 年和中国有贸易往来的 197 个国家（地区），与中国的双边贸易额占中国对外贸易总额的比重，求出所有国家（地区）的年度均值，得到 5 年及以上的比重在均值以上的 27 个国家和地区作为主要贸易伙伴样本（见表 4-1），其中包括 15 个发达国家（地区）和 12

个发展中国家。①

表 4 - 1 　　　　　中国主要贸易伙伴与中国的双边贸易份额 　　　　单位:%

年份＼国家	2000	2001	2002	2003	2004	2005	2006	2007	2008
美国	15.72	15.82	15.68	14.87	14.72	14.93	14.95	13.93	13.05
日本	17.54	17.24	16.43	15.70	14.54	12.98	11.79	10.85	10.42
中国香港	11.38	10.97	11.16	10.27	9.76	9.62	9.44	9.06	7.95
韩国	7.27	7.05	7.10	7.43	7.80	7.88	7.63	7.36	7.26
德国	4.15	4.60	4.48	4.92	4.69	4.45	4.44	4.33	4.49
澳大利亚	1.80	1.77	1.68	1.59	1.77	1.91	1.86	2.01	2.28
马来西亚	1.70	1.85	2.30	2.37	2.27	2.16	2.11	2.13	2.09
新加坡	2.28	2.15	2.26	2.27	2.31	2.34	2.32	2.17	2.04
印度	0.61	0.71	0.80	0.89	1.18	1.32	1.42	1.78	2.02
巴西	0.60	0.73	0.72	0.94	1.07	1.04	1.15	1.37	1.89
荷兰	1.67	1.72	1.71	1.81	1.86	2.03	1.96	2.13	2.00
英国	2.09	2.02	1.84	1.69	1.71	1.72	1.74	1.81	1.78
俄罗斯	1.69	2.09	1.92	1.85	1.84	2.05	1.90	2.21	2.22
泰国	1.40	1.42	1.38	1.49	1.50	1.53	1.57	1.59	1.61
法国	1.62	1.56	1.35	1.58	1.53	1.46	1.44	1.55	1.53
沙特阿拉伯	0.65	0.80	0.82	0.86	0.89	1.13	1.14	1.17	1.63
意大利	1.45	1.53	1.47	1.38	1.36	1.31	1.40	1.44	1.49
加拿大	1.46	1.45	1.28	1.18	1.34	1.35	1.32	1.39	1.35
印度尼西亚	1.57	1.32	1.28	1.20	1.17	1.18	1.08	1.15	1.23
阿拉伯联合酋长国	0.53	0.56	0.63	0.68	0.71	0.76	0.81	0.92	1.10
伊朗	0.52	0.65	0.60	0.66	0.61	0.71	0.82	0.95	1.08
越南	0.52	0.55	0.53	0.54	0.58	0.58	0.57	0.69	0.76

---

① 15 个发达国家（地区）是美国、中国香港、日本、韩国、德国、荷兰、英国、新加坡、意大利、法国、加拿大、澳大利亚、西班牙、芬兰和瑞典；12 个发展中国家是印度、马来西亚、阿拉伯联合酋长国、印度尼西亚、泰国、越南、墨西哥、巴西、沙特阿拉伯、菲律宾、南非和伊朗。

续表

年份 国家	2000	2001	2002	2003	2004	2005	2006	2007	2008
菲律宾	0.66	0.70	0.85	1.10	1.15	1.23	1.33	1.41	1.12
西班牙	0.59	0.59	0.57	0.62	0.63	0.74	0.83	0.97	1.02
智利	0.45	0.42	0.41	0.41	0.46	0.50	0.50	0.67	0.68
比利时	0.78	0.84	0.79	0.79	0.81	0.83	0.81	0.81	0.79
墨西哥	0.38	0.51	0.64	0.58	0.62	0.55	0.65	0.69	0.68
南非	0.43	0.44	0.42	0.47	0.51	0.51	0.56	0.65	0.69
芬兰	0.58	0.65	0.43	0.41	0.48	0.44	0.46	0.48	0.42
瑞典	0.64	0.61	0.44	0.49	0.45	0.44	0.38	0.40	0.40
197 个国家均值	0.47	0.47	0.46	0.46	0.46	0.46	0.46	0.46	0.46

注：由于俄罗斯在 1992 年以前、比利时在 1997 年以前没有与中国的双边贸易数据，中国实际利用智利的 FDI 数据不详尽，因此将这三个国家略去，以斜体字加以区别。同时加入了瑞典；根据国际货币基金组织 Direction of Trade Statistics（DOT）的双边贸易数据和 WTO 的中国贸易总额数据计算得到。

第二节　中国与贸易伙伴经济周期协动性变化趋势

随着发展中国家和新兴市场国家的崛起，它们在世界经济中的地位和作用凸显，它们的经济行为对世界经济运行规律产生了一定的影响，因此，它们在经济波动的国际传递方面的作用与角色也不容忽视。贸易自由化、投资自由化、金融自由化都促进了经济波动的迅速传递。2007 年爆发于美国、扩散至世界各国的金融危机就是一个明显的例子。中国作为最大的发展中国家，其作用和地位更不容置疑。在此，以表 4 - 1 计算的 27 个中国主要贸易伙伴为样本，观察它们之间的经济周期协动性程度。选用相关系数法测算经济周期协动性，实际 GDP 数据来自世界银行的 World Development Indicators（WDI），以 2000 年为基期，单位为美元。

由中国与主要发达贸易伙伴实际 GDP 增长率的相关系数发现（见表 4 - 2），自 20 世纪 90 年代以来，虽然中国与部分贸易伙伴的经济周期协动性有不同程度的提高，但是整体协动性水平并不高。虽然中国与世界经济融合的程度越来越高，贸易与投资自由化也加快了中国走向世界的步伐，但是与主要发达国家之间由于经济结构、产业结构、经济政策、文化背景等差异，经济周期波动相关性水平较低。一般认为，美国、日本等国家对中国的经济周期波动具有重要影响，但是中美两国实际 GDP 增长率的相关系数仅为 0. 1248 和 0. 1032，表现为弱相关，中日两国实际 GDP 增长率的相关系数为 - 0. 3560 和 0. 4144，由 20 世纪 90 年代的负相关变为 21 世纪初的弱相关。由此可见，中国与这些发达贸易伙伴之间的经济周期协动程度并不如想象中的那样高，这意味着中国与西方发达国家之间的经济周期波动的传递是有限的。相比欧盟主要国家之间的关系，中国与发达贸易伙伴之间经济周期波动的相关性明显更低。

表 4 - 2 　　　　　　　中国与主要发达贸易伙伴经济周期协动性
（1990—2008 年）

年份	美国	中国香港	日本	韩国	德国
1990—1999	0. 1248	0. 4289	- 0. 3560	0. 0652	- 0. 5950
2000—2008	0. 1032	0. 4139	0. 4144	- 0. 2797	0. 2745
年份	荷兰	英国	新加坡	意大利	法国
1990—1999	- 0. 7960	0. 0652	0. 3297	- 0. 4402	- 0. 6225
2000—2008	0. 3289	- 0. 0153	0. 4177	- 0. 1833	- 0. 0686
年份	加拿大	澳大利亚	西班牙	芬兰	瑞典
1990—1999	0. 0863	- 0. 2992	- 0. 7814	- 0. 2119	- 0. 3317
2000—2008	- 0. 1790	0. 0309	- 0. 1274	0. 3241	0. 1834

注：根据世界银行 World Development Indicators （WDI） 的实际 GDP 增长率数据计算得到，计算公式为 $Corr(v_i, v_j) = \dfrac{Cov(v_i, v_j)}{\sqrt{Var(v_i) Var(v_j)}}$，$Corr(v_i, v_j)$ 表示国家 i 和国家 j 之间的经济周期协动性，v 对应实际 GDP 增长率。

由表 4 - 3 可见，相比 20 世纪 90 年代，21 世纪初中国与发展中贸易伙伴经济周期协动性显著提高，与部分国家的相关系数由负相关变为弱相关。中国与印度、印度尼西亚、越南、巴西、菲律宾、南非、伊朗等的相关系数值都大于 0. 5，表现为强相关。这些发展中贸易伙伴主要为亚洲国家。这说明由于经济发展水平相近、产业结构相似、地域接近、国际分工体系相似等原因使得这些国家之间对经济冲击表现出更高的协动性。

表 4 – 3　　　　中国与主要发展中贸易伙伴经济周期协动性
（1990—2008 年）

年份	印度	马来西亚	阿拉伯联合酋长国	印度尼西亚	泰国	越南
1990—1999	0.0131	0.3114	− 0.6298	0.2612	0.2148	0.7364
2000—2008	0.7986	0.2339	0.4683	0.8655	0.3010	0.8862
年份	墨西哥	巴西	沙特阿拉伯	菲律宾	南非	伊朗
1990—1999	− 0.2679	0.6974	− 0.4336	− 0.0131	0.0503	− 0.6412
2000—2008	0.2113	0.5355	0.1912	0.6274	0.7198	0.5239

注：根据世界银行 World Development Indicators（WDI）的实际 GDP 增长率数据计算得到，计算公式为 $Corr(v_i, v_j) = \dfrac{Cov(v_i, v_j)}{\sqrt{Var(v_i)Var(v_j)}}$，$Corr(v_i, v_j)$ 表示国家 i 和国家 j 之间的经济周期协动性，v 对应于实际 GDP 增长率。

第三节　中国与贸易伙伴经济周期的贸易传递渠道

国际贸易是国际经济周期协动性传递的核心渠道。双边贸易流量与流向、双边贸易结构、两国商品国际市场相对价格等影响着两国的经济周期波动的传递。随着世界经济复苏和国际市场需求回暖等外部有利条件影响及国内政策效应影响，中国对外贸易恢复良好。2010 年，中国实现进出口总额 29727.6 亿美元，其中：出口 15779.3 亿美元，同比增长 31.3%；进口 13948.3 亿美元，同比增长 38.7%。全年贸易顺差 1831 亿美元，比 2009 年下降 6.4%。服务贸易进出口 3624.2 亿美元，同比增长 26.4%，其中出口 1702.5 亿美元、进口 1921.7 亿美元。欧盟、美国和日本仍然是 2010 年中国前三大贸易伙伴。

在此，借鉴 Frankel 和 Rose（1998）的双边贸易强度衡量方式，测算中国与主要贸易伙伴之间的双边贸易强度。数据来源包括中国与其主要贸易伙伴之间的双边贸易额数据，来自国际货币基金组织的 Direction of Trade Statistics（DOT），单位为美元；各国（地区）的贸易总额数据，来自 WTO，单位为美元。在双边贸易额的统计中，由于统计误差和转口贸易等，一国统计的出口未必等于另一国统计的进口，我们在计算中国与其贸易伙伴之间的双边贸易额时，以中国为报告国，按出口 FOB、进口 CIF 计。

从 20 世纪 90 年代以及 21 世纪初中国与其主要发达贸易伙伴的双边贸易强度看（见表 4 - 4），后一阶段较前一阶段普遍提高，表明这些贸易伙伴和中国的贸易联系有所加强，尤其是美国、日本、韩国、中国香港等。

表 4 - 4　　　　中国与主要发达贸易伙伴的双边贸易强度

（1990—2008 年）

年份	美国	中国香港	日本	韩国	德国	荷兰	英国	新加坡
1990—1999	2.189	15.012	4.786	2.641	0.937	0.582	0.566	1.319
2000—2008	4.6096	9.0383	7.0697	5.1572	1.8436	1.1602	1.0277	1.6577

年份	意大利	法国	加拿大	澳大利亚	西班牙	芬兰	瑞典	
1990—1999	0.6318	0.4978	0.5788	1.0937	0.3128	0.2428	0.3573	
2000—2008	0.8668	0.8301	0.8476	1.5617	0.5301	0.4340	0.3841	

注：根据国际货币基金组织的 Direction of Trade Statistics（DOT）的双边贸易数据、WTO 的贸易总额数据计算得到，计算公式 $BTI_{ijt}^{T} = \dfrac{X_{ijt} + M_{ijt}}{T_{it} + T_{jt}} \times 100$。式中：$X_{ijt}$ 代表 t 时期国家 i 向国家 j 的出口额；M_{ijt} 代表 t 时期国家 i 从国家 j 的进口额；T_{kt}（$k = i,j$）代表 t 时期国家 i 或国家 j 的贸易总额。表中数据为年段均值。

中美两国已经互为世界上最大的贸易合作伙伴之一，两国的双边贸易对促进彼此国内经济发展具有巨大而深远的影响。自 1972 年中美正式建交以来，中美经贸合作交流呈现扩大的态势。1978 年，中美双边贸易额 48.1 亿美元；2010 年，双边贸易额增至 3853.4 亿美元，比 2009 年增长 29.2%。但是，由于中国长期处于贸易顺差、美国长期处于贸易逆差，贸易不平衡引发了贸易摩擦问题，使两国经贸关系受到威胁。

中日两国是亚太地区举足轻重的两大经济体，在世界经济发展中起着极为重要的作用。中日两国经贸结构的较大互补性促进了双边贸易规模不断扩大。2010 年，中日实现双边贸易额 2977.7 亿美元，比 2009 年增长 30.2%。但是由于两国出口商品结构差异、市场开放程度不同、市场需求增长速度不同等原因导致中日贸易中国出现逆差。

　　从表 4 - 5 看，21 世纪初，中国与主要发展中贸易伙伴的双边贸易强度显著提高，尤其是马来西亚、印度尼西亚、泰国等东盟国家。中国与东盟在政治、经济、社会文化等多个领域的合作不断深化与拓展，推动了中国—东盟自由贸易区的建设进程，使中国与东盟之间的经贸合作上升到新的历史水平，为双方经济发展做出了巨大贡献。2010 年，中国对东盟实现进出口 2927.8 亿美元，比 2009 年增长 37.5%。

表 4 - 5　　　　　中国与主要发展中贸易伙伴的双边贸易强度
（1990—2008 年）

年份	印度	马来西亚	阿联酋	印度尼西亚	泰国	越南
1990—1999	0.3190	0.7806	0.3197	0.9263	0.7107	0.2393
2000—2008	1.0138	1.7324	0.6452	1.0916	1.2684	0.5609
年份	墨西哥	巴西	沙特阿拉伯	菲律宾	南非	伊朗
1990—1999	0.1074	0.4272	0.3344	0.3431	0.2462	0.2443
2000—2008	0.4267	0.9143	0.8666	0.9841	0.4765	0.6859

注：数据来源及计算同表 4 - 4。

第四节　中国与贸易伙伴经济
周期的投资传递渠道

　　国际直接投资是国际经济周期协动性的传递渠道之一，而且跨国公司和国际直接投资在经济周期协动性国际传递中的作用越来越显著。吸引外资是中国参与经济全球化的重要途径，是中国融入全球生产网络的重要方式，中国已经连续多年成为世界吸引外资最多的发展中国家。虽然中国的投资环境正在发生变化，劳动力成本优势不再、土地成本上升、优惠政策取消等，但是劳动生产率提高、市场容量扩大、人力资本积聚、法律环境改善等将成为持续吸引外资的新优势。中国入世十年，吸引外资的规模扩大显著，实际利用外资已经从 2001 年的 469 亿美元增加至 2010 年的 1057.4 亿美元，增幅达到 125%。中国吸引外资的产业涉及 100 多个服务业类别及几乎所有的制造业类别，服务业吸收外资比重占整体的 46%，超过制造业。服务业吸收外资主要集中于房地产业、计算机应用服务业、分销服务业、运输服务业及电力煤气水的生产和供应业。制造业中高技术产业吸引外资占比24%。据中国商务部统计数据，2011年第一季度中国实际利用外资达到303.4亿美元，同比增长29.3%。

在此，我们以类似于Frankel和Rose（1997）进口强度的计算方法，测算了中国与主要贸易伙伴之间的双边投资强度。数据来源包括：中国实际接受各国（或地区）直接投资额数据来自历年《中国统计年鉴》；中国及其贸易伙伴国FDI流入总量、流出总量来自UNCTAD的FDI数据库。FDI数据的单位为美元。

从中国与主要发达贸易伙伴的双边直接投资强度看（见表4-6），大部分国家（地区）的指数值是提高的，其中接受中国香港、日本、韩国等国家（地区）的直接投资强度指数值大于5，由于地缘接近，亚洲国家和地区对中国的直接投资在中国实际利用外商直接投资中占据主要地位。在中国内地吸引的外资中，中国香港扮演着外资进入内地投资平台的角色，2010年中国内地实际利用中国香港投资金额674.7亿美元，同比增长46.4%。日本对华直接投资始于1979年，当时仅为1400万美元，2010年，实现42.4亿美元。韩国对华直接投资始于1992年，但是增长势头迅猛，2010年达到26.9亿美元。

表4-6　　　　　中国与主要发达贸易伙伴的双边直接投资强度

（1990—2008年）

年份	美国	中国香港	日本	韩国	德国	荷兰	英国	新加坡
1990—1999	2.0802	40.3842	7.5629	2.1218	1.0406	0.3578	1.0226	3.0129
2000—2008	1.9637	21.3295	6.4367	5.2544	1.0508	0.8317	0.6836	3.0883

年份	意大利	法国	加拿大	澳大利亚	西班牙	芬兰	瑞典	
1990—1999	0.4114	0.4829	0.4305	0.4030	0.0395	0.0300	0.0834	
2000—2008	0.3509	0.5063	0.5457	0.5368	0.1342	0.0753	0.1637	

注：根据《中国统计年鉴》的实际利用各国直接投资、UNCTAD的FDI数据库的中国及其贸易伙伴FDI流入总额数据计算得到，计算公式 $FDI_{ijt} = \dfrac{FDIInward_{ijt}}{FDIInward_{it} + FDIInward_{jt}}$。式中：$FDI_{ijt}$是$t$时期国家$i$和国家$j$之间的双边直接投资强度；$FDIInward_{ijt}$是$t$时期国家$i$实际利用国家$j$的FDI量；$FDIInward_{it}$和$FDIInward_{jt}$分别是$t$时期国家$i$和国家$j$实际利用FDI总量。

根据表4-7，除泰国外，20世纪90年代中国与发展中贸易伙伴之间的双边直接投资强度普遍较低，指数值都低于0.5，这意味着中国吸引这些贸易伙伴的直接投资数额相对较低。

表 4 - 7　　　中国与主要发展中贸易伙伴的双边直接投资强度

（1990—2008 年）

年份	印度	马来西亚	阿拉伯联合酋长国	印度尼西亚	泰国	越南
1990—1999	0.0014	0.4506	0.0123	0.1840	0.5102	0.0280
2000—2008	0.0365	0.4803	0.0865	0.2055	0.2482	0.0044
年份	墨西哥	巴西	沙特阿拉伯	菲律宾	南非	伊朗
1990—1999	0.0004	0.0082	0.0161	0.2520	0.0035	0.0003
2000—2008	0.0084	0.0266	0.0509	0.2897	0.0763	0.0064

注：数据来源及计算同表 4 - 6。

第五节　中国与贸易伙伴经济周期的产业结构传递渠道

　　一国或地区的某些产业通过国际贸易和国际投资等多种方式，向另一个国家或地区转移的过程，即为国际产业转移。国际产业转移导致某些国家之间产业结构趋同，而另一些国家之间产业结构趋异，形成新的国际分工格局和国际经济结构，从而对各国之间经济波动协动性产生影响。

　　20 世纪 80 年代以来，出现了美国、日本、欧洲发达国家国内发展知识密集型、技术密集型产业，将劳动密集型产业和一般技术密集型产业向发展中国家转移的景象。这股国际产业结构调整的浪潮推动了国际产业转移向高度化方向发展，为发达国家带来新技术革命的同时，也为发展中国家提供了先进技术、解决了大量就业、加速了工业化过程；垂直型产业转移为主导，逐渐演变为垂直型和水平型产业转移共同存在的态势。

　　在这场国际产业转移大潮中，中国作为主要的承接者，也获得了许多潜在的收益。承接有利于中国产业结构转型升级的国际产业转移，有助于缩小与发达国家之间的差距；加大承接服务业力度，有助于缓解国内就业压力，促进中国服务业跨越式发展；充分利用承接的国际先进技术和设备，有利于培育自主创新能力，开发具有自主知识产权的核心技术，培育新产业，创造新的经济增长点。

　　伴随着国际产业转移速度加快、周期缩短，产业转出国与承接国之间的产业结构差异、经济结构差异明显，对经济周期波动的影响显著。

在此，我们借鉴 Krugman（1991）的绝对值指数来衡量产业结构差异程度，所涉及各个产业增加值数据主要来自联合国共同数据库的 National Accounts Estimates of Main Aggregates，产业分类按数据库中国际标准产业分类 ISIC Rev3。

从表 4 - 8 中国与其主要贸易伙伴之间的产业结构差异指数可见，中国与大多数发达贸易伙伴产业结构差异明显，除韩国的指数值低于 0.5 外，其他贸易伙伴的指数值都高于 0.5。而中国与样本中的所有发展中贸易伙伴产业结构差异较小，指数值均低于 0.5。这显然与国家内部经济结构、经济性质有很大关联。

表 4 - 8　　　　中国与主要贸易伙伴的产业结构差异指数

（2003—2008 年）

国家	美国	中国香港	日本	韩国	德国	荷兰	英国
指数值	0.7416	1.0113	0.5993	0.4187	0.5888	0.6681	0.7199
国家	新加坡	意大利	法国	加拿大	澳大利亚	西班牙	芬兰
指数值	0.5981	0.6211	0.7455	0.5432	0.6137	0.6601	0.5065
国家	瑞典	印度	马来西亚	阿拉伯联合酋长国	印度尼西亚	泰国	越南
指数值	0.6102	0.4235	0.1428	0.2224	0.2116	0.2480	0.3717
国家	墨西哥	巴西	沙特阿拉伯	菲律宾	南非	伊朗	
指数值	0.4559	0.4952	0.3422	0.3185	0.4987	0.1538	

注：根据联合国共同数据库 National Accounts Estimates of Main Aggregates 的产业数据计算得到，指数值为 2003—2008 年均值。

第六节　中国与贸易伙伴经济周期
传递渠道的贡献分析

经济全球化的背景下，金融危机引起的经济波动通过贸易、资本、技术、劳动力等多种渠道在世界各国之间迅速传递、扩散、蔓延，有必要对国际经济周期协动变化的多元传递因素及其传递效应进行深入分析。目前，国内外学者对金融危机的冲击源、冲击强度及传递机制进行了比较深入的研究。但我们认为，引发全球经济的大范围同步衰退不但与金融危机的冲击源和冲击强度有关，还与国际贸易、国际资本市场、国际直接投资和产业结构等多元传递机制有关。前文我们已经分析了中国与其主要贸易伙伴之间的经济周期协动性及双边贸易、双边直接投资、产业结构差异水平，在此进一步分析国际贸易、国际直接投资和产业结构差异，对中国及其主要贸易伙伴经济周期协动变化的传递效应，为经济全球化条件下中国宏观经济政策调控及参与国际经济政策协调提供参考。

　　为了定量分析国际贸易、国际直接投资和产业结构差异，对中国与其贸易伙伴之间双边经济周期协动性的传递效应，我们借助计量模型进行测度。以经济活动双边相关性作为经济周期协动性的变量，以双边贸易强度、双边直接投资强度和产业结构相似程度作为经济周期协动性的传递因素。为获取每个年份数据，我们借鉴 Cerqueira 和 Martins（2009）的同步化指数构建方法，选用实际国内生产总值和总就业指标，计算中国及其主要贸易伙伴之间的实际经济活动相关性，实际 GDP 数据来自世界银行的 World Development Indicators（WDI），以 2000 年为基期，单位为美元；发达国家（地区）的总就业数据来自国际货币基金组织的 World Economic Outlook Databases（WEO），因部分发展中国家缺失总就业数据，暂不作分析，单位为人。借鉴 Frankel 和 Rose（1998）的双边贸易强度衡量方式，度量中国及其贸易伙伴的双边贸易强度和双边直接投资强度，中国与其主要贸易伙伴、8 个欧盟成员国之间的双边贸易额数据来自国际货币基金组织的 Direction of Trade Statistics（DOT），单位为美元；各国（地区）的贸易总额数据来自 WTO，单位为美元。在计算中国与其贸易伙伴之间的双边贸易额时，以中国为报告国，按出口 FOB、进口 CIF 计。在计算欧盟成员国之间两两双边贸易额时，统一运用各国报告的出口 FOB 价；中国实际接受各国（地区）直接投资额数据来自历年《中国统计年鉴》；8 个欧盟成员国的双边 FDI 数据来自 OECD；中国及其贸易伙伴国 FDI 流入总量、流出总量来自 UNCTAD 的 FDI 数据库。与双边贸易额的计算同理，8 个欧盟成员国之间两两双边 FDI 也存在一样的问题，一国统计的从另一国获得的 FDI 并不一定等于另一国统计的 FDI 流出，我们以投资国报告的 FDI 流出计算，比如，德国与荷兰之间的双边 FDI 流量，用德国报告的德国对荷兰的直接投资，加上荷兰报告的荷兰对德国的直接投资。FDI 数据的单位为美元。产业差异程度借鉴 Krugman（1991）的绝对值指数，数据主要来源于联合国共同数据库的 National Accounts Estimates of Main Aggregates。

一　计量模型的构建

表 4 - 1 中最后选定的样本包含 15 个发达国家（地区）和 12 个发展中国家，发达国家中有 8 个欧盟国家。首先以 8 个欧盟成员国作为研究对象，然后分别以中国的发达贸易伙伴和发展中贸易伙伴为研究对象，构建贸易强度、FDI 强度与产业结构相似性对经济周期协动性传递效应的分析模型。作为国际经济一体化成功案例的欧盟，其内部成员之间无论在国际贸易还是国际直接投资方面关系密切。对欧盟内部经济周期协动性程度的传递因素的分析，有助于我们更好地了解区域经济一体化的效应，为探讨中国与其他主要贸易伙伴之间的区域经济一体化效应提供帮助。

根据数据的可获得性，欧盟 8 个国家组的数据期间是 1985—2008 年，发达贸易伙伴组和发展中贸易伙伴组的数据期间是 1990—2008 年，因此，分别构成包含 28 × 24 = 672、15 × 19 = 285、12 × 19 = 228 组观测值的面板。面板数据模型的分类有混合回归模型、变截距模型和变系数模型。混合回归模型假定截距项和解释变量系数对所有的截面个体都是相同的，即无个体影响，也无结构变化。变截距模型假定个体成员的截距项不同，而解释变量系数相同。变系数模型假定个体的截距项和解释变量的系数都不同，我们暂不考虑此情形。变截距模型和变系数模型又可以根据个体影响的形式不同，分为固定效应模型和随机效应模型。经 F 检验及 Hausman 检验，对不同的样本组需要构建如下回归模型：

对欧盟国家组和发达贸易伙伴组适合建立混合面板数据模型：

$$Corr_{ij,t} = \alpha + \beta_1 BTI_{ij,t} + \beta_2 FDI_{ij,t} + \beta_3 IS_{ij,t} + u_{ij,t} \qquad (4-5)$$

对发展中贸易伙伴组适合建立基于横截面特定系数的固定效应模型：

$$Corr_{ij,t} = \bar{\alpha} + \alpha_{ij} + \beta_1 BTI_{ij,t} + \beta_2 FDI_{ij,t} + \beta_3 IS_{ij,t} + u_{ij,t} \qquad (4-6)$$

在模型（4 - 5）和（4 - 6）中，$Corr_{ij,t}$ 衡量 t 时期国家 i 和国家 j 之间实际经济活动的双边相关性；BTI_{ijt} 衡量 t 时期国家 i 和国家 j 之间的双边贸易强度，分别被贸易总额和名义总产出标准化，记为 BTI_{ijt}^T 和 BTI_{ijt}^Y；FDI_{ijt} 衡量 t 时期国家 i 和国家 j 之间的 FDI 强度；IS_{ijt} 衡量 t 时期国家 i 和国家 j 之间的产业结构相似程度。

二　回归结果分析

（一）欧盟国家样本

对中国主要贸易伙伴中的 8 个欧盟成员国之间的两两经济周期协动性

的传递因素分析（见表4－9）表明，双边贸易强度的系数为正，欧盟成员国之间的双边贸易强度越大，经济周期协动性程度越高。双边投资强度的系数对贸易强度的不同衡量方法比较敏感，无论是 GDP 周期协动性还是就业周期协动性，当双边贸易强度被贸易总额标准化时，双边投资强度的系数符号为正；当双边贸易强度被名义总产出标准化时，投资强度的系数符号为负。产业结构差异的系数符号为正，表明成员国之间产业结构差异越小，即相似性越高，经济周期的协动性程度越低。同时，我们发现，双边贸易强度的影响大于双边投资强度，这很大程度上与 FDI 的时滞性有关，对短期经济周期波动的影响相对较小。

表4－9　　　　　　　　　　　　8 个欧盟成员国的回归结果

变量	(1) GDP^a	(2) GDP^b	(3) EMP^a	(4) EMP^b
双边贸易强度	0.033 * (10.00)	0.102 * (19.25)	0.018 * (3.00)	0.072 * (6.59)
双边投资强度	0.003 * (6.17)	－ 0.002 * (－ 4.06)	0.0006 (0.82)	－ 0.004 * (－ 4.77)
产业结构差异	2.417 * (45.82)	2.265 * (51.58)	2.273 * (22.67)	2.119 * (22.08)
R^2	0.5670	0.6227	0.3061	0.3432
调整的 R^2	0.5657	0.6216	0.3040	0.3412
DW	2.01	1.99	2.00	2.00

　　注：括号里的数值是 t 值；*、**、***，分别表示在 1%、5%、10% 的水平上显著；a 方程中双边贸易强度是被贸易总额标准化，b 方程中双边贸易强度是被总产出标准化。

（二）发达贸易伙伴样本

以实际 GDP 的相关性［表4－10 中（1）、（2）列］、就业的相关性［表4－10 中（3）、（4）列］作为被解释变量，双边贸易强度、双边投资强度、产业结构差异为解释变量，对中国与发达贸易伙伴之间的经济周期协动性进行实证检验，结果表明，双边贸易强度的系数为正，表明中国与发达贸易伙伴之间的双边贸易强度越大，经济周期协动性程度越高；FDI 的系数为负，表明中国实际利用发达贸易伙伴的直接投资强度越大，经济周期协动性程度越低；产业结构差异指数对经济周期协动性的衡量方式比较敏感，对 GDP 周期协动性的影响为负相关，对就业周期协动性的影响为正相关，表明产业结构差异越小，相似程度越高，GDP 周期协动性程度越高，就业周期协动性程度越低。在 1990—2008 年期间，中国与发达国家贸易伙伴之间的经济周期协动性的影响因素中，双边贸易强度的影响大于实际利用 FDI 强度的影响。

表 4 - 10　　　　　　　　　　发达贸易伙伴的回归结果

变量	(1) GDP^a	(2) GDP^b	(3) EMP^a	(4) EMP^b
双边贸易强度	0.097 * (24.96)	0.315 * (42.39)	0.093 * (7.33)	0.224 * (9.69)
双边投资强度	- 0.011 * (- 6.42)	- 0.026 * (- 17.05)	- 0.041 * (- 6.02)	- 0.041 * (- 7.89)
产业结构差异	- 0.437 * (- 13.36)	- 0.484 * (- 17.62)	0.734 * (19.81)	0.732 * (20.21)
AR (1)			0.120 * (13.45)	0.117 * (13.56)
R^2	0.7546	0.9046	0.4954	0.5345
调整的 R^2	0.7528	0.9040	0.4897	0.5293
DW	1.93	1.87	1.97	2.03

注：括号里的数值是 t 值；*、**、***，分别表示在 1%、5%、10% 的水平上显著；a 方程中双边贸易强度是被贸易总额标准化，b 方程中双边贸易强度是被总产出标准化；在就业为被解释变量的方程中加入 AR (1) 项进行了自相关修正。

（三）发展中贸易伙伴样本

以实际 GDP 的相关性作为被解释变量，双边贸易强度、双边投资强度、产业结构差异为解释变量 ［表 4 - 11 中 (1)、(2) 列］，对中国与发展中贸易伙伴之间的经济周期协动性进行实证检验，结果表明，双边贸易强度的系数为正，表明中国与发展中贸易伙伴的双边贸易强度越高，GDP 协动性程度越高；FDI 呈现显著正效应，表明中国实际利用发展中贸易伙伴的 FDI 强度越大，GDP 协动性程度越高；产业结构差异指数的系数是负的，表明产业结构相似与 GDP 协动性程度呈正相关。中国与发展中贸易伙伴之间的 GDP 周期协动性变化中，三个因素的影响都是显著的，且双边贸易强度的影响小于双边投资强度。

表 4 - 11　　　　　　　　　发展中贸易伙伴的回归结果

变量	(1)　GDP^a	(2)　GDP^b
双边贸易强度	1. 369 * (16. 32)	1. 553 * (10. 61)
双边投资强度	2. 233 * (10. 62)	2. 428 * (10. 49)
产业结构差异	- 5. 131 * (- 10. 02)	- 5. 121 * (- 9. 88)
常数	0. 7365 * (4. 27)	1. 085 * (6. 40)
R^2	0. 6291	0. 5424
调整的 R^2	0. 6047	0. 5123
F 统计量	25. 802 *	18. 031 *
DW	1. 94	1. 96

注：括号里的数值是 t 值；*、**、***，分别表示在 1%、5%、10% 的水平上显著；a 方程中双边贸易强度是被贸易总额标准化，b 方程中双边贸易强度是被总产出标准化。

由此可见，在三组样本中，双边贸易强度越大，经济周期协动性程度越高。在发达贸易伙伴样本组（见表 4 - 9 和表 4 - 10），双边贸易强度的影响都大于国际直接投资强度的影响，说明国际贸易对短期的经济周期波动影响更大。由于中国实际利用发达贸易伙伴和发展中贸易伙伴的 FDI 性质不同，因此，对经济周期协动性的作用也不同。来源于发达贸易伙伴的FDI 往往是贸易替代型的，FDI 的增加会替代部分贸易，从而对短期经济周期协动性具有负效应。另外，来源于发达贸易伙伴的 FDI 通常集中于国内劳动密集型产业，以利于发达国家利用中国的廉价劳动力，发展国内资本和技术密集型产业，导致中国与发达贸易伙伴的产业结构差异变化，也会对经济周期协动性产生负面效应。

产业结构差异指数对中国与其主要贸易伙伴的 GDP 周期协动性的影响都是显著为负，表明产业结构越相似，GDP 周期协动性程度越高。但是，产业结构差异对就业周期协动性的影响却相反。我们认为，这可能与产业结构差异指数在衡量经济结构方面是个系统指标有关，无法揭示各产业内部之间的关系。创造增加值最多的产业不一定是就业人数最多的产业。因此，Krugman（1991）的绝对值指数，在构建产业结构差异指数来反映国家之间产业结构相似程度方面有不足之处，需要一个更加细化的指标考察细分产业内部变化，以探究其对经济周期波动的具体传递效应，这也是本书的不足之处及留待进一步研究的问题。

本章小结

本章主要从实证角度研究了中国与主要贸易伙伴之间的经济周期协动性表现，以及双边贸易、双边直接投资和产业结构差异程度，并深入挖掘了不同的传递渠道对经济周期协动性的相对贡献。中国与其主要发达贸易伙伴之间的经济周期协动性虽然有不同程度的提高，但整体水平并不如想象中的高，相比欧盟主要国家之间的水平明显更低。由于经济结构、产业结构、经济政策、文化背景等差异，中国与发达贸易伙伴之间经济周期协动性传递的效果是有限的。中国与发展中贸易伙伴之间的经济周期协动性水平提高明显。经济发展水平相近、产业结构相似、地域接近、国际分工体系相似等，成为中国与这些发展中贸易伙伴对经济波动冲击表现出更高协动性的重要原因。

同时，以 27 个中国主要贸易伙伴为样本，考察了中国与这些贸易伙伴的双边贸易、双边直接投资以及产业结构差异情况，并进一步探究了这些因素对中国与其主要贸易伙伴经济周期协动性的贡献，得到了以下结论：（1）1990—2008 年期间，中国与发达贸易伙伴之间的经济周期协动性的影响因素中：双边贸易强度越大，经济周期协动性程度越高；实际利用 FDI 强度越大，经济周期协动性程度越低；产业结构越相似，GDP 周期协动性程度越高，就业周期协动性程度越低；双边贸易强度的影响大于双边投资强度。（2）中国与发展中贸易伙伴之间的经济周期协动性变化中，双边贸易强度、FDI 强度和产业结构相似性对经济周期协动性具有显著正效应；实际利用 FDI 强度的影响大于双边贸易强度。

第 五 章
中美经济周期协动与货币政策国际协调

自20世纪90年代以来，中国融入世界经济的步伐加快，中国经济在世界经济中发挥着越来越重要的作用，尤其在缓解本轮金融危机对各国经济的影响中具有不可替代的地位。中国参与国际经济政策协调，对于中国以至世界，都是举足轻重的、意义深远的。中国和美国作为世界经济中具有重大影响力的两个国家，其货币政策具有全球意义。随着两国经贸往来日益密切，贸易、投资相互依存关系加深，两国宏观经济政策之间的溢出效应日益显著。中美两国加强货币政策国际协调，将有助于降低彼此国内经济政策溢出效应引起的福利损失，有助于两国经济和谐持久发展，有助于两国在新的国际货币体系创建中更好地发挥作用。

第二章通过对相关领域现有研究文献的回顾，已经梳理了宏观经济政策国际协调各种工具的影响及其性质，包括财政政策、货币政策、汇率政策、贸易政策等，由于本轮金融危机的特殊性及后金融危机时期恢复经济、改革国际货币体系的需要，因此，本书重点讨论货币政策的国际协调。本章基于对中美货币政策协调及经济变化的动态描述，借助NOEM的理论分析框架，结合中国实际情况，构建了在外生冲击下国际货币政策协调的理论模型，由此展开关于货币政策国际协调的必要性及需要满足的条件的理论层面探讨。

第一节　中美货币政策协调及经济变化的动态描述

全球金融危机爆发后，中美两国采取了一系列货币政策措施，如连续降息、货币互换等，以增强金融市场流动性、缓解金融危机对两国经济的冲击。货币政策方面的协调措施对于遏制两国国内经济下滑起到了积极而显著的作用。我们利用中美两国金融危机前后的数据，考察了货币供应量、实际 GDP 及家庭消费支出的波动变化，以分析货币政策协调与宏观层面的经济波动和消费波动之间的关系。

一 中美货币供应量变化的动态描述

对于中美两国货币政策变量的选择，美国货币政策变量一般有三个指标，即联邦基金利率（federal funds rate）、广义货币供应量（M2）和非借入准备金（non - borrowed reserve）。Christiano 等（1998）指出，三者可以相等地反映货币政策变化。考虑到金融危机后，联邦基金利率连续下调，从 2007 年 8 月的 5.25% 迅速下调至 2008 年 12 月的 0%—0.25%，并一直维持至今，因此由于数值较小，很难看出明显变化。况且，虽然美联储以联邦基金利率作为货币政策中介目标的核心，但在实际调控中，仍然以调整货币供应量来确保联邦基金利率。中国目前以货币供应量作为货币政策的中介目标。因此，我们借鉴 Holman 和 Neumann（2002）以货币供应量作为货币政策的代理变量，同时考虑 M1 和 M2 两个层次的货币供应量。

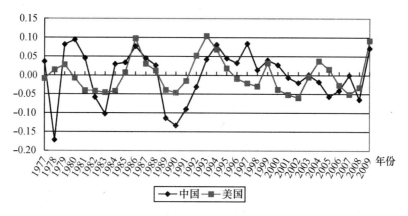

图 5 - 1　中美狭义货币供应量 M1 波动（1977—2009 年）

注：作者根据世界银行 World Development Indicators（WDI）数据库的原始数据，经取自然对数及 HP 滤波后得到的周期性部分。

从中美两国狭义货币供应量 M1 的波动看（见图 5 - 1），主要呈现两个明显的特点：首先，中国货币供应量波动幅度相对较大，尤其是负向波动时；其次，除 1977—1984 年，其他年份中美两国 M1 无论在波动幅度还是波动方向上都较为一致。因此，从 20 世纪 80 年代后期开始，中美两国货币供应量 M1 的波动存在较强的趋同现象。由于中国从 1993 年开始才正式将货币供应量作为货币政策的中介目标，考察 1993 年以来两国 M1 的变化，表现出一定的协调性。

从中美两国广义货币供应量 M2 的波动看（见图 5-2），主要表现为：中国的广义货币供应量 M2 波动幅度相比美国广义货币供应量 M2 的波动幅度大，无论是正向还是负向；1983 年之前，中国广义货币供应量 M2 波动显著，但美国 M2 波动并不明显；1983—1987 年，1994—1997 年，2003—2006 年两国 M2 有相同的波动趋势。还有一个显著特点是，相比 M1，两国 M2 的波动并没有明显的趋同现象，这与 M1 和 M2 所包含的内容性质有关。M1 是流通中的现金加上企事业单位的活期存款，它反映居民和企业资金松紧变化，是经济周期波动的先行指标。M2 除包括 M1 外，还包括企事业定期存款和居民储蓄定期存款，这部分资产流动性相对较弱，需要提前转化为现金或活期存款，或提前支取才能进入市场流通，因此对市场的影响相对缓慢。2006 年开始，M1 已经表现出与 M2 走势背离的情形，并在 2007 年上半年表现尤为明显。这意味着，除货币供应外，居民储蓄行为也在发生显著变化，对货币流动性产生很大影响，而中央银行对这一部分的可控性较差。

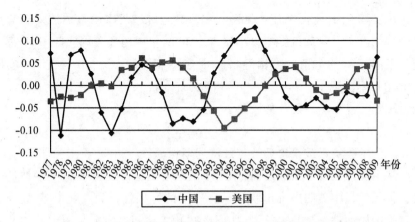

图 5-2 中美广义货币供应量 M2 波动（1977—2009 年）

注：作者根据世界银行 World Development Indicators（WDI）数据库的原始数据，经取自然对数及 HP 滤波后得到的周期性部分。

二 中美 GDP 变化的动态描述

我们以实际 GDP 的滤波后的周期性成分考察实际经济活动的波动情况。从图 5 - 3 发现，1977—2009 年，中美两国实际国内生产总值波动具有较强的协动性。但是中国实际 GDP 的波幅大于美国实际 GDP 的波幅，尤其在 20 世纪 80 年代。进入 21 世纪，中国和美国实际 GDP 波动幅度明显缩小，经济增长相对稳定，降低了由于经济周期高度波动引起的福利成本。

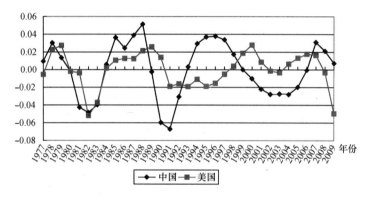

图 5 - 3 中美实际 GDP 波动（1977—2009 年）

注：作者根据世界银行 World Development Indicators（WDI）数据库的原始数据，经取自然对数及 HP 滤波后得到的周期性部分。

从实际 GDP 增长率看（见图 5 - 4），经济增长率的整体波动趋势比较一致。由于金融危机影响，2008 年、2009 年中国和美国实际 GDP 都出现了不同程度的下滑，美国经济下滑速度相对更快。2010 年两国实际 GDP 增长率出现了反弹，表明在各国宏观经济政策及措施作用下，经济衰退缓解，逐渐出现复苏的迹象。

三 中美货币政策协调性与经济周期协动性

从中美两国货币供应量 M1 和 M2 的波动情况以及实际 GDP 的波动及增长情况看，中美两国货币政策具有一定的协调性，而实际 GDP 波动具有较强的协动性。2005 年 7 月 21 日人民币汇率机制改革，中国开始实行以市场供求为基础、参考一篮子货币的、有管理的浮动汇率制度，形成了更富有弹性的人民币汇率机制，而不再是钉住单一美元的汇率。我们分别

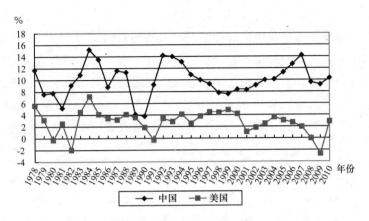

图 5 - 4　中美实际 GDP 增长率（1978—2010 年）

注：作者根据世界银行 World Development Indicators（WDI）数据库的原始数据计算。

计算了从 2005 年第三季度至 2011 年第二季度，中美两国货币供应量的相关系数和实际国内生产总值的相关系数（见表 5 - 1），以 2007 年 8 月爆发的金融危机为前后分界点。根据相关系数值，无论是 M1 还是 M2，金融危机后，中美两国货币政策协调性有所加强，但两国 GDP 协动性水平相比危机前水平有所下降。从图 5 - 3 和图 5 - 4 可知，2007 年至 2009 年间中美经济增长率和经济波动有相同的趋势，GDP 协动性下降的原因可能与 2010 年年末、2011 年年初两国经济增长恢复的速度有关，金融危机后西方发达经济体表现出的长期低迷和新兴经济体的持续增长，已经成为一种不可逆转的趋势。美国等发达经济体需要经历全面的国内经济调整，包括经济结构、金融结构、财政平衡等，因此，恢复进程相对较慢，同时，欧债、美债危机持续深化也对经济恢复造成一定影响。而中国由于出台了一系列经济刺激计划，同时受外部环境影响相对较小，2010 年实现了 10.3% 的高增长，2011 年在积极的财政政策和稳健的货币政策调控下，中国经济开局良好。

表 5 - 1　中美两国货币供应量和实际 GDP 相关系数（2005Q3—2011Q2）

	M1	M2	GDP
2005Q3—2007Q2	- 0.3665	0.0642	0.7301
2007Q3—2011Q2	0.2249	0.8251	0.6526

注：根据 EIU Country Data 数据库的原始数据计算，经 X12 季度平滑、取自然对数、HP 滤波及相关系数求解得到。

四 中美货币政策协调对中美国内消费的影响

基于宏观层面的经济总量分析，我们还分析了中美消费水平的动态变化。比较家庭最终消费支出波动和家庭人均最终消费支出波动，无论是中国还是美国，其家庭最终消费支出（见图 5 - 5）和人均最终消费支出（见图 5 - 6）的波动方向和波幅非常相似。从家庭最终消费支出看，中国

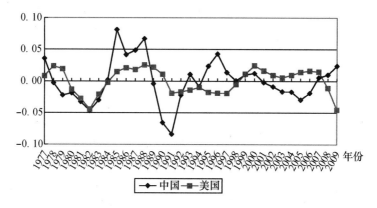

图 5 - 5　中美家庭最终消费支出波动（1977—2009 年）

注：作者根据世界银行 World Development Indicators（WDI）数据库的原始数据，经取自然对数及 HP 滤波后得到的周期性部分。

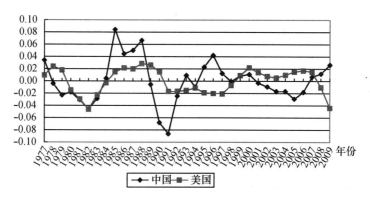

图 5 - 6　中美家庭人均最终消费支出波动（1977—2009 年）

注：作者根据世界银行 World Development Indicators（WDI）数据库的原始数据，经取自然对数及 HP 滤波后得到的周期性部分。

的波动幅度大于美国，波动现象更加显著。除了 1997—2005 年两国消费
波动相对趋同，其他年份两国消费波动并不一致。这与两国的传统消费模
式互补有很大关联。但毫无疑问的是，20 世纪 90 年代末开始，两国的消
费波动性明显降低，尤其是中国。从两国最终消费支出增长率（见图
5 -7和图5 -8）看，20 世纪 90 年代末至危机前，消费增长趋势比较一
致，虽然在增长率数量上有一定差异。

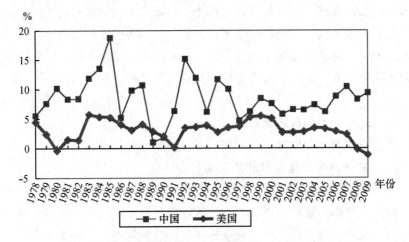

图5 -7 中美家庭最终消费支出增长率（1978—2009 年）

注：根据世界银行 World Development Indicators（WDI）数据库的数据计算。

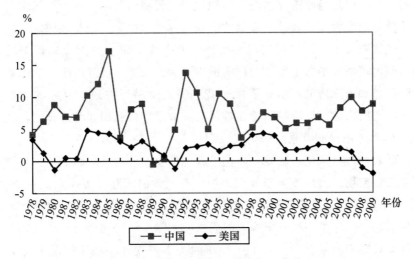

图5 -8 中美家庭人均最终消费支出增长率（1978—2009 年）

注：根据世界银行 World Development Indicators（WDI）数据库的数据计算。

第二节　货币政策国际协调的理论模型

　　基于对前节中美宏观经济变量的动态描述，本节利用 NOEM 框架体系，构建了货币政策国际协调的理论模型，试图从理论层面探讨中美两国货币政策国际协调的福利收益及需要满足的条件，从而为政策协调提供理论方面的要素支撑。在模型分析过程中，假定货币当局的宏观层面的政策目标是熨平经济波动，保持经济平稳增长，转换为微观层面的目标是实现家庭福利最大化，主要是体现为消费、持有实际货币余额以及闲暇三方面的福利水平之和。同时，假定货币持有带来的效用可忽略不计。

一　理论模型的构建思路

　　在理论模型的构建过程中，我们主要遵循以下几点思路来策划。

　　1. 以探求政策传递机制和协调福利为目的

　　在宏观经济现象研究中，经济模型的运用越来越普遍，这主要是基于经济模型，分析与现实经济现象有关的经济变量之间的相互依存关系方面的作用与优势。经济模型可以通过极其简单的数学语言，描述错综复杂的经济现象之间的内部依存关系与运动规律，帮助人们开展经济分析与经济预测、政策衡量与政策评估。我们构建理论模型的目的，在于探求主要贸易伙伴之间宏观经济政策的溢出效应和国际传递机制，以及各国之间进行宏观经济政策的国际协调的福利收益。上文建立的基于 NOEM 框架的两国三部门模型，抽象了复杂的现实世界，为下文即将展开的中美货币政策国际传递和国际协调服务，有助于我们厘清众多经济现象背后的主要规律。我们所构建的理论模型旨在进行政策效果评估，而非经济预测。

　　2. 以考虑现实背景及中国实践为特点

　　随着经济全球化与区域一体化进程的加速，各国经济联系和相互依存关系日益密切，已经逐步形成有组织、有效率的国际经济体系。自 20 世纪 60 年代以来，许多经济学家持续关注开放经济条件下内外均衡及政策搭配问题，产生了一批有影响力的成果。实际经济周期理论与新凯恩斯主义的某种程度的融合，诞生了一个新的关于宏观经济稳定问题的理论框架。90 年代，宏观经济学领域又出现了一个研究国际经济政策传递与协调的新理论框架，被称为 NOEM，为我们研究中美货币政策的国际传递机制与国际协调提供了新的理论基础。

当前的世界经济中，美国在诸多领域都处于全球领先地位。虽然，作为危机发源地的美国，在这次金融危机中受到了巨大的消极冲击和负面影响，但其国际地位仍然不容置疑。美国政府和美联储推出的一系列经济刺激措施，比如连续降息、直接减税、救助"问题"金融机构、购买金融机构不良资产、提供贷款、出台经济刺激方案等，对遏制美国经济深度下滑，促进美国经济可持续增长及世界经济增长起到了积极的作用。

自改革开放以来，尤其是 20 世纪 90 年代以来，中国经济以非常快的速度融入全球经济，已经成为新的世界经济增长极，是全球经济发展和贸易扩张的主要推动力量。特别是在应对这次金融危机的过程中，担当了重要的角色，表现出了大国的地位和作用。

以中美两国货币政策协调的研究为特点，充分考虑中国的实践，对于分析金融危机后世界范围的国际宏观经济政策协调，以及国际货币体系构建具有非常重要的意义。考虑到中美两国受到危机冲击的时序、程度的差异，引起两国受到金融危机冲击不确定性的不对称性，因此，在模型构建过程中充分包含了冲击不确定性的对称及不对称情形。

3. 以借鉴 NOEM 框架对该领域的分析为方法

NOEM 框架在动态一般均衡框架中引入不完全竞争和黏性价格，为开放经济条件下的一般均衡理论提供了良好的微观基础；在给定约束下，对经济主体的行为函数求解最优解，为经济政策评价提供了明确的福利标准；厂商不完全竞争的假设，使得模型相比完全竞争假设下的新古典宏观经济学更接近现实；为开放经济条件下最优货币政策和规则、财政和货币政策的国际传递机制及其福利效应、汇率动态、汇率制度选择等领域的分析提供了一套建设性的方法，为后续的研究指明了方向。

二 理论模型的基本框架

我们借鉴了 Canzoneri 等（2005）对货币政策国际协调的福利函数的衡量和分析方法。由于中国和美国作为世界第二和第一的经济大国，可以假设两国经济规模近似，以便于宏观经济政策国际协调的福利函数推导。考虑到中美两国在金融危机中受到冲击的先后次序、轻重程度不同，我们在 Canzoneri 等（2005）的模型基础上，在进行货币政策博弈分析时，除考虑部门之间冲击差异外，引入了冲击不确定性的不对称程度的衡量，用以检验不对称程度的大小对货币政策协调选择的影响，从而细化了福利函数。以 NOEM 为基础理论分析框架，经拓展后的两国三部门模型，简称 CCD 模型，试图从微观的典型家庭角度分析宏观经济问题。

假定在一段时期内，世界经济由两个经济规模相同的国家构成，即本国和外国。每个国家国内居住着连续的经济人，每个经济人既是消费最终产品的家庭，也是生产异质性商品的厂商，厂商具有垄断竞争力。在本国，家庭连续体是 $h \in [0,1]$，在外国，家庭连续体是 $f \in [0,1]$。每个家庭生产三种商品，即供国内市场消费的非贸易品 $[Y_N(h)]$，供国内市场消费的可贸易品 $[Y_D(h)]$ 以及供出口市场消费的可贸易品 $[Y_E(h)]$。

1. 家庭偏好

本国家庭的效用函数可以描述为：

$$U(h) = \log[C(h)] - \left[\frac{Y_N(h)}{Z_N} + \frac{Y_D(h)}{Z_D} + \frac{Y_E(h)}{Z_E}\right] + \log\left[\left(\frac{M(h)}{P}\right]\right.$$

$$(5-1)$$

根据式（5-1），每个家庭从复合商品消费、实际货币持有获得正效用，但是同时承受各个部门劳动力投入的负效用。$C(h)$ 是国内生产的非贸易品、可贸易品和进口商品的复合消费；Z_j 是一单位劳动力生产的产量，即单位产出，$j = N, D, E$，它是一个随机变量，其外生变化代表生产率冲击；$M(h)$ 是货币持有；P 是价格总指数；N、D、E 分别表示非贸易品、可贸易品、出口商品；$*$ 代表外国变量。

国内复合商品消费以柯布-道格拉斯形式加总：

$$C(h) = C_N(h)^{1/3} C_D(h)^{1/3} C_{E^*}(h)^{1/3} \qquad (5-2)$$

所有家庭的消费以 CES 形式加总为各个部门商品：

$$C_j = \left[\int_0^1 C_j(h)^{\frac{\theta-1}{\theta}} dh\right]^{\frac{\theta}{\theta-1}}, j = N, D \qquad (5-3a)$$

$$C_{E^*} = \left[\int_0^1 C_{E^*}(f)^{\frac{\theta-1}{\theta}} df\right]^{\frac{\theta}{\theta-1}} \qquad (5-3b)$$

国内各部门的产出：

$$Y_j = \left[\int_0^1 Y_j(h)^{\frac{\theta-1}{\theta}} dh\right]^{\frac{\theta}{\theta-1}}, j = N, D, E \qquad (5-4)$$

外国家庭的偏好及消费指数类似于国内。

国内外价格总指数：$P = 3P_N^{1/3}P_D^{1/3}P_{E*}^{1/3}$ (5-5a)

$$P^* = 3P_{N*}^{*1/3}P_{D*}^{*1/3}P_E^{*1/3}$$ (5-5b)

式中：P_N 是国内消费的非贸易品的本国货币价格；P_D 是国内消费的国内可贸易品的本国货币价格；P_{E*} 是外国出口商品的本国货币价格，即本国进口商品的本国货币价格；P_{N*}^* 是外国国内消费的非贸易品的外国货币价格；P_{D*}^* 是外国国内消费的外国可贸易品的外国货币价格；P_E^* 是本国出口商品的外国货币价格。

相应地，各部门的国内外价格子指数是：

$$P_j = \left[\int_0^1 P_j(h)^{1-\theta}dh\right]^{\frac{1}{1-\theta}}, j = N,D,E$$ (5-6a)

$$P_{j*}^* = \left[\int_0^1 P_{j*}^*(f)^{1-\theta}df\right]^{\frac{1}{1-\theta}}, j^* = N^*,D^*,E^*$$ (5-6b)

假定商品价格设定选择生产者货币定价方式，即本国商品价格以本国货币设定。外国出口商品的本国货币价格为 $P_{E*}(f)$，本国出口商品的外国货币价格为 $P_E^*(h)$，用 e 表示名义汇率，即单位外国货币的本币价格，可以得到如下关系：

$$P_{E*}(f) = eP_{E*}^*(f), P_E^*(h) = P_E(h)/e$$ (5-7)

本国家庭面临的预算约束是：

$$M(h) + P_N C_N(h) + P_D C_D(h) + P_{E*} C_{E*}(h) + T$$
$$= M_0(h) + P_N(h)Y_N(h) + P_D(h)Y_D(h) + P_E(h)Y_E(h)$$

(5-8)

假设不考虑金融市场，即不存在资本流动，T 表示政府一次性总税负。外国家庭面临的预算约束类似于国内。

2. 商品需求

国内外家庭 h 和家庭 f 对产品的总需求是：

$$Y_j(h) = \left[\frac{P_j(h)}{P_j}\right]^{-\theta} Y_j, j = N,D,E$$ (5-9a)

$$Y_{j*}(f) = \left[\frac{P_{j*}^*(f)}{P_{j*}^*}\right]^{-\theta} Y_{j*}, j^* = N^*,D^*,E^*$$ (5-9b)

3. 家庭最优化问题

在预算约束式（5-8）下，充分考虑对产品的总需求，最大化家庭的效用式（5-1）。根据每个国家的消费和货币需求的一阶条件进行推导。国内外的求解方式相同。

当成本最小化时，得到：

$$PC = 3P_N C_N = 3P_D C_D = 3P_{E*} C_{E*} \qquad (5-10a)$$

$$P^* C^* = 3P_{N*}^* C_{N*} = 3P_{D*}^* C_{D*} = 3P_E^* C_E \qquad (5-10b)$$

由货币需求的一阶条件，得到：

$$M = PC \qquad (5-11a)$$

$$M^* = P^* C^* \qquad (5-11b)$$

4. 均衡状态

由于假定每个国家由相同的家庭构成，因此可以假定各个家庭处于对称均衡，家庭变量等于总体变量。

对于国内，$C_N(h) = C_N$，$C_D(h) = C_D$，$C_{E*}(h) = C_{E*}$；

$$Y_N(h) = Y_N，Y_D(h) = Y_D，Y_E(h) = Y_E \qquad (5-12a)$$

对于国外，$C_{N*}(f) = C_{N*}$，$C_{D*}(f) = C_{D*}$，$C_E(f) = C_E$；

$$Y_{N*}(f) = Y_{N*}，Y_{D*}(f) = Y_{D*}，Y_{E*}(f) = Y_{E*} \qquad (5-12b)$$

在技术和需求约束下，由利润最大化得到：$C_j = \dfrac{\theta-1}{3\theta} Z_j$ $(5-13)$

根据式（5-10）和式（5-11），求解灵活价格和固定价格均衡。

当价格灵活时，每个厂商在知晓各部门受到的生产率冲击值后设定其商品价格，这是一种完全信息情形，即厂商对于生产率冲击有完全信息，可以根据冲击程度调整其商品价格；而当价格固定时，每个厂商在知道各部门受到的生产率冲击值之前已经设定其商品价格，这是一种不完全信息情形，即厂商对生产率冲击具有不完全信息。

当价格灵活时，货币当局保持被动，意味着：

$$C_j = Y_j，C_{j*} = Y_{j*} \qquad (5-14)$$

因此，本国和外国的最优劳动力供给水平：

$$\frac{Y_j}{Z_j} = \frac{1}{3}\mu，\frac{Y_{j*}}{Z_{j*}} = \frac{1}{3}\mu \qquad (5-15)$$

当价格固定时，最优的劳动力供给水平的期望值：

$$E\left[\frac{Y_j}{Z_j}\right] = \frac{1}{3}\mu，E\left[\frac{Y_{j*}}{Z_{j*}}\right] = \frac{1}{3}\mu \qquad (5-16)$$

式中：$\mu = \dfrac{\theta-1}{\theta}$ 为溢价因子。

从式（5-15）和式（5-16）分析发现，当价格灵活时，均衡的就业水平是固定的，生产率冲击直接传递至产出和消费；而当价格固定时，均衡的就业水平的期望值等于灵活价格值，但是实际就业水平由部门需求决定。

假设不存在资产的国际交易，在均衡条件下，经常账户平衡意味着：

$$P_{E^*} C_{E^*} = P_E C_E \qquad (5-17)$$

结合式（5-17）以及前面提到的式（5-10）、式（5-11）和式（5-7），得到均衡汇率：

$$e = \frac{M}{M^*} \qquad (5-18)$$

并进一步得到每个部门的均衡产出和消费：

产出水平：$Y_N = \frac{1}{3} \frac{M}{P_N}$，$Y_D = \frac{1}{3} \frac{M}{P_D}$，$Y_E = \frac{1}{3} \frac{M}{P_E}$；

$$Y_{N^*} = \frac{1}{3} \frac{M^*}{P_{N^*}} , \ Y_{D^*} = \frac{1}{3} \frac{M^*}{P_{D^*}} , \ Y_{E^*} = \frac{1}{3} \frac{M^*}{P_{E^*}} \qquad (5-19)$$

消费水平：$C_N = \frac{1}{3} \frac{M}{P_N}$，$C_D = \frac{1}{3} \frac{M}{P_D}$，$C_{E^*} = \frac{1}{3} \frac{M^*}{P_{E^*}}$；

$$C_{N^*} = \frac{1}{3} \frac{M^*}{P_{N^*}} , \ C_{D^*} = \frac{1}{3} \frac{M^*}{P_{D^*}} , \ C_E = \frac{1}{3} \frac{M}{P_E} \qquad (5-20)$$

从式（5-19）和式（5-20）可见，本国与外国的产出之间是相互独立的，而消费是相互依存的，本国货币政策影响国内生产的商品的消费与产出，以及本国出口商品即外国进口商品的消费。

5. 货币政策的国际传递

在固定价格情形，本国货币政策扩张对国内经济的传递机制体现在：短期内，国内货币扩张，一方面使本国个体所持实际货币余额增加，引起总需求增加，对每个部门商品的消费支出增加。由于非贸易品部门和国内可贸易品部门商品价格（P_N 和 P_D）在短期内不变，因此，这两个部门的消费（C_N 和 C_D）增加，产出增加。另一方面货币扩张引起本国货币贬值，名义汇率上升，进口商品的本国货币价格 P_{E^*} 相应提高，引起国内通货膨胀，同时，进口减少，出口商品相对价格降低，出口增加，出口部门产出增加。因此，本国货币扩张带来国内各个部门产出提高，消费增加，出口量增加，但同时导致贸易条件恶化。

本国货币扩张政策对外国经济的传递机制主要体现在：国内货币供给量增加，使得国内个体的实际余额增加，其收入水平提高，增加其对外国商品的需求，但同时进口商品价格提高会降低他们购买外国商品的愿望，因此对外国出口部门的影响是模糊的。另外，由于本国出口商品相对价格降低，引起外国个体的部分需求由其国内商品转向可替代的本国出口商品，从而其国内非贸易品部门消费减少，产出水平降低，个体投入更少的劳动力，享受更多的闲暇，同时，贸易条件改善。

由于假定生产者货币定价机制，因此，名义汇率变化对进出口商品价格的变化是完全传递的。但是，从长期而言，浮动汇率制下，汇率会迅速回到长期均衡水平。

6. 固定和灵活价格均衡时的福利函数

假定每个国家货币当局的货币政策的最终目标转变为微观层面的目标是实现每个家庭的福利最大化。同时，假定从实际货币持有量获得的效用可以忽略不计。于是，令 $W \equiv U - \log(M/P)$，$W^* \equiv U^* - \log(M^*/P^*)$。假定货币当局按照各自预先承诺的货币政策规则执行政策，以最大化期望效用 $E[W]$ 和 $E[W^*]$。在纳什均衡时，本国货币当局假定外国货币当局的货币规则 M^* 为已知，选择关于本国货币供应量 M 的恰当货币规则，从而最大化家庭的期望效用 $E[W]$，而外国货币当局假定本国货币当局的货币规则 M 为已知，选择关于货币量 M^* 的货币规则，从而最大化期望效用 $E[W^*]$。当两国货币当局进行货币政策协调，实现合作均衡时，货币当局的最大化目标是 $E[W] + E[W^*]$。

对所有变量取对数，并用小写字母表示相应的变量，以字母上的波浪线表示灵活价格情形。由式（5-15）和式（5-16）灵活价格和固定价格时的最优劳动力供给，可以得到两类情形下生产率冲击与产出之间的关系。假定生产率冲击服从对数正态分布。

灵活价格情形下，对式（5-15）中的最优本国劳动力供给方程取对数：

$$\log\left(\frac{Y_j}{Z_j}\right) = \log\left(\frac{\theta-1}{3\theta}\right),$$

得到灵活价格时本国产出与生产率冲击的关系：

$$\tilde{y}_j = \log\left(\frac{\theta-1}{3\theta}\right) + z_j \tag{5-21}$$

固定价格情形下，对式（5-16）取对数：$\log\left[E\left(\frac{Y_j}{Z_j}\right)\right] = \log\left(\frac{\theta-1}{3\theta}\right)$，

得到

$$\log\left[E\left(\frac{Y_j}{Z_j}\right)\right] = E\left[\log\left(\frac{Y_j}{Z_j}\right)\right] + \frac{1}{2}Var\left[\log\left(\frac{Y_j}{Z_j}\right)\right]$$

$$= E[y_j - z_j] + \frac{1}{2}Var[y_j - z_j] = \log\left(\frac{\theta-1}{3\theta}\right)$$

$$Ey_j = \log\left(\frac{\theta-1}{3\theta}\right) + E(z_j) - \frac{1}{2}Var[y_j - z_j] = E\tilde{y}_j - \frac{1}{2}Var[y_j - z_j]$$

$$(5-22)$$

因此，效用的期望值：

$$EW = E\left[U - \log\left(\frac{M}{P}\right)\right] = E\left(\log C(h) - \frac{Y_N}{Z_N} - \frac{Y_D}{Z_D} - \frac{Y_E}{Z_E}\right)$$

$$EW = E\left(\frac{1}{3}\log C_N + \frac{1}{3}\log C_D + \frac{1}{3}\log C_{E^*} - \frac{\theta-1}{\theta}\right)$$

$$= \frac{1}{3}(Ec_N + Ec_D + Ec_{E^*}) - \frac{\theta-1}{\theta} \qquad (5-23)$$

由于在均衡状态时，式（5-14）成立，因此，$c_j = y_j$，从而有：

$$Ec_N = Ey_N = E\tilde{y}_N - \frac{1}{2}Var[y_N - z_N],$$

$$Ec_D = Ey_D = E\tilde{y}_D - \frac{1}{2}Var[y_D - z_D],$$

$$Ec_{E^*} = Ey_{E^*} = E\tilde{y}_{E^*} - \frac{1}{2}Var[y_{E^*} - z_{E^*}],$$

$$Ec_{N^*} = Ey_{N^*} = E\tilde{y}_{N^*} - \frac{1}{2}Var[y_{N^*} - z_{N^*}]$$

$$Ec_{D^*} = Ey_{D^*} = E\tilde{y}_{D^*} - \frac{1}{2}Var[y_{D^*} - z_{D^*}],$$

$$Ec_E = Ey_E = E\tilde{y}_E - \frac{1}{2}Var[y_E - z_E]$$

结合式（5-21）所得：

$$Ec_N = Ey_N = E\tilde{y}_N - \frac{1}{2}Var[m - z_N],$$

$$Ec_D = Ey_D = E\tilde{y}_D - \frac{1}{2}Var[m - z_D],$$

$$Ec_{E^*} = Ey_{E^*} = E\tilde{y}_{E^*} - \frac{1}{2}Var[m^* - z_{E^*}],$$

$$Ec_{N^*} = Ey_{N^*} = E\tilde{y}_{N^*} - \frac{1}{2}Var[m^* - z_{N^*}]$$

$$Ec_{D^*} = Ey_{D^*} = E\tilde{y}_{D^*} - \frac{1}{2}Var[m^* - z_{D^*}],$$

$$Ec_E = Ey_E = E\tilde{y}_E - \frac{1}{2}Var[m - z_E]$$

因此,可以得到国家福利的准确解:

$$E[W] = E[\tilde{W}] - \frac{1}{6}\Lambda, \quad E[W^*] = E[\tilde{W}^*] - \frac{1}{6}\Lambda^* \quad (5-24)$$

式(5-24)中:本国福利损失:

$$\Lambda = Var[m - z_N] + Var[m - z_D] + Var[m^* - z_{E^*}],$$

外国福利损失:

$$\Lambda^* = Var[m^* - z_{N^*}] + Var[m^* - z_{D^*}] + Var[m - z_E]$$

$$(5-25)。$$

由此可见,如果货币当局可以执行恰当的货币政策,来消除由于生产率冲击和价格固定引起的福利损失,那么就可以实现灵活价格时的福利水平。

7. 货币政策国际协调的博弈

坎佐尼里等人(*Canzoneri et al.*,2005)从家庭效用最大化,推导了本国和外国产出与生产率冲击之间的关系,由此导出两国的福利函数。我们对货币政策行为做出适当的假定,将福利损失函数予以简化。同时,鉴于中美两国在本轮金融危机中受到冲击的先后顺序、轻重程度和对象差异,引入冲击不确定性的不对称程度的衡量,以 k 表示,从而反映不对称程度对货币政策国际协调选择的影响。

我们假设货币当局为了实现家庭福利损失最小,会根据以下反应函数对冲击做出反应,并权衡福利效应结果,进行最优货币政策的博弈。

货币政策反应函数:

$$m = \alpha z, \quad m^* = \alpha^* z^* \quad (5-26)$$

式中:α 和 α^* 表示本国和外国货币政策的反应系数。

当两国货币当局执行被动的政策规则,即对冲击不作任何反应时,显然有 $\alpha = \alpha^* = 0$。当两国货币当局在非合作纳什政策规则下采取最优的货币政策,而假定对方国家货币政策给定,此时的目的是实现各自的 Λ 和 Λ^* 最小,即各国的福利损失分别最小。当两国货币当局以合作的态度进行货币政策国际协调时,它们的共同目标是实现 $\frac{1}{2}(\Lambda + \Lambda^*)$ 最小。在这里，我们假定两国的福利损失权重相同。下面主要分析和讨论以下六种情形：

情形一，当每个国家的所有部门受到相同的生产率冲击时，

$$z_N = z_D = z_E = z > 0 , \quad z_{N*} = z_{D*} = z_{E*} = z^* > 0 ,$$

同时，我们假定两个国家间受到的冲击的不确定性是对称的，即有：

方差 $Var(z) = \sigma_z^2$, $\quad Var(z^*) = \sigma_{z^*}^2 = \sigma_z^2$。

在这种情形，当两国货币当局采取非合作纳什政策规则时，本国和外国的福利损失为：

本国福利损失：

$$\begin{aligned} \Lambda &= Var[m - z_N] + Var[m - z_D] + Var[m^* - z_{E*}] \\ &= Var[\alpha z - z] + Var[\alpha z - z] + Var[\alpha^* z^* - z^*] \\ &= [2(\alpha - 1)^2 + (\alpha^* - 1)^2]\sigma_z^2 \end{aligned}$$

$$(5 - 27a)$$

外国福利损失：

$$\begin{aligned} \Lambda^* &= Var[m^* - z_{N*}] + Var[m^* - z_{D*}] + Var[m - z_E] \\ &= Var[\alpha^* z^* - z^*] + Var[\alpha^* z^* - z^*] + Var[\alpha z - z] \\ &= [(\alpha - 1)^2 + 2(\alpha^* - 1)^2]\sigma_z^2 \end{aligned}$$

$$(5 - 27b)$$

当两国进行货币政策国际协调时，共同的福利损失：

$$\Lambda_C = \frac{1}{2}(\Lambda + \Lambda^*) = \frac{3}{2}[(\alpha - 1)^2 + (\alpha^* - 1)^2]\sigma_z^2 \qquad (5 - 28)$$

（1）被动货币政策规则下，$\alpha = \alpha^* = 0$，则 $m = m^* = 0$，从而得到被动均衡时的福利损失：$\Lambda_P = 3\sigma_z^2$，$\Lambda_P^* = 3\sigma_z^2$。式中，$\Lambda_P$ 表示被动 (passive) 政策下本国福利损失，加星号表示外国情形。

（2）非合作纳什政策规则下，假定对方政策给定，则当 $\alpha = \alpha^* = 1$ 时，各自的福利损失最小，即 $\Lambda_N = 0$，$\Lambda_N^* = 0$。式中，Λ_N 表示非合作 (non) 纳什政策下本国福利损失，加星号表示外国情形。

（3）国际协调政策规则下，当 $\alpha = \alpha^* = 1$ 时，共同的福利损失最小，即：$\Lambda_C = 0$。式中，Λ_C 表示协调 (coordination) 政策下共同福利损失。

因此，当各个国家的三个部门都受到相同的生产率冲击时，相比采取被动态度，两国的货币当局采取积极的政策措施应对冲击是可取的，但是，货币政策的国际协调并没有带来额外的收益，非合作纳什政策与协调

政策的效应是等同的。

情形二，当每个国家的非贸易品部门受到生产率冲击时，

$$z_N = z > 0, z_D = z_E = 0, z_{N*} = z^* > 0, z_{D*} = z_{E*} = 0,$$

同时，我们假定两个国家间受到的冲击的不确定性是对称的，即有：

方差 $Var(z) = \sigma_z^2, Var(z^*) = \sigma_{z*}^2 = \sigma_z^2$。

当两国货币当局采取非合作纳什政策规则时，本国和外国的福利损失为：

本国福利损失：

$$\Lambda = Var[\alpha z - z] + Var[\alpha z - 0] + Var[\alpha^* z^* - 0]$$

$$= [2\alpha^2 - 2\alpha + (\alpha^*)^2 + 1]\sigma_z^2 = [2(\alpha - \frac{1}{2})^2 + (\alpha^*)^2 + \frac{1}{2}]\sigma_z^2$$

$$(5 - 29a)$$

外国福利损失：

$$\Lambda^* = Var[\alpha^* z^* - z^*] + Var[\alpha^* z^* - 0] + Var[\alpha z - 0]$$

$$= [\alpha^2 + 2(\alpha^*)^2 - 2\alpha^* + 1]\sigma_z^2 = [\alpha^2 + 2(\alpha^* - \frac{1}{2})^2 + \frac{1}{2}]\sigma_z^2$$

$$(5 - 29b)$$

当两国进行货币政策协调时，共同的福利损失：

$$\Lambda_C = \frac{1}{2}(\Lambda + \Lambda^*) = \frac{1}{2}[3\alpha^2 - 2\alpha + 3(\alpha^*)^2 - 2\alpha^* + 2]\sigma_z^2$$

$$= [\frac{3}{2}(\alpha - \frac{1}{3})^2 + \frac{3}{2}(\alpha^* - \frac{1}{3})^2 + \frac{2}{3}]\sigma_z^2 \qquad (5 - 30)$$

（1）被动货币政策规则下，$\alpha = \alpha^* = 0$，则 $m = m^* = 0$，从而得到被动均衡时的福利损失：$\Lambda_P = \sigma_z^2, \Lambda_P^* = \sigma_z^2$。式中，$\Lambda_P$ 表示被动（passive）政策下本国福利损失，加星号表示外国情形。

（2）非合作纳什政策规则下，假定对方政策给定，则当 $\alpha = \alpha^* = \frac{1}{2}$ 时，各自的福利损失最小，即 $\Lambda_N = \frac{3}{4}\sigma_z^2, \Lambda_N^* = \frac{3}{4}\sigma_z^2$。式中，$\Lambda_N$ 表示非合作（non）纳什政策下本国福利损失，加星号表示外国情形。

（3）国际协调政策规则下，当 $\alpha = \alpha^* = \frac{1}{3}$ 时，共同的福利损失最小，即 $\Lambda_C = \frac{2}{3}\sigma_z^2$。式中，$\Lambda_C$ 表示协调（coordination）政策下共同福利

损失。

因此，当两国货币当局进行货币政策国际协调时，福利损失最小，存在协调收益。

情形三，当每个国家的可贸易品部门受到生产率冲击时，

$$z_N = 0 , z_D = z_E = z > 0 , z_{N^*} = 0 , z_{D^*} = z_{E^*} = z^* > 0 ,$$

同理，两个国家间受到的冲击的不确定性是对称的，即有：

方差 $Var(z) = \sigma_z^2$, $Var(z^*) = \sigma_{z^*}^2 = \sigma_z^2$ 。

当两国货币当局采取非合作纳什政策规则时，本国和外国的福利损失为：

本国福利损失：

$$\Lambda = Var[\alpha z - 0] + Var[\alpha z - z] + Var[\alpha^* z^* - z^*]$$

$$= [2(\alpha - \frac{1}{2})^2 + (\alpha^* - 1)^2 + \frac{1}{2}]\sigma_z^2 \qquad (5-31a)$$

外国福利损失：

$$\Lambda^* = Var[\alpha^* z^* - 0] + Var[\alpha^* z^* - z^*] + Var[\alpha z - z]$$

$$= [(\alpha - 1)^2 + 2(\alpha^* - \frac{1}{2})^2 + \frac{1}{2}]\sigma_z^2 \qquad (5-31b)$$

当两国进行货币政策协调时，共同的福利损失：

$$\Lambda_C = \frac{1}{2}(\Lambda + \Lambda^*) = [\frac{3}{2}(\alpha - \frac{2}{3})^2 + \frac{3}{2}(\alpha^* - \frac{2}{3})^2 + \frac{2}{3}]\sigma_z^2$$

$$(5-32)$$

（1）被动货币政策规则下，$\alpha = \alpha^* = 0$ ，则 $m = m^* = 0$ ，从而得到被动均衡时的福利损失：$\Lambda_P = 2\sigma_z^2$ ，$\Lambda_P^* = 2\sigma_z^2$ 。式中，Λ_P 表示被动 (passive) 政策下本国福利损失，加星号表示外国情形。

（2）非合作纳什政策规则下，假定对方政策已知，则当 $\alpha = \alpha^* = \frac{1}{2}$ 时，各自的福利损失最小，即 $\Lambda_N = \frac{3}{4}\sigma_z^2$ ，$\Lambda_N^* = \frac{3}{4}\sigma_z^2$ 。式中，Λ_N 表示非合作 (non) 纳什政策下本国福利损失，加星号表示外国情形。

（3）国际协调政策规则下，当 $\alpha = \alpha^* = \frac{2}{3}$ 时，共同的福利损失最小，即 $\Lambda_C = \frac{2}{3}\sigma_z^2$ 。式中，Λ_C 表示协调 (coordination) 政策下共同福利损失。

此时，两国货币当局货币政策国际协调的福利损失最小。

情形四，当每个国家的所有部门受到相同的生产率冲击时，

$$z_N = z_D = z_E = z > 0 \, , \, z_{N*} = z_{D*} = z_{E*} = z^* > 0 \, ,$$

同时，我们假定两个国家间受到的冲击的不确定性是不对称的，即有：

方差 $Var(z) = \sigma_z^2 \, , \, Var(z^*) = \sigma_{z*}^2 = k\sigma_z^2 \, , \, k > 0$ 且 $k \neq 1$。

当两国货币当局采取非合作纳什政策规则时，本国和外国的福利损失为：

本国福利损失：

$$\Lambda = Var[\alpha z - z] + Var[\alpha z - z] + Var[\alpha^* z^* - z^*]$$
$$= [2(\alpha - 1)^2 + k(\alpha^* - 1)^2]\sigma_z^2 \qquad (5-33a)$$

外国福利损失：

$$\Lambda^* = Var[\alpha^* z^* - z^*] + Var[\alpha^* z^* - z^*] + Var[\alpha z - z]$$
$$= [(\alpha - 1)^2 + 2k(\alpha^* - 1)^2]\sigma_z^2 \qquad (5-33b)$$

当两国进行货币政策协调时，共同的福利损失：

$$\Lambda_C = \frac{1}{2}(\Lambda + \Lambda^*) = \frac{3}{2}[(\alpha - 1)^2 + k(\alpha^* - 1)^2]\sigma_z^2$$

$$(5-34)$$

（1）被动货币政策规则下，$\alpha = \alpha^* = 0$，从而得到被动均衡时的福利损失：$\Lambda_P = (k+2)\sigma_z^2$，$\Lambda_P^* = (2k+1)\sigma_z^2$。式中，$\Lambda_P$ 表示被动（passive）政策下本国福利损失，加星号表示外国情形。

（2）非合作纳什政策规则下，假定对方政策已知，则当 $\alpha = \alpha^* = 1$ 时，各自的福利损失最小，即 $\Lambda_N = 0$，$\Lambda_N^* = 0$。式中，Λ_N 表示非合作（non）纳什政策下本国福利损失，加星号表示外国情形。

（3）国际协调政策规则下，当 $\alpha = \alpha^* = 1$ 时，共同的福利损失最小，即 $\Lambda_C = 0$。式中，Λ_C 表示协调（coordination）政策下共同福利损失。

此时，两国货币当局采取积极的货币政策是可取的，但是，货币政策的国际协调相比纳什政策没有任何优势。

情形五，当每个国家的非贸易品部门受到生产率冲击时，

$$z_N = z > 0 \, , \, z_D = z_E = 0 \, , \, z_{N*} = z^* > 0 \, , \, z_{D*} = z_{E*} = 0 \, ,$$

同理，假定两国受到的冲击的不确定性是不对称的，则有：

方差 $Var(z) = \sigma_z^2 \, , \, Var(z^*) = \sigma_{z*}^2 = k\sigma_z^2 \, , \, k > 0$ 且 $k \neq 1$。

当两国货币当局采取非合作纳什政策规则时，本国和外国的福利损失为：

本国福利损失：

$$\Lambda = Var[\alpha z - z] + Var[\alpha z - 0] + Var[\alpha^* z^* - 0]$$

$$= [2(\alpha - \frac{1}{2})^2 + k(\alpha^*)^2 + \frac{1}{2}]\sigma_z^2 \qquad (5-35a)$$

外国福利损失：

$$\Lambda^* = Var[\alpha^* z^* - z^*] + Var[\alpha^* z^* - 0] + Var[\alpha z - 0]$$

$$= [\alpha^2 + 2k(\alpha^* - \frac{1}{2})^2 + \frac{1}{2}k]\sigma_z^2 \qquad (5-35b)$$

当两国进行货币政策协调时，共同的福利损失：

$$\Lambda_C = \frac{1}{2}(\Lambda + \Lambda^*) = [\frac{3}{2}(\alpha - \frac{1}{3})^2 + \frac{3}{2}k(\alpha^* - \frac{1}{3})^2 + \frac{k+1}{3}]\sigma_z^2$$

$$(5-36)$$

（1）被动货币政策规则下，$\alpha = \alpha^* = 0$，从而得到被动均衡时的福利损失：$\Lambda_P = \sigma_z^2$，$\Lambda_P^* = k\sigma_z^2$。式中，$\Lambda_P$ 表示被动（passive）政策下本国福利损失，加星号表示外国情形。

（2）非合作纳什政策规则下，假定对方政策已知，则当 $\alpha = \alpha^* = \frac{1}{2}$ 时，各自的福利损失最小，即 $\Lambda_N = \frac{k+2}{4}\sigma_z^2$，$\Lambda_N^* = \frac{2k+1}{4}\sigma_z^2$。式中，$\Lambda_N$ 表示非合作（non）纳什政策下本国福利损失，加星号表示外国情形。

（3）国际协调政策规则下，当 $\alpha = \alpha^* = \frac{1}{3}$ 时，共同的福利损失最小，即 $\Lambda_C = \frac{k+1}{3}\sigma_z^2$。式中，$\Lambda_C$ 表示协调（coordination）政策下共同福利损失。

如果要使货币政策国际协调的福利损失最小，就必须满足 $\Lambda_C < \Lambda_P$，$\Lambda_C < \Lambda_N$，$\Lambda_C < \Lambda_P^*$，$\Lambda_C < \Lambda_N^*$，于是，当 $\frac{k+1}{3} < 1$，且 $\frac{k+1}{3} < \frac{k+2}{4}$ 时，货币政策国际协调对本国是有利的，即 $0 < k < 2$ 且 $k \neq 1$；当 $\frac{k+1}{3} < k$ 且 $\frac{k+1}{3} < \frac{2k+1}{4}$ 时，货币政策协调对外国是有利的，即 $k > \frac{1}{2}$，且 $k \neq 1$。

故而，当两国的生产率冲击不确定性的对称程度满足 $\dfrac{1}{2} < k < 2$ 且 $k \neq 1$ 时，货币政策的国际协调对两国是双赢的。

情形六，当每个国家的可贸易品部门受到生产率冲击时，

$$z_N = 0 , z_D = z_E = z > 0 , z_{N*} = 0 , z_{D*} = z_{E*} = z^* > 0 ,$$

假定两个国家间受到的冲击的不确定性是不对称的，即有：

方差 $Var(z) = \sigma_z^2$, $Var(z^*) = \sigma_{z*}^2 = k\sigma_z^2$, $k > 0$ 且 $k \neq 1$ 。

当两国货币当局采取非合作纳什政策规则时，本国和外国的福利损失为：

本国福利损失：

$$\Lambda = Var[\alpha z - 0] + Var[\alpha z - z] + Var[\alpha^* z^* - z^*]$$

$$= [2(\alpha - \frac{1}{2})^2 + k(\alpha^* - 1)^2 + \frac{1}{2}]\sigma_z^2 \qquad (5-37a)$$

外国福利损失：

$$\Lambda^* = Var[\alpha^* z^* - 0] + Var[\alpha^* z^* - z^*] + Var[\alpha z - z]$$

$$= [(\alpha - 1)^2 + 2k(\alpha^* - \frac{1}{2})^2 + \frac{1}{2}k]\sigma_z^2 \qquad (5-37b)$$

当两国进行货币政策协调时，共同的福利损失：

$$\Lambda_C = \frac{1}{2}(\Lambda + \Lambda^*)$$

$$= [\frac{3}{2}(\alpha - \frac{2}{3})^2 + \frac{3}{2}k(\alpha^* - \frac{2}{3})^2 + \frac{k+1}{3}]\sigma_z^2 \quad (5-38)$$

（1）被动货币政策规则下，$\alpha = \alpha^* = 0$，从而得到被动均衡时的福利损失：$\Lambda_P = (k+1)\sigma_z^2$，$\Lambda_P^* = (k+1)\sigma_z^2$。式中，$\Lambda_P$ 表示被动（passive）政策下本国福利损失，加星号表示外国情形。

（2）非合作纳什政策规则下，假定对方政策已知，则当 $\alpha = \alpha^* = \dfrac{1}{2}$ 时，各自的福利损失最小，即 $\Lambda_N = \dfrac{k+2}{4}\sigma_z^2$，$\Lambda_N^* = \dfrac{2k+1}{4}\sigma_z^2$，式中，$\Lambda_N$ 表示非合作（non）纳什政策下本国福利损失，加星号表示外国情形。

（3）国际协调政策规则下，当 $\alpha = \alpha^* = \dfrac{2}{3}$ 时，共同的福利损失最小，即 $\Lambda_C = \dfrac{k+1}{3}\sigma_z^2$。式中，$\Lambda_C$ 表示协调（coordination）政策下共同福利损失。

同样地，要使货币政策国际协调的福利损失最小，就必须满足 $\Lambda_C < \Lambda_P$，$\Lambda_C < \Lambda_N$，$\Lambda_C < \Lambda_P^*$，$\Lambda_C < \Lambda_N^*$，于是，当 $\frac{k+1}{3} < k+1$ 且 $\frac{k+1}{3} < \frac{k+2}{4}$ 时，货币政策的国际协调对本国是有利的，即 $0 < k < 2$ 且 $k \neq 1$；当 $\frac{k+1}{3} < k+1$ 且 $\frac{k+1}{3} < \frac{2k+1}{4}$ 时，货币政策的国际协调对外国是有利的，即 $k > \frac{1}{2}$ 且 $k \neq 1$。因此，当两国的生产率冲击对称程度满足 $\frac{1}{2} < k < 2$ 且 $k \neq 1$ 时，国际货币政策协调对两国都是有利的。当 $0 < k < \frac{1}{2}$ 时，货币政策的国际协调仅对本国是有利的；当 $k > 2$ 时，政策协调仅对外国是有利的。

三 理论模型的结果分析

根据上述六种情形的分析，我们可以将每种情形下的假设条件、福利损失函数和最终货币政策选择归纳为表 5-2。

表 5-2　　　　　　　　六种情形下的货币政策博弈

假设条件		福利损失			货币政策
部门冲击	冲击不确定性	被动货币政策	纳什政策	国际协调	
$z_N = z_D = z_E = z > 0$ $z_{N^*} = z_{D^*} =$ $z_{E^*} = z^* > 0$	$Var(z) = \sigma_z^2$ $Var(z^*) = \sigma_{z^*}^2 =$ σ_z^2	$\alpha = \alpha^* = 0$ $\Lambda_P = 3\sigma_z^2$ $\Lambda_P^* = 3\sigma_z^2$	$\alpha = \alpha^* = 1$ $\Lambda_N = 0$ $\Lambda_N^* = 0$	$\alpha = \alpha^* = 1$ $\Lambda_C = 0$	积极政策态度比被动态度更可取
$z_N = z > 0$ $z_D = z_E = 0$ $z_{N^*} = z^* > 0$ $z_{D^*} = z_{E^*} = 0$	$Var(z) = \sigma_z^2$ $Var(z^*) = \sigma_{z^*}^2 =$ σ_z^2	$\alpha = \alpha^* = 0$ $\Lambda_P = \sigma_z^2$ $\Lambda_P^* = \sigma_z^2$	$\alpha = \alpha^* = \frac{1}{2}$ $\Lambda_N = \frac{3}{4}\sigma_z^2$ $\Lambda_N^* = \frac{3}{4}\sigma_z^2$	$\alpha = \alpha^* = \frac{1}{3}$ $\Lambda_C = \frac{2}{3}\sigma_z^2$	货币政策国际协调时福利损失最小
$z_N = 0$ $z_D = z_E = z > 0$ $z_{N^*} = 0$ $z_{D^*} = z_{E^*} = z^* > 0$	$Var(z) = \sigma_z^2$ $Var(z^*) = \sigma_{z^*}^2 =$ σ_z^2	$\alpha = \alpha^* = 0$ $\Lambda_P = 2\sigma_z^2$ $\Lambda_P^* = 2\sigma_z^2$	$\alpha = \alpha^* = \frac{1}{2}$ $\Lambda_N = \frac{3}{4}\sigma_z^2$ $\Lambda_N^* = \frac{3}{4}\sigma_z^2$	$\alpha = \alpha^* = \frac{2}{3}$ $\Lambda_C = \frac{2}{3}\sigma_z^2$	

续表

	假设条件		福利损失			货币政策
	部门冲击	冲击不确定性	被动货币政策	纳什政策	国际协调	
4	$z_N = z_D = z_E = z > 0$ $z_{N^*} = z_{D^*} =$ $z_{E^*} = z^* > 0$	$Var(z) = \sigma_z^2$ $Var(z^*) = \sigma_{z^*}^2 = k\sigma_z^2$, $k > 0$ 且 $k \neq 1$	$\alpha = \alpha^* = 0$ $\Lambda_P = (k+2)\sigma_z^2$ $\Lambda_P^* = (2k+1)\sigma_z^2$	$\alpha = \alpha^* = 1$ $\Lambda_N = 0$ $\Lambda_N^* = 0$	$\alpha = \alpha^* = 1$ $\Lambda_C = 0$	积极的政策态度更可取
5	$z_N = z > 0$ $z_D = z_E = 0$ $z_{N^*} = z^* > 0$ $z_{D^*} = z_{E^*} = 0$	$Var(z) = \sigma_z^2$ $Var(z^*) = \sigma_{z^*}^2 = k\sigma_z^2$, $k > 0$ 且 $k \neq 1$	$\alpha = \alpha^* = 0$ $\Lambda_P = \sigma_z^2$ $\Lambda_P^* = k\sigma_z^2$	$\alpha = \alpha^* = \frac{1}{2}$ $\Lambda_N = \frac{k+2}{4}\sigma_z^2$ $\Lambda_N^* = \frac{2k+1}{4}\sigma_z^2$	$\alpha = \alpha^* = \frac{1}{3}$ $\Lambda_C = \frac{k+1}{3}\sigma_z^2$	$\frac{1}{2} < k < 2$ 且 $k \neq 1$ 时,货币政策的国际协调是对两国双赢的选择
6	$z_N = 0$ $z_D = z_E = z > 0$ $z_{N^*} = 0$ $z_{D^*} = z_{E^*} = z^* > 0$	$Var(z) = \sigma_z^2$ $Var(z^*) = \sigma_{z^*}^2 = k\sigma_z^2$, $k > 0$ 且 $k \neq 1$	$\alpha = \alpha^* = 0$ $\Lambda_P = (k+1)\sigma_z^2$ $\Lambda_P^* = (k+1)\sigma_z^2$	$\alpha = \alpha^* = \frac{1}{2}$ $\Lambda_N = \frac{k+2}{4}\sigma_z^2$ $\Lambda_N^* = \frac{2k+1}{4}\sigma_z^2$	$\alpha = \alpha^* = \frac{2}{3}$ $\Lambda_C = \frac{k+1}{3}\sigma_z^2$	

注：Var 表示对应随机变量的方差；Λ_P 表示被动（passive）政策下本国福利损失；Λ_N 表示非合作（non）纳什政策下本国福利损失；Λ_C 表示协调（coordination）政策下共同福利损失，相应的 Λ_P^*，Λ_N^* 表示外国福利损失。

第一，当每个国家的所有部门受到相同的生产率冲击时，无论国家间的冲击的不确定性是否对称，货币当局采取积极的应对态度是比被动态度更明智的选择。但是，国际协调均衡解并没有比纳什解得到更多的福利收益。

第二，当国家间冲击的不确定性对称时，不管受到冲击的只有非贸易品部门还是只有可贸易品部门，两国货币当局之间的货币政策国际协调都是比纳什政策和被动态度更明智、更合适的选择。

第三，当国家间冲击的不确定性不对称时，如果仅一个部门受到冲击，只有当两国之间冲击的不确定性的不对称程度满足一定条件，进行货币政策国际协调才是对两国双赢的选择。当一个部门受到冲击时，无论是非贸易品部门还是可贸易品部门，当不对称程度满足 $\frac{1}{2} < k < 2$ 且 $k \neq 1$ 时，即两国之间受到的冲击的不确定性的不对称程度较小时，货币政策的国际协调对两国是帕累托最优的。当 $0 < k < \frac{1}{2}$，货币政策的国际协调仅对本国有利，对外国不利；当 $k > 2$ 时，政策协调仅对外国有利，而对本国是不利的。因此，当中美两国受到冲击的不确定性的不对称程度非常高时，协调仅对一国单方面有利。

第三节　中美货币政策的国际溢出效应

中国参与国际经济政策协调的研究，必须建立在对中国与其他国家的宏观经济运行机制及宏观经济政策变量对国内外经济影响的基础之上。在讨论货币政策国际协调的理论模型时，已经涉及本国货币政策对国内经济和外国经济的传递机制，在此进一步对货币政策的国际溢出效应和国际传递机制进行分析。我们利用中美两国 2007 年 8 月以来的月度数据，借助 SVAR 模型，具体考察了金融危机后，中美货币政策分别对双方国内经济的国际溢出效应。

在早期关于货币政策国际溢出效应和国际传递机制研究的实证文献中，一类是进行数值模拟实验，包括建立在标准蒙代尔－弗莱明－多恩布什模型基础上的经拓展后的模型，和基于动态一般均衡分析方法的模型，比如 Frankel 和 Rochkett（1988）以 12 个不同版本的蒙代尔－弗莱明－多恩布什模型考察了美国货币政策对世界其他国家的影响，又如 OR（2002）以数值模拟方法衡量国家间进行货币政策协调的收益。另一类是借助 VAR（向量自回归）模型，比如 Holman 和 Neumann（2002）利用美国和加拿大 1963 年第一季度至 1996 年第四季度的数据，分析了其中一国的货币政策变化对两国实体经济的冲击；Arin 和 Jolly（2005）运用 Holman 和 Neumann（2002）的分析方法，研究了澳大利亚和新西兰之间的货币政策国际传递；Kozluk 和 Mehron（2008）则考察了 1990 年至 2006 年间中国货币政策冲击对其主要的亚洲贸易伙伴国的影响。相比较而言，由于 VAR 方法不依赖特定的理论模型，只需要相对较少的识别条件，因此在实证研究中具有一定的优势。

VAR（向量自回归）模型最早是由 Sims（1980）提出，他将所有变量视为内生变量，每个变量依赖于其自身及其他变量的滞后值。它可以解决变量之间的同时性问题，描述变量对冲击的动态反应。VAR 模型由于细致地描述了经济现象的动态特征，因而在政策模拟上具有一定的优越性。尤其是运用脉冲响应函数刻画变量之间的动态关系及冲击传递机制。最近几年，在 VAR 模型基础上发展了 SVAR 模型（结构向量自回归模型），它在模型中包含了 VAR 模型所没有的变量之间的当期关系，同时，通过对参数空间施加约束条件减少所估计参数，从而克服了 VAR 模型参数过多的问题，有效消除模型中的干扰（高铁梅，2006），它有机地结合了 VAR 模型的分析方法和经济理论，不但能较好地用历史数据描述变量之间的动态特征，同时还能描述变量之间的因果关系。因此，我们将借助 SVAR 模型分别探究中美货币政策的国际溢出效应及国际传递机制。

一　SVAR 模型的说明

（一）SVAR 模型的介绍

假设 m 个内生变量，可以建立以下 p 阶结构向量自回归 SVAR（p）模型：

$$A_0 Y_t = \Gamma_1 Y_{t-1} + \Gamma_2 Y_{t-2} + \cdots + \Gamma_p Y_{t-p} + \varepsilon_t , \ t = 1,2,\cdots,T$$

$$(5-39)$$

式中：Y_t 是 $m \times 1$ 维平稳的内生变量列向量，即 $Y_t = (y_{1,t}, y_{2,t} \cdots, y_{m,t})$；$A_0$ 为其所对应的系数矩阵；$\Gamma_1, \Gamma_2, \cdots, \Gamma_p$ 是滞后内生变量的系数矩阵；内生变量有 p 阶滞后期；ε_t 是扰动列向量，通常又称为新息（innovation）列向量，同时刻的元素可以彼此相关，但不能与自身滞后值和模型右边的变量相关，它的本质是没有被 SVAR 系统明确包含的所有外生变量的总和，这些变量一旦发生变动，就形成了冲击。它服从均值为 0 且独立同分布的正态分布，满足 $\varepsilon_t \sim IID(0,\Omega)$，$\Omega$ 是方差协方差矩阵，通常假设它是一个单位矩阵，即 $E\varepsilon\varepsilon' = I$。如果 SVAR 是可识别的，那么矩阵 A_0 可逆，从而得到简化式模型，即 VAR 模型：

$$Y_t = A_0^{-1}\Gamma_1 Y_{t-1} + A_0^{-1}\Gamma_2 Y_{t-2} + \cdots + A_0^{-1}\Gamma_p Y_{t-p} + A_0^{-1}\varepsilon_t$$

$$(5-40)$$

因此，由 m 个构成的 p 阶向量自回归 VAR（p）模型：

$$Y_t = B_1 Y_{t-1} + B_2 Y_{t-2} + \cdots + B_p Y_{t-p} + \mu_t, \quad E\mu\mu' = \Sigma \quad (5-41)$$

式中：$B_1, B_2, \cdots, B_p$ 是滞后内生变量的系数矩阵；扰动项 μ_t 与式（5-39）中的结构式扰动项 ε_t 之间的关系满足 $\mu_t = A_0^{-1} \varepsilon_t$，它是结构式扰动项的线性组合，因此代表的是一种复合冲击；Σ 是扰动项 μ_t 的方差协方差矩阵。

我们可以运用普通最小二乘法对式（5-41）进行估计，得到参数 $B_1, B_2, \cdots, B_p$ 和扰动项 μ_t 及其方差协方差矩阵 Σ 的估计值，在此基础上，计算变量 Y_t 对冲击 μ_t 的动态响应。如果已知矩阵 A_0，则对于 ε_t 的一个单位冲击，可以计算得到 Y_t 的动态响应，即所谓的脉冲响应函数。因此，需要首先确定矩阵 A_0，才能从简化式 VAR 模型得到的扰动项 μ_t 求得结构式扰动项 ε_t，从而根据 SVAR 模型得到对冲击 ε_t 的动态响应。

具体地，进行脉冲响应分析的过程如下：

首先将 SVAR 模型表示成无穷阶的向量移动平均 VMA(∞) 的形式：

$$(A_0 - \Gamma_1 L - \cdots - \Gamma_p L^p) Y_t = \varepsilon_t \quad (5-42)$$

式中：$D(L) = A_0 - \Gamma_1 L - \cdots - \Gamma_p L^p$ 为滞后算子多项式。

由于 Y_t 是平稳的，因此，上述滞后算子多项式的根部落在单位圆外，从而有：

$$Y_t = (A_0 - \Gamma_1 L - \cdots - \Gamma_p L^p)^{-1} \varepsilon_t \quad (5-43)$$

记

$$D(L)\varepsilon_t \equiv (A_0 - \Gamma_1 L - \cdots - \Gamma_p L^p)^{-1} \varepsilon_t$$

$$\equiv (D_0 + D_1 L + D_2 L^2 + \cdots)\varepsilon_t \equiv D_0 \varepsilon_t + D_1 \varepsilon_{t-1} + D_2 \varepsilon_{t-2} + \cdots$$

则 $Y_t \equiv D_0 \varepsilon_t + D_1 \varepsilon_{t-1} + D_2 \varepsilon_{t-2} + \cdots \quad (5-44)$

由式（5-44）可知，当前的 Y_t 是由过去的无数次冲击累积而成的。运用脉冲响应函数进行分析的思想就是：$t-m$ 期第 j 个新息变量 $\varepsilon_{j,t-m}$ 的冲击对 t 期第 i 个变量 $y_{i,t}$ 的影响对应于矩阵 D_m 的第 i 行第 j 列元素 $d_{ij,m}$ 的值，即有 $d_{ij,m} = \dfrac{\partial y_{i,t}}{\partial \varepsilon_{j,t-m}}$，同理，$t$ 期第 j 个新息变量 $\varepsilon_{j,t}$ 的冲击，对 $t+m$ 期第 i 个变量 $y_{i,t+m}$ 的影响，对应于矩阵 D_m 的第 i 行第 j 列元素 $d_{ij,m}$ 的值，是 $d_{ij,m} = \dfrac{\partial y_{i,t+m}}{\partial \varepsilon_{j,t}}$，累积的脉冲响应函数就是 $D_m = \sum\limits_{m=1}^{\infty} d_{ij,m}$。值得注意的是，这里计算得到的冲击的脉冲响应函数并不是一单位冲击的影响，而是一单位标准差冲击的影响。

（二）SVAR 模型的识别

在结构式模型和简化式模型进行转化时，经常会遇到模型的识别性问题，即能否从简化式参数估计中得到相应的结构式参数。

对于上述 VAR 模型式（5 – 41），利用极大似然方法，需要估计的参数个数是：

$$m^2 p + (m + m^2)/2 \qquad\qquad (5 - 45)$$

对应的 SVAR 模型式（5 – 39），需要估计的参数个数是：

$$m^2 p + m^2 \qquad\qquad (5 - 46)$$

如果要得到结构式模型唯一的参数估计，要满足简化式的未知参数个数少于结构式的未知参数个数，所以需要对结构式模型 SVAR 施加约束条件，约束条件个数为式（5 – 45）和式（5 – 46）的差，即施加 $m(m - 1)/2$ 个约束条件，才能估计出结构式模型的参数。这些约束条件可以是同期（短期）约束，也可以是长期约束。

短期约束往往是直接施加在矩阵 A_0 上，表示经济变量对结构冲击的同期响应，常见的可识别约束是运用简单的 0 约束排除法。可以通过 Cholesky 分解建立递归形式的短期约束，也可以通过依据经济理论假设构建短期约束。

长期约束通常是施加在结构式 SVAR 转化而来的 VMA(∞) 模型的系数矩阵 D_i 上，目的是为了识别冲击对经济变量的长期影响。最常见的长期约束形式是对 $\sum_{i=0}^{\infty} D_i$ 的第 i 行第 j 列元素施加约束。

（三）SVAR 模型的建模步骤

SVAR 模型要求每个变量必须是平稳的。随着协整理论的提出，对于非平稳时间序列，如果各个变量之间存在协整关系，同样可以建立 SVAR 模型。因此，建立 SVAR 模型之前，首先要对变量的平稳性进行检验，如果变量平稳，可以直接建立 SVAR 模型，如果变量非平稳，需要检验变量之间是否存在协整关系。如果存在协整关系，就需要确定模型的滞后阶数，施加约束，建立 SVAR 模型，并对模型进行参数估计。具体的建模步骤如下：

第一步，平稳性检验。

如果一个时间序列的均值或自协方差函数随时间而改变，那么这个序列就是非平稳的时间序列。

随机过程 $\{y_t, t = 1, 2, \cdots\}$，若

$$y_t = \rho y_{t-1} + \varepsilon_t \qquad (5-47)$$

式中：$\rho = 1$，ε_t 是一稳定过程，且满足 $E(\varepsilon_t) = 0$，$Cov(\varepsilon_t, \varepsilon_{t-s}) = \mu_t$ $< \infty$（$s = 0, 1, 2, \cdots$），则称该过程为单位根过程（Unit Root Process），即该时间序列是不平稳的。特别地，若

$$y_t = y_{t-1} + \varepsilon_t \qquad (5-48)$$

式中：ε_t 独立同分布，且满足 $E(\varepsilon_t) = 0$，$D(\varepsilon_t) = \sigma^2 < \infty$，则称该过程为一随机游动（random walk）过程。它是单位根过程的一个特例。

若单位根过程经过一阶差分成为平稳过程，即

$$\Delta y_t = y_t - y_{t-1} = (\rho - 1)y_{t-1} = \varepsilon_t \qquad (5-49)$$

则时间序列 y_t 称为一阶单整（Integration）序列，记为 $I(1)$。一般地，如果非平稳时间序列经过 d 次差分后达到平稳，则记为 $I(d)$。其中 d 表示单整阶数，是序列中包含的单位根个数。

对于序列平稳性的检验（单位根检验），通常有三种方法，即 DF 检验、ADF 检验和 PP 检验。

（1）DF 检验

最简单最常用的单位根检验方法是 Dickey 和 Fuller（1979）提出的检验方法及它的变形，这些检验方法统称为 Dickey – Fuller 检验，简称 DF 检验。考虑最简单的 AR（1）模型：

$$y_t = \rho y_{t-1} + \varepsilon_t \qquad (5-50)$$

其中，ε_t 是方差为 1 的白噪声。若参数 $|\rho| < 1$，则序列 y_t 是平稳的；若 $|\rho| > 1$，则序列是爆炸性的（explosive）的，没有实际意义。所以只需要检验 $|\rho|$ 是否严格小于 1。

如果等式两边同时减去 y_{t-1}，则有

$$\Delta y_t = \gamma y_{t-1} + \varepsilon_t \qquad (5-51)$$

式中：$\gamma = \rho - 1$。

此时，对式（5-51）的假设检验为：$H_0: \gamma = 0$；$H_1: \gamma < 0$

在序列存在单位根的零假设下，对参数 γ 的估计值进行显著性检验。这个检验统计量通常称为 τ 统计量而不是 t 统计量，它的分布不同于普通的 t 统计量，甚至在渐近状态下也不同。Dickey 和 Fuller 在 1979 年给出了检验用的模拟的临界值，故该检验称为 DF 检验。在 Eviews 中给出的是由

MacKinnon 改进的单位根检验的临界值。

根据序列 y_t 的性质不同，DF 检验除了式（5 - 51）外，还可以有两种形式：

包含常数项：$\Delta y_t = c + \gamma y_{t-1} + \varepsilon_t$ (5 - 52)

同时包含常数项和时间趋势项：$\Delta y_t = c + \delta t + \gamma y_{t-1} + \varepsilon_t$ (5 - 53)

一般地，若序列 y_t 在 0 均值上下波动，则应该选择不包含常数和时间趋势项的检验方程；若序列具有非 0 均值，但无时间趋势，则选择包含常数项的检验方程；若序列具有非 0 均值，且随时间变化有上升或下降趋势，则应选择包含常数项和时间趋势项的检验方程。

（2）ADF 检验

在上述 DF 所列举的检验方程中，除 y_{t-1} 外不包含任何的经济变量，因此随机误差项 ε_t 很可能存在序列相关，从而使得 DF 检验不再是渐近正确的，因此，人们提出了很多方法对其进行修正，最常用的是增广的 DF 检验，简称 ADF 检验。

假定序列 y_t 服从 $AR(p)$ 过程。检验为：

$$\Delta y_t = \gamma y_{t-1} + \xi_1 \Delta y_{t-1} + \xi_2 \Delta y_{t-2} + \cdots + \xi_{p-1} \Delta y_{t-p+1} + \varepsilon_t$$

(5 - 54)

ADF 的检验假设与 DF 检验相同，且也可以根据是否包含常数项和时间趋势项有其他两种形式。一般选择能保证 ε_t 是白噪声的最小的 p 值，即使 AIC 和 SC 信息量达到最小。

（3）PP 检验

针对序列可能存在高阶相关的情况，Pillips 和 Perron 在 1988 年时提出了另一种检验方法，称为 PP 检验。检验方程为：

$$\Delta y_t = \alpha + \gamma y_{t-1} + \varepsilon_t$$ (5 - 55)

该检验对方程中的系数 γ 的 t 统计量进行了修正，检验原假设不变：序列存在单位根，即 $\gamma = 0$。Eviews 采用 Newey - West 异方差和自相关一致估计，检验统计量：$t_{PP} = \dfrac{\gamma_0^{1/2} t_\gamma}{w} - \dfrac{(w^2 - \gamma_0) T S_\gamma}{2 w \overset{\wedge}{\sigma}}$ (5 - 56)

式中：$w^2 = \gamma_0 + 2 \sum\limits_{j=1}^{q} (1 - \dfrac{j}{q+1}) \gamma_j$；$\gamma_j = \dfrac{1}{T} \sum\limits_{t=j+1}^{T} \tilde{\varepsilon_t} \tilde{\varepsilon_{t-j}}$；$t_\gamma$ 和 S_γ 是系数 γ 的 t 统计量和标准误；$\hat{\sigma}$ 是估计标准误；T 是时期总数；q 是截尾期。同样，PP 检验也有包含常数项、包含常数项和时间趋势项以及不包含常数

项和趋势项三种类型。

如果经单位根检验，发现每个经济变量都是平稳的，则可以直接建立 SVAR 模型；如果经济变量是非平稳的，则需要进一步检验它们之间的协整关系。

第二步，协整检验。

对于上述单位根检验结果，可能出现的情况是，有些时间序列是不平稳的。但是，它们之间依然可能存在某些长期稳定的关系，即它们的线性组合有可能是平稳的。如果时间序列 $y_{1t}, y_{2t}, \cdots, y_{nt}$ 都是 d 阶单整，即 $I(d)$，存在一个向量 $\alpha = (a_1, a_2, \cdots, a_n)$，使得 $\alpha Y_t \sim I(d-b)$，这里 $Y_t = (y_{1t}, y_{2t}, \cdots, y_{nt})$、$d \geqslant b \geqslant 0$。则称序列 $y_{1t}, y_{2t}, \cdots, y_{nt}$ 是 (d, b) 阶协整，记为 $Y_t \sim CI(d, b)$，α 为协整向量。

从协整的定义可以看出，两个或多个变量，虽然各自具有长期波动规律，但如果它们是协整的，则彼此之间仍然存在一个长期稳定的关系。关于协整的检验，通常有两种方法。

（1）两变量的 Engle – Granger 检验

1987 年，Engle 和 Granger 提出了两步检验法，来检验两个变量 x_t 和 y_t 是否协整，此方法称为 EG 检验。假设 x_t 和 y_t 都是 d 阶单整的。

首先，用普通最小二乘法（OLS）估计方程：

$$y_t = \alpha + \beta x_t + \varepsilon_t \qquad (5-57)$$

用 $\hat{\alpha}$ 和 $\hat{\beta}$ 表示回归系数的估计值，可以得到模型残差估计值为

$$\hat{\varepsilon}_t = y_t - \hat{\alpha} - \hat{\beta} x_t \qquad (5-58)$$

然后，检验 $\hat{\varepsilon}_t$ 的单整性。如果 $\hat{\varepsilon} \sim I(0)$，则 x_t 和 y_t 具有（1，1）阶协整关系，协整向量为 $(1, -\hat{\beta})$，协整回归方程为 $y_t = \alpha + \beta x_t + \varepsilon_t$；如果 $\hat{\varepsilon} \sim I(1)$，则 x_t 和 y_t 具有（2，1）阶协整关系；以此类推。检验 $\hat{\varepsilon}_t$ 的单整性的方法如上述的 DF 检验、ADF 检验或 PP 检验。

（2）多变量的 Johansen 检验

EG 检验通常用于检验两个变量之间的协整关系，对于多个变量之间的协整关系，Johansen 在 1988 年，以及与 Juselius 在 1990 年提出了一种用向量自回归模型进行检验的方法，通常称为 Johansen 检验，或 JJ 检验。

假定有一个 p 阶 VAR 模型：

$$Y_t = A_1 Y_{t-1} + A_2 Y_{t-2} + \cdots + A_p Y_{t-p} + B X_t + \varepsilon_t, \qquad t = 1, 2, \cdots, T$$

$$(5-59)$$

式中：Y_t 是 m 维非平稳 $I(1)$ 序列；X_t 是 d 维确定性外生变量；ε_t 是新息变量。经过差分变换，可以将它改写为：

$$\Delta Y_t = \sum_{i=1}^{p-1} \Gamma_i \Delta Y_{t-i} + \Pi Y_{t-1} + B X_t + \varepsilon_t \qquad (5-60)$$

式中：$\Pi = \sum_{i=1}^{p} A_i - I$；$\Gamma_i = -\sum_{j=t+1}^{p} A_j$。

因为 $I(1)$ 序列经差分后成为平稳的 $I(0)$ 序列，故式（5-60）中 $\sum_{i=1}^{p-1} \Gamma_i \Delta Y_t$ 是平稳的，只要满足 ΠY_{t-1} 是平稳过程，即 $y_{1,t-1}$，$y_{2,t-1}$，$\cdots$，$y_{m,t-1}$，$\cdots$，之间存在协整关系，ΔY_t 就是平稳过程。探讨它们的协整关系，关键是看矩阵 Π 的秩 r。

当 $r = 0$ 时，$\Pi = 0$，此时无须讨论 $y_{1,t-1}$，$y_{2,t-1}$，$\cdots$，$y_{m,t-1}$ 是否存在协整关系，因为 $\Delta Y_t = \sum_{i=1}^{p-1} \Gamma_i \Delta Y_{t-i} + B X_t + \varepsilon_t$ 是平稳过程。

当 $r = m$ 时，只有 $y_{1,t-1}$，$y_{2,t-1}$，$\cdots$，$y_{m,t-1}$ 都是 $I(0)$ 过程，才能保证 ΠY_{t-1} 是平稳过程，这与已知的 Y_t 是 m 维非平稳 $I(1)$ 序列矛盾。

当 $0 < r < m$ 时，有 r 个协整组合和 $m - r$ 个 $I(1)$ 关系。将 Π 分解成两个 $(m \times r)$ 阶矩阵 α 和 β 的乘积：

$$\Pi = \alpha \beta' \qquad (5-61)$$

式中：$r(\alpha) = r$；$r(\beta) = r$。

将式（5-61）代入式（5-60）得：

$$\Delta Y_t = \sum_{i=1}^{p-1} \Gamma_i \Delta Y_{t-i} + \alpha \beta' Y_{t-1} + B X_t + \varepsilon_t \qquad (5-62)$$

该式要求 $\beta' Y_{t-1}$ 是一个 $I(0)$ 向量，其每一行都是 $I(0)$ 组合变量，即每一行表示的 $y_{1,t-1}$，$y_{2,t-1}$，$\cdots$，$y_{m,t-1}$ 的线性组合都是一种协整形式。因此，矩阵 β' 决定了 $y_{1,t-1}$，$y_{2,t-1}$，$\cdots$，$y_{m,t-1}$ 之间协整向量的个数与形式。矩阵 β' 故而被称为协整向量矩阵，r 为协整向量个数。矩阵 α 的每一行 α_j 是出现在第 j 个方程中的 r 个协整组合的一组权重，被称为调整参数矩阵。显然，矩阵 α 和 β 并不是唯一的。

将 Y_t 的协整检验转换为对矩阵 Π 的分析问题，这就是 Johansen 检验的基本原理。

Johansen 检验的方法之一是特征值迹（trace）检验。

由 r 个最大的特征值得到 r 个协整向量，而其余 $m-r$ 个非协整组合必须满足 $\lambda_{r+1}, \cdots, \lambda_m$ 为 0。于是设定原假设 H_0：有 $m-r$ 个单位根，即 r 个协整关系；备择假设 H_1：无约束。

相应的检验统计量：

$$\eta_{(m-r)} = -T \sum_{i=r+1}^{m} \ln (1 - \lambda_i), \ r = 0,1,2,\cdots,m-1 \quad (5-63)$$

服从 Johansen 分布。

当 $r = 0,1,2,\cdots,m-1$ 时，得到一组统计量：$\eta_{(m)}$，$\eta_{(m-1)}$，$\cdots$，$\eta_{(1)}$。依次检验这组统计量的显著性：

当 $\eta_{(m)}$ 不显著时 [即 $\eta_{(m)}$ 值小于某个显著性水平下的 Johansen 分布临界值]，接受原假设 H_{00}（即 $r = 0$），表明有 m 个单位根，0 个协整向量（即不存在协整关系）；当 $\eta_{(m)}$ 显著时，拒绝原假设 H_{00}，接受备择假设 H_{01}，表明至少有 1 个协整向量，必须继续检验 $\eta_{(m-1)}$ 的显著性。

当 $\eta_{(m-1)}$ 不显著时，接受原假设 H_{10}（即 $r = 1$），表明有 1 个协整向量；当 $\eta_{(m-1)}$ 显著时，拒绝原假设 H_{10}，接受备择假设 H_{11}，表明至少有 2 个协整向量。必须继续检验 $\eta_{(m-2)}$ 的显著性，直到接受 H_{r0}，即存在 r 个协整向量。

Johansen 检验的另一种方法是最大特征值检验。

设定原假设 H_0：有 $m-r$ 个单位根，即 r 个协整关系。备择假设 H_1：有 $m-r-1$ 个单位根。

相应的检验统计量基于最大特征值：

$$\delta_r = -T\ln (1 - \lambda_{r+1}), \ r = 0,1,2,\cdots,m-1 \quad (5-64)$$

检验由下往上进行，即首先检验统计量 δ_0。过程如下：

当 δ_0 小于临界值时，接受原假设 H_{00}，表明不存在协整向量。

当 δ_0 大于临界值时，拒绝原假设 H_{00}，接受备择假设 H_{01}，表明至少存在 1 个协整向量。继续检验。

当 δ_1 小于临界值时，接受原假设 H_{10}，表明存在 1 个协整向量。

当 δ_1 大于临界值时，拒绝原假设 H_{10}，接受备择假设 H_{11}，表明至少存在 2 个协整向量。依次进行下去，直至接受 H_{r0}，即存在 r 个协整向量。

第三步，建立 SVAR 模型。

在确定了变量之间存在长期的协整关系后，就可以建立 SVAR 模型。在建立 SVAR 模型时很重要的一个问题是确定滞后阶数。一方面，滞后阶数要足够大，以便完整地反映模型的动态特征。另一方面，滞后阶数越大，意味着需要估计的参数个数越多，模型的自由度越少。因此，需要权衡上述两个方面，得到最佳滞后阶数。一般情形，有几种确定滞后阶数的方法。

（1）AIC（赤池）和 SC（舒瓦茨）信息准则

AIC（Akaike Info Criterion）赤池信息准则和 SC（Schwarz Info Criterion）舒瓦茨信息准则，是采纳使两个准则信息量最小的阶数作为模型最后的阶数。如果两个准则出现不一致，则需要利用似然比检验来选择模型。AIC 和 SC 的计算式为：

$$AIC = -\frac{2l}{T} + \frac{2k}{T} \qquad (5-65)$$

$$SC = -\frac{2l}{T} + \frac{k\ln(n)}{T} \qquad (5-66)$$

式中，$k = m(d + pm)$ 是式（5-41）中被估计的参数个数；m 是内生变量个数；d 是外生变量个数；p 是滞后阶数；T 是观测值个数，且

$$l = -\frac{Tm}{2}[1 + \ln(2\pi)] - \frac{T}{2}\ln|\dot{\Sigma}| \qquad (5-67)$$

AIC 信息准则和 SC 信息准则要求他们的值越小越好。一般情况下，对年度和季度数据，比较到 $p = 4$，即分别建立 SVAR（1）、SVAR（2）、SVAR（3）、SVAR（4）模型，分别比较 AIC 信息准则和 SC 信息准则，满足它们同时最小的 p 值即为最优的滞后阶数。对于月度数据，一般比较到 $p = 12$。

当 AIC 和 SC 的最小值所对应的 p 值不同时，只能用 LR（似然比）检验法。

（2）LR（似然比）检验

LR（Likelihood Ratio，似然比）检验是从最大的滞后阶数开始。有原假设：当滞后阶数为 j 时，系数矩阵 B_j 的元素均为 0。备择假设是：系数矩阵 B_j 中至少有一个元素显著不为 0。检验原假设的 χ^2（Wald）统计量计算如下：

$$LR = (T-k)\{\ln|\hat{\Sigma}_{j-1}| - \ln|\hat{\Sigma}_j|\} \sim \chi^2(m^2) \qquad (5-68)$$

式中：k 是可选方程中的参数个数；$\hat{\Sigma}_{j-1}$ 和 $\hat{\Sigma}_j$ 分别表示滞后阶数为 $j-1$ 和 j 的 VAR 模型的残差的方差协方差矩阵的估计。

将计算得到的 LR 统计量与 5% 水平下的临界值比较，如果 LR $> \chi^2_{0.05}$，则拒绝原假设，表示统计量显著；否则，接受原假设。如此

重复操作，直至拒绝原假设。

在确定模型的滞后阶数之后，根据上述 SVAR 模型的识别，施加参数约束，建立最终模型。

二　美国货币政策对中国经济的溢出效应

通过有关一国货币政策对国内经济和国外经济的传递机制的理论分析，我们发现一国货币政策扩张（或紧缩）会对两个国家的产出、价格水平、利率、汇率、双边进出口等经济变量产生影响。在这部分，我们首先分析金融危机后，美国货币政策冲击对其自身国内经济的影响，以及对中国经济的国际溢出效应。在下一部分，我们将分析中国货币政策冲击对国内经济的影响，及对美国经济的国际溢出效应，从而比较分析中美两国货币政策冲击对外国经济的国际溢出效应及传递机制。

关于美国货币政策冲击对其自身国内经济的影响和对中国经济的影响，我们分别构建 SVAR 模型，以考察政策的短期效应，同时，运用脉冲响应函数考察各经济变量对一单位冲击的动态响应。

（一）变量选取、数据收集及处理

根据理论分析，我们在基本的 SVAR 模型中包含美国货币政策、两国实际产出、物价水平、中美双边贸易等相关的经济变量。借鉴 Holman 和 Neumann（2002），采用广义货币供应量（M2）作为美国货币政策工具。在对美国国内经济的描述中，由于没有 GDP 的月度数据，选用月度工业产出指数来衡量，同时，以居民消费价格指数（CPI）反映物价水平。在对中国国内经济的描述中，同样缺少 GDP 月度数据。自 2007 年开始对工业增加值月度数值也不作公布，因此，我们选择月度工业总产值和工业销售值来共同反映工业生产的总体规模和销售水平。同样，以居民消费价格指数（CPI）反映国内物价水平。关于中美双边贸易，我们以中国海关公布的中国对美国出口及从美国进口数据综合反映，考虑到中国对美国出口即为美国从中国进口，中国从美国进口即为美国对中国出口，因此，不另外收集以美国角度统计的中美双边进出口数据，在这里暂时假定两国统计口径误差可以忽略（见表 5 - 3）。

由于美国在次贷危机发生后的 2007 年 8 月开始大幅度调整利率，采取"救市"措施，我们选取 2007 年 8 月至 2011 年 6 月的月度数据作为分析的样本区间。美国货币供应量、工业产出指数、CPI 及中国 CPI 数据来

自 BvD EIU Country Data 各国宏观经济指标数据库，中国工业总产值、工业销售值数据来自财新网，中美双边贸易数据来自中国海关。美国工业产出指数、中美两国 CPI 采用 2005 年为基期的定基指数。由于中国没有工业品出厂价格月度环比指数，我们用以 2005 年为基期的 CPI 将工业总产值和工业销售值折算成定基数值。考虑到部分变量的月度数据受到季节因素影响，用 X12 方法对美国工业产出指数和 CPI、中国工业总产值、工业销售值、CPI 及双边贸易等数据进行季节调整。在此基础上，对美国货币供应量、中国工业总产值和工业销售值、双边进出口等数据取自然对数。

表 5 - 3　　　　　　　　　　　模型变量及其处理

指　标	变　量	单　位	来　源	
美国货币政策	货币供应量（USM2）	亿美元	BvD EIU Country Data 各国宏观经济指标数据库	
美国产出	工业产出指数（IOI）	%	BvD EIU Country Data 各国宏观经济指标数据库	
美国物价水平	消费价格指数（USCPI）	%	BvD EIU Country Data 各国宏观经济指标数据库	
中国产出	工业总产值（GIO）	亿元	财新网，摘自中国国家统计局	2005 年 = 100，季节调整，取自然对数
	工业销售值（ISV）	亿元	财新网，摘自中国国家统计局	2005 年 = 100，季节调整，取自然对数
中国物价水平	消费价格指数（CPI）	%	BvD EIU Country Data 各国宏观经济指标数据库	2005 年 = 100，季节调整
双边贸易	中国对美国出口（EXPO）	亿美元	中国海关	季节调整，取自然对数
	中国从美国进口（IMPO）	亿美元	中国海关	季节调整，取自然对数

（二）数据检验

1. 平稳性检验

SVAR 模型要求时间序列数据是平稳的，因此，在建立模型之前，必须对时间序列数据进行平稳性检验。只有当所有变量满足平稳序列或彼此之间存在协整关系时，才可以建立 SVAR 模型。在这部分，我们运用 Eviews 6.0 软件，对美国货币政策及国内经济各变量、中国国内经济各变量进行 ADF（Augmented Dickey Fuller）单位根检验，检验结果见表 5 - 4 和表 5 - 5。

表 5 - 4 美国国内经济各变量单位根检验

变量	检验形式 (C, T, K)	ADF 检验值	1% 临界值	5% 临界值	10% 临界值	结论
lnUSM2	$(C, 0, K)$	- 1.2062	- 3.5812	- 2.9266	- 2.6014	不平稳
	(C, T, K)	- 1.6297	- 4.1706	- 3.5107	- 3.1855	不平稳
	$(0, 0, K)$	4.7063	- 2.6162	- 1.9481	- 1.6123	不平稳
IOI	$(C, 0, 3)$	- 2.4126	- 3.5925	- 2.9314	- 2.6039	不平稳
	(C, T, K)	- 0.2034	- 4.1706	- 3.5107	- 3.1855	不平稳
	$(0, 0, K)$	- 0.8072	- 2.6174	- 1.9483	- 1.6122	不平稳
USCPI	$(C, 0, K)$	- 1.7898	- 3.5847	- 2.9281	- 2.6022	不平稳
	(C, T, K)	- 2.9108	- 4.1756	- 3.5131	- 3.1869	不平稳
	$(0, 0, K)$	1.0954	- 2.6174	- 1.9483	- 1.6122	不平稳
$D(lnUSM2)$	$(C, 0, 1)$	- 5.2002	- 3.5847	- 2.9281	- 2.6022	平稳
	$(C, T, 1)$	- 5.1952	- 4.1756	- 3.5131	- 3.1869	平稳
	$(0, 0, 2)$	- 1.6829 **	- 2.6199	- 1.9487	- 1.6120	平稳
$D(IOI)$	$(C, 0, 1)$	- 4.5320	- 3.5847	- 2.9281	- 2.6022	平稳
	$(C, T, 1)$	- 5.1413	- 4.1756	- 3.5131	- 3.1869	平稳
	$(0, 0, 1)$	- 4.5013	- 2.6174	- 1.9483	- 1.6122	平稳
$D(USCPI)$	$(C, 0, 1)$	- 3.5980	- 3.5847	- 2.9281	- 2.6022	平稳
	$(C, T, 1)$	- 3.5620 *	- 4.1756	- 3.5131	- 3.1869	平稳
	$(0, 0, 1)$	- 3.4200	- 2.6174	- 1.9483	- 1.6122	平稳

注：检验形式中的 C 表示有截距项，T 表示有趋势项，K 表示滞后阶数，D（·）表示变量的一阶差分序列，检验值中不带 * 表示在1%显著性水平下显著，带 * 表示在5%显著性水平下显著，带 ** 表示在10%显著性水平下显著。

根据 ADF 单位根检验，得出货币供应量 lnUSM2、工业产出指数 IOI、居民消费价格指数 USCPI 的原始数据序列非平稳，而一阶差分序列在 1% 和 5% 显著性水平下显著，因此，原序列是一阶单整序列，可能存在协整关系，需进一步检验。

表 5 - 5　　　　　　　　中国国内经济各变量单位根检验

变量	检验形式 (C, T, K)	ADF 检验值	1% 临界值	5% 临界值	10% 临界值	结论
lnGIO	(C, 0, K)	-0.7512	-3.5847	-2.9281	-2.6022	不平稳
	(C, T, K)	-2.4399	-4.1706	-3.5107	-3.1855	不平稳
	(0, 0, K)	3.2652	-2.6174	-1.9483	-1.6122	不平稳
lnISV	(C, 0, K)	-0.3420	-3.5847	-2.9281	-2.6022	不平稳
	(C, T, K)	-1.6026	-4.1756	-3.5131	-3.1869	不平稳
	(0, 0, K)	3.6031	-2.6174	-1.9483	-1.6122	不平稳
CPI	(C, 0, K)	1.0934	-3.5812	-2.9266	-2.6014	不平稳
	(C, T, 2)	-0.9466	-4.1809	-3.5155	-3.1883	不平稳
	(0, 0, 2)	1.6639	-2.6186	-1.9485	-1.6121	不平稳
lnEXPO	(C, 0, K)	-0.6594	-3.5847	-2.9281	-2.6022	不平稳
	(C, T, K)	-1.3013	-4.1756	-3.5131	-3.1869	不平稳
	(0, 0, K)	1.1284	-2.6174	-1.9483	-1.6122	不平稳
lnIMPO	(C, 0, K)	-0.8435	-3.5847	-2.9281	-2.6022	不平稳
	(C, T, K)	-1.9321	-4.1756	-3.5131	-3.1869	不平稳
	(0, 0, K)	1.1058	-2.6174	-1.9483	-1.6122	不平稳
D (lnGIO)	(C, 0, 1)	-9.4590	-3.5847	-2.9281	-2.6022	平稳
	(C, T, 1)	-9.3674	-4.1756	-3.5131	-3.1869	平稳
	(0, 0, 1)	-8.0255	-2.6174	-1.9483	-1.6122	平稳
D (lnISV)	(C, 0, 1)	-9.7869	-3.5847	-2.9281	-2.6022	平稳
	(C, T, 1)	-9.6721	-4.1756	-3.5131	-3.1869	平稳
	(0, 0, 1)	-3.7398	-2.6186	-1.9485	-1.6121	平稳
D (CPI)	(C, 0, K)	-2.4691	-3.5885	-2.9297	-2.6031	不平稳
	(C, T, 5)	-4.7626	-4.1756	-3.5131	-3.1869	平稳
	(0, 0, 1)	-1.8142**	-2.6186	-1.9485	-1.6121	平稳
D (lnEXPO)	(C, 0, 1)	-10.7128	-3.5847	-2.9281	-2.6022	平稳
	(C, T, 1)	-10.6498	-4.1756	-3.5131	-3.1869	平稳
	(0, 0, 1)	-10.6144	-2.6174	-1.9483	-1.6122	平稳
D (lnIMPO)	(C, 0, 1)	-11.4368	-3.5847	-2.9281	-2.6022	平稳
	(C, T, 1)	-11.3177	-4.1756	-3.5131	-3.1869	平稳
	(0, 0, 1)	-11.3403	-2.6174	-1.9483	-1.6122	平稳

注：检验形式中的 C 表示有截距项，T 表示有趋势项，K 表示滞后阶数，检验值中不带 * 表示在 1% 显著性水平下显著，带 * 表示在 5% 显著性水平下显著，带 ** 表示在 10% 显著性水平下显著。

从表 5 - 5 中国国内经济各变量单位根检验结果发现，中国国内经济各变量原始数据序列具有单位根，是非平稳序列，其一阶差分序列在 1% 的显著性水平下（除居民消费价格指数外），ADF 检验值都小于临界值，所以拒绝原假设，是平稳时间序列，因此，原序列是一阶单整序列，我们继续检验它们之间是否存在协整关系。

2. 协整检验

我们需要构建两个 SVAR 模型，分别用于分析美国货币政策对其自身国内经济各变量的影响，以及美国货币政策对中国国内经济各变量的溢出效应，因此，选用 Johansen 检验分别就美国货币政策与其自身国内经济各变量的协整关系、美国货币政策与中国国内经济各变量的协整关系进行检验。在进行协整检验前，需要首先确定最优滞后阶数。其确定原则，一般是在 VAR 模型下，根据 AIC 信息准则或 SC 信息准则的最小值来决定。同时，根据经验和序列的曲线图，确定检验方程的形式。相关的协整结果见表 5 - 6 至表 5 - 8。

表 5 - 6 协整检验一

检验假设：序列无确定性趋势，协整方程有截距项		滞后阶数：7，VAR（8）	
检验变量：lnUSM2，IOI，USCPI			
原假设	特征根	迹统计量	5% 临界值
None*	0.7357	101.6830	35.1928
At most1*	0.6112	49.7907	20.2618
At most2*	0.2825	12.9472	9.1645
原假设	特征根	最大特征根统计量	5% 临界值
None*	0.7357	51.8923	22.2996
At most1*	0.6112	36.8434	15.8921
At most2*	0.2825	12.9473	9.1645

注：* 表示在 5% 显著性水平下拒绝原假设。

经检验，根据迹统计量和最大特征根统计量检验判断，在 5% 的显著性水平，美国货币供应量与美国工业产出指数、美国居民消费物价水平序列之间存在 3 个协整关系。

表5-7 协整检验二

检验假设：序列无确定性趋势，协整方程有截距项　　滞后阶数：1，VAR（2）			
检验变量：lnUSM2，lnGIO，CPI，lnEXPO，lnIMPO			
原假设	特征根	迹统计量	5%临界值
None*	0.5912	93.3435	76.9728
At most1	0.4063	53.0944	54.0790
At most2	0.2622	29.6292	35.1928
原假设	特征根	最大特征根统计量	5%临界值
None*	0.5912	40.2490	34.8059
At most1	0.4063	23.4653	28.5881
At most2	0.2622	13.6854	22.2996

注：*表示在5%显著性水平下拒绝原假设。

表5-8 协整检验三

检验假设：序列无确定性趋势，协整方程有截距项　　滞后阶数：1，VAR（2）			
检验变量：lnUSM2，lnISV，CPI，lnEXPO，lnIMPO			
原假设	特征根	迹统计量	5%临界值
None*	0.6143	96.9247	76.9728
At most1	0.4083	54.0519	54.0790
At most2	0.2782	30.4358	35.1928
原假设	特征根	最大特征根统计量	5%临界值
None*	0.6143	42.8728	34.8059
At most1	0.4083	23.6161	28.5881
At most2	0.2782	14.6716	22.2996

注：*表示在5%显著性水平下拒绝原假设。

　　由表5-7和表5-8协整检验二和协整检验三的迹统计量检验和最大特征根检验发现，美国货币供应量与中国国内经济各变量序列之间存在1个协整关系。

　　因此，根据协整检验结果，即使各变量原始序列是非平稳序列，但是，它们之间具有长期协整关系，满足构建SVAR模型的条件。

　　（三）SVAR模型构建

　　基于上述分析，在这部分，我们构建两个SVAR模型，分别为：

美国货币政策对其国内实体经济的影响：

$$Y_t = \{\ln USM2, IOI, USCPI\} \tag{5-69}$$

美国货币政策对中国实体经济的溢出效应：

$$Y_t = \{\ln USM2, GIO, CPI, \ln EXPO, \ln IMPO\} \tag{5-70}$$

$$Y_t = \{\ln USM2, ISV, CPI, \ln EXPO, \ln IMPO\} \tag{5-71}$$

为了从结构式的残差序列中分解出正交形式的扰动，需要添加一定的约束。我们根据相关的经济理论和经济假设对模型添加约束条件。

首先，假定美国货币政策变量不受当期两国国内经济各变量的影响，而其他经济变量受到当期货币政策变量的影响。因此，我们将美国货币政策变量（lnUSM2）放在所有变量的最前面。

其次，假设产出会影响当期的物价水平，而反过来，物价水平对当期的产出没有影响。因此，将产出变量（IOI、lnGIO、lnISV）置于价格变量（CPI、USCPI）的前面。

最后，假定贸易在当期受到国内所有其他变量的影响。因此，将贸易变量（lnEXPO，lnIMPO）置于所有变量之后。

根据上述三个假设，相当于给出了这样一个内生变量的 Cholesky 下三角分解矩阵：

由 $\mu_t = A_0^{-1}\varepsilon_t$，得到具体的

$$A_0\mu_t = \begin{pmatrix} 1 & 0 & 0 \\ a_{21} & 1 & 0 \\ a_{31} & a_{32} & 1 \end{pmatrix} \begin{pmatrix} \mu_{USM2} \\ \mu_{IOI} \\ \mu_{USCPI} \end{pmatrix} = \begin{pmatrix} \varepsilon_{USM2} \\ \varepsilon_{IOI} \\ \varepsilon_{USCPI} \end{pmatrix} \tag{5-72}$$

$$A_0\mu_t = \begin{pmatrix} 1 & 0 & 0 & 0 & 0 \\ a_{21} & 1 & 0 & 0 & 0 \\ a_{31} & a_{32} & 1 & 0 & 0 \\ a_{41} & a_{42} & a_{43} & 1 & 0 \\ a_{51} & a_{52} & a_{53} & a_{54} & 1 \end{pmatrix} \begin{pmatrix} \mu_{USM2} \\ \mu_{GIO} \\ \mu_{CPI} \\ \mu_{EXPO} \\ \mu_{IMPO} \end{pmatrix} = \begin{pmatrix} \varepsilon_{USM2} \\ \varepsilon_{GIO} \\ \varepsilon_{CPI} \\ \varepsilon_{EXPO} \\ \varepsilon_{IMPO} \end{pmatrix} \tag{5-73}$$

$$A_0\mu_t = \begin{pmatrix} 1 & 0 & 0 & 0 & 0 \\ a_{21} & 1 & 0 & 0 & 0 \\ a_{31} & a_{32} & 1 & 0 & 0 \\ a_{41} & a_{42} & a_{43} & 1 & 0 \\ a_{51} & a_{52} & a_{53} & a_{54} & 1 \end{pmatrix} \begin{pmatrix} \mu_{USM2} \\ \mu_{ISV} \\ \mu_{CPI} \\ \mu_{EXPO} \\ \mu_{IMPO} \end{pmatrix} = \begin{pmatrix} \varepsilon_{USM2} \\ \varepsilon_{ISV} \\ \varepsilon_{CPI} \\ \varepsilon_{EXPO} \\ \varepsilon_{IMPO} \end{pmatrix} \tag{5-74}$$

式中：ε_t 是我们前面讨论的 SVAR 模型的结构式扰动项；μ_t 是相应 VAR 模型的简化式扰动；a_{ij} 是待估系数。根据估计得到的 a_{ij}，可以求得矩阵 A_0，从而识别美国货币政策冲击。

（四）实证结果分析

根据上述构建的 SVAR 模型以及中美两国经济变量的月度数据，借助 Eviews 6.0 软件，我们得到美国货币政策变化对其自身国内经济的影响，以及对中国国内实体经济的溢出效应。

在这里，美国货币供应量的正向冲击对应于美国扩张性货币政策。脉冲响应函数图给出了各经济变量对一个标准差的货币供给冲击的动态响应。横轴表示时期数，共 20 期（即 20 个月），纵轴表示脉冲响应函数大小，虚线表示正负两倍的标准差偏离带（ ±2S. E. ）。

1. 美国货币政策冲击对自身货币供应量的影响

从图 5 - 9 发现，美国扩张性货币政策的一个标准差冲击在第 1 个月就立即产生正效应，引起货币供应量在第 1 个月增加 0.0054%，第 2 个月达到峰值，脉冲值为 0.0066%，之后持续回落，第 8 个月时降至最低点，脉冲值是 0.0010%，然后又出现回升，从第 13 个月开始趋于平稳。表明美国扩张性货币政策冲击使当年货币供应量波动，但第二年开始相对稳定，即短期效应是波动的，但长期效应是稳定的，总体效应是积极的。

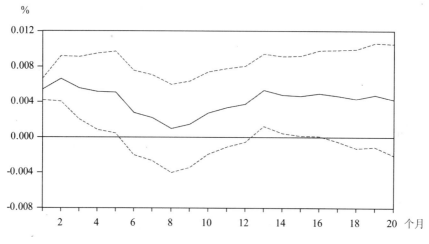

图 5 - 9　美国货币供应量对自身冲击的脉冲响应函数图

2. 美国货币政策冲击对美国国内实际产出的影响

从脉冲响应函数图（见图 5－10）看出，美国扩张性货币政策冲击导致第 1 个月的产出迅速下降至谷底，脉冲值约 －0.0665％，此后几个月出现震荡波动，第 7 个月再次表现为负效应，第 9 个月达到峰值 0.2401％，此后保持小幅波动，维持在 0.07％—0.23％ 之间，总体趋势保持正效应。因此，美国扩张性货币政策对其国内实际产出的效应，从第三季度开始才变得明朗、稳定，体现了货币政策对实体经济影响的一个时滞效应，但对产出的长期影响是积极的。

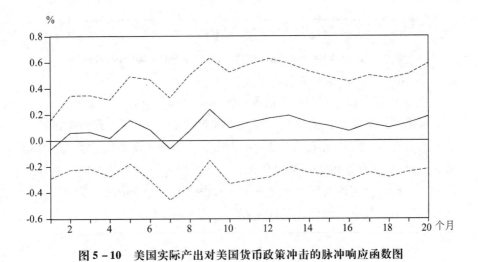

图 5－10　美国实际产出对美国货币政策冲击的脉冲响应函数图

3. 美国货币政策冲击对美国国内物价水平的影响

从脉冲响应函数图 5－11 观察，美国扩张性货币政策的一个标准差正向冲击（货币供应量增加）迅速引起第 1 个月通货膨胀，居民消费价格指数增加 0.0511％，之后价格水平继续攀升，在第 7 个月到达峰值，价格指数上升 0.2326％，随后价格水平降低，第 10 个月到达谷底，价格指数下降 0.0276％，从第 11 个月开始继续表现为价格水平持续上升。从长期来看，国内扩张性货币政策冲击将导致美国国内物价水平上升。

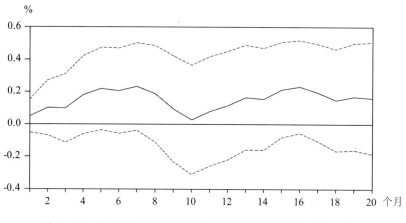

图 5 – 11 美国物价水平对美国货币政策冲击的脉冲响应函数图

4. 美国货币政策冲击对中国国内实际产出的影响

从图 5 – 12 发现，美国扩张性货币政策冲击在 1—4 个月对中国工业总产值具有负效应，从第 5 个月开始，正效应逐步显现并且呈迅速上升趋势，从第 16 个月开始，基本保持稳定，脉冲值保持在 0.015% —0.016% 之间。因此，短期内美国货币政策扩张对中国工业总产值具有负效应，但从长期看来，具有正效应，且是显著的、趋于稳定的。

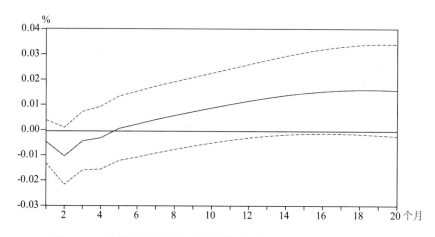

图 5 – 12 中国工业总产值对美国货币政策冲击的脉冲响应函数图

从中国工业销售值对美国货币政策冲击的脉冲响应函数图（见图 5 –
13）发现，美国扩张性货币政策对中国工业销售值的影响与对工业总产值
的影响大体一致，只是在量上有微量的出入。因此，美国扩张性货币政策
冲击对中国国内实际产出的长期效应是积极的。

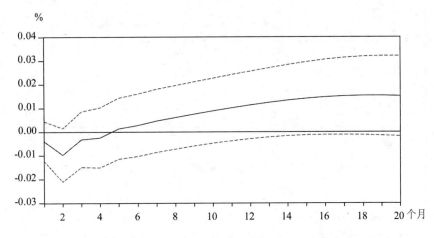

图 5 – 13　中国工业销售值对美国货币政策冲击的脉冲响应函数图

5. 美国货币政策冲击对中国国内物价水平的影响

根据图 5 – 14 可知，美国扩张性货币政策冲击对中国国内物价水平具
有明显的影响。在第 1—15 个月，脉冲值始终为负，从第 16 个月开始，
变为正效应，且上升速度较快。因此，美国扩张性货币政策冲击短期内会
降低中国物价水平，但长期而言，由于输入性通胀，将引起中国物价水平
同样上涨，产生通货膨胀。

6. 美国货币政策冲击对中美双边贸易的影响

首先来看美国扩张性货币政策冲击对中国向美国出口情况的变化，
见图 5 – 15。第 1 个月出口下降 – 0.0056%，随后几个月出口持续减
少，第 3 个月到达谷底，脉冲值为 – 0.0224%，之后出现缓慢回升，但
始终表现为负值，第 13 个月开始，显现为正值，并且继续扩大。因此，
美国扩张性货币政策冲击导致其国内通货膨胀，但是，对中国出口商品
的需求并没有立即转移，而是有一个过程，这种转移从第二年才开始体
现出来。在这个过程中，由于美元贬值、人民币升值引起中国出口商品
昂贵，并没有减少美国对中国出口商品的长期需求，这与中国出口大量

美国生活必需品有关。

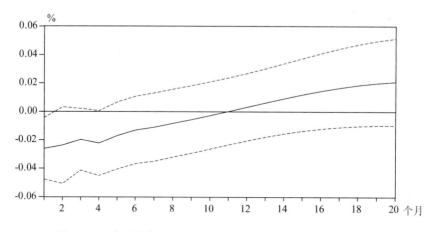

图 5 – 14　中国物价水平对美国货币政策冲击的脉冲响应函数图

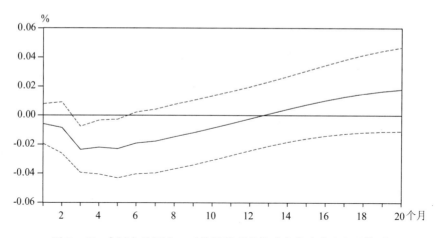

图 5 – 15　中国向美国出口对美国货币政策冲击的脉冲响应函数图

　　再来看美国扩张性货币政策冲击对中国从美国进口情况的变化，见图 5 – 16。美国货币政策扩张对中国进口的影响是立即的、显著的，第 1 个月进口迅速减少，脉冲值约 – 0.0253%，美国物价上涨短期内引起中国从美国进口商品价格昂贵，进口需求降低。随着时间的推移，进口降幅逐渐减少，第 11 个月开始显现为正效应，并继续回升。美元贬值，人民币升值，引起从美国进口商品价格便宜，使进口需求增加。

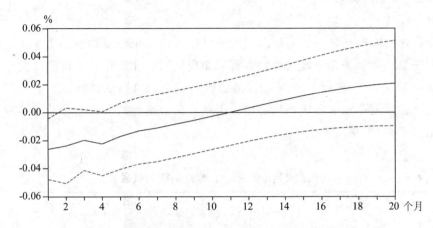

图 5 – 16 中国从美国进口对美国货币政策冲击的脉冲响应函数图

美国扩张性货币政策冲击对其国内实体经济的影响表现为显著的波动态势，但总体而言，长期效应是正的。美国货币政策对中国国内实体经济的的影响大致呈现出先负效应，逐步上升，转变为正效应的现象。

三 中国货币政策对美国经济的溢出效应

在这部分，我们集中考察中国货币政策冲击对国内经济的影响以及对美国经济的国际溢出效应。我们仍然借助 SVAR 模型考察变量之间的短期效应，同时，结合脉冲响应函数分析各经济变量对一单位冲击的动态响应。

（一）变量选取、数据收集及处理

中国目前以货币供应量作为货币政策的中介目标，同时，考虑到中国仍是实行利率管制的国家，为了与上述研究统一口径，我们以广义货币供应量（M2）作为中国货币政策的代理变量。并且中国国内产出以工业总产值和工业销售值衡量，国内物价水平以居民消费价格指数衡量，美国产出及物价水平分别以工业产出指数和居民消费价格指数衡量，中美双边贸易采用以中国统计口径的双边进出口额。中国广义货币供应量数据来自中国人民银行，单位为亿元，对数据序列取自然对数。其他中美经济变量的数据来源及处理同上面部分，在这里不再赘述。

（二）数据检验

1. 单位根检验

在构建模型之前，同样需要对变量序列进行单位根检验。由于大部分变量已在上面部分经过检验并得到相应结果。在此仅对中国广义货币供应量（M2）进行 ADF 检验。通过绘制货币供应量的曲线图，我们发现，该序列存在截距项和趋势项，因此，仅对两种情形进行检验。检验结果见表5－9。

表5－9　　　　　　中国广义货币供应量（M2）ADF 检验结果

变量	检验形式 (C, T, K)	ADF 检验值	1% 临界值	5% 临界值	10% 临界值	结论
lnM2	(C, 0, K)	－0.4155	－3.5812	－2.9266	－2.6014	不平稳
	(C, T, K)	－1.4306	－4.1706	－3.5107	－3.1855	不平稳
D（lnM2）	(C, 0, 1)	－5.7754	－3.5847	－2.9281	－2.6022	平稳
	(C, T, 1)	－5.7130	－4.1756	－3.5131	－3.1869	平稳

注：检验形式中的 C 表示有截距项，T 表示有趋势项，K 表示滞后阶数，检验值中不带 * 表示在 1% 显著性水平下显著，带 * 表示在 5% 显著性水平下显著，带 * * 表示在 10% 显著性水平下显著。

经检验，广义货币供应量的原始序列非平稳，但是，其一阶差分序列不存在单位根，是平稳的，因此，原始序列是一阶单整。可以继续检验该变量与其他经济变量之间的协整关系。

2. 协整检验

我们同样构建两个 SVAR 模型，分别分析中国货币政策对自身国内经济的影响，以及对美国国内经济的溢出效应，故利用 Johansen 检验就中国货币政策与其自身国内经济各变量的协整关系、中国货币政策与美国国内经济各变量的协整关系分别进行检验。协整检验结果见表 5－10 至表5－12。

表 5 - 10　　　　　　　　　　协整检验一

检验假设：序列无确定性趋势，协整方程有截距项　滞后阶数：1，VAR（2）			
检验变量：lnM2，lnGIO，CPI			
原假设	特征根	迹统计量	5%临界值
None*	0.4275	41.0307	35.1928
At most1	0.2603	15.9339	20.2618
At most2	0.0512	2.3666	9.1645
原假设	特征根	最大特征根统计量	5%临界值
None*	0.4275	25.0968	22.2996
At most1	0.2603	13.5672	15.8921
At most2	0.0512	2.3666	9.1645

注：* 表示在5%显著性水平下拒绝原假设。

根据迹统计量检验和最大特征根检验判断，在5%的显著性水平，中国广义货币供应量与工业总产值、居民消费价格指数序列之间存在1个协整关系。

表 5 - 11　　　　　　　　　　协整检验二

检验假设：序列无确定性性趋势，协整方程有截距项　滞后阶数：1，VAR（2）			
检验变量：lnM2，lnISV，CPI			
原假设	特征根	迹统计量	5%临界值
None*	0.4245	41.6299	35.1928
At most1	0.2732	16.7686	20.2618
At most2	0.0522	2.4102	9.1645
原假设	特征根	最大特征根统计量	5%临界值
None*	0.4245	24.8612	22.2996
At most1	0.2732	14.3584	15.8921
At most2	0.0522	2.4102	9.1645

注：* 表示在5%显著性水平下拒绝原假设。

由迹统计量检验和最大特征根检验可以判断，在5%的显著性水平，中国广义货币供应量与工业销售值、居民消费价格指数序列之间具有长期协整关系。

表 5 - 12   协整检验三

| 检验假设：序列无线性趋势，协整方程有截距项　滞后阶数：1，VAR（2） | | | |
| 检验变量：lnM2, IOI, USCPI, lnEXPO, lnIMPO | | | |
原假设	特征根	迹统计量	5% 临界值
None*	0.6843	125.4587	76.9728
At most1*	0.4564	73.5686	54.0790
At most2*	0.4060	46.1359	35.1928
At most3*	0.2954	22.6971	20.2618
At most4	0.1430	6.9446	9.1645
原假设	特征根	最大特征根统计量	5% 临界值
None*	0.6843	51.8901	34.8059
At most1	0.4564	27.4327	28.5881
At most2*	0.4060	23.4388	22.2996
At most3	0.2954	15.7525	15.8921
At most4	0.1430	6.9446	9.1645

注：* 表示在 5% 显著性水平下拒绝原假设。

从表 5 - 10 至表 5 - 12 中的迹统计量检验可知，中国广义货币供应量与美国国内实际产出、居民消费价格指数、中美双边贸易序列之间存在 3 个协整关系。由最大特征根统计量检验可知，中国广义货币供应量与美国国内各经济变量序列之间存在 1 个协整关系。因此，它们之间具有协整关系。

根据上述单位根检验和协整检验结果，各经济变量原始序列是具有单位根的非平稳序列，但是它们之间存在长期协整关系，因此满足构建 SVAR 模型的条件。

（三）SVAR 模型构建

与前面分析类似，在这部分，我们同样构建两个 SVAR 模型，用以分别分析中国货币政策冲击对自身国内实体经济的影响，以及对美国国内经济的国际溢出效应。相应地，构建以下模型：

中国货币政策对自身国内实体经济的影响：

$$Y_t = \{\mathrm{lnM2}, \mathrm{GIO}, \mathrm{CPI}\} \qquad (5-75)$$

$$Y_t = \{\ln M2, ISV, CPI\} \tag{5-76}$$

中国货币政策对美国国内经济的国际溢出效应：

$$Y_t = \{\ln M2, IOI, USCPI, \ln EXPO, \ln IMPO\} \tag{5-77}$$

同样的，为了使 SVAR 模型可以识别，添加一定的约束条件。这些约束根据相关的经济理论和经济假设而形成。

首先，假定中国货币政策变量不受当期两国国内经济各变量的影响，而其他经济变量受到当期货币政策变量的影响。因此，将中国货币政策变量（lnM2）置于所有变量的最前面。

其次，假设产出对当期的物价水平有影响，相反，物价水平对当期的产出没有影响。因此，将产出变量（lnGIO、lnISV、IOI）置于价格变量（CPI、USCPI）的前面。

最后，同样假定贸易在当期受到国内所有其他经济变量的影响，从而将贸易变量（lnEXPO，lnIMPO）置于所有变量之后。

根据上述三个假设，可以给出这样一个内生变量的 Cholesky 下三角分解矩阵：

由 $\mu_t = A_0^{-1}\varepsilon_t$ 得到：

$$A_0\mu_t = \begin{pmatrix} 1 & 0 & 0 \\ a_{21} & 1 & 0 \\ a_{31} & a_{32} & 1 \end{pmatrix}\begin{pmatrix} \mu_{M2} \\ \mu_{GIO} \\ \mu_{CPI} \end{pmatrix} = \begin{pmatrix} \varepsilon_{M2} \\ \varepsilon_{GIO} \\ \varepsilon_{CPI} \end{pmatrix} \tag{5-78}$$

$$A_0\mu_t = \begin{pmatrix} 1 & 0 & 0 \\ a_{21} & 1 & 0 \\ a_{31} & a_{32} & 1 \end{pmatrix}\begin{pmatrix} \mu_{M2} \\ \mu_{ISV} \\ \mu_{CPI} \end{pmatrix} = \begin{pmatrix} \varepsilon_{M2} \\ \varepsilon_{ISV} \\ \varepsilon_{CPI} \end{pmatrix} \tag{5-79}$$

$$A_0\mu_t = \begin{pmatrix} 1 & 0 & 0 & 0 & 0 \\ a_{21} & 1 & 0 & 0 & 0 \\ a_{31} & a_{32} & 1 & 0 & 0 \\ a_{41} & a_{42} & a_{43} & 1 & 0 \\ a_{51} & a_{52} & a_{53} & a_{54} & 1 \end{pmatrix}\begin{pmatrix} \mu_{M2} \\ \mu_{IOI} \\ \mu_{USCPI} \\ \mu_{EXPO} \\ \mu_{IMPO} \end{pmatrix} = \begin{pmatrix} \varepsilon_{M2} \\ \varepsilon_{IOI} \\ \varepsilon_{USCPI} \\ \varepsilon_{EXPO} \\ \varepsilon_{IMPO} \end{pmatrix} \tag{5-80}$$

式中：ε_t 是 SVAR 模型的结构式扰动项；μ_t 是相应的 VAR 模型的简化式扰动项，a_{ij} 是待估计系数。由估计得到的 a_{ij}，求得矩阵 A_0，从而识别中国货币政策冲击。

（四）实证结果分析

根据构建的 SVAR 模型以及中美两国经济变量的月度数据，我们借助 Eviews 6.0 软件，从实证角度考察对中国货币政策变化对其自身国内经济的影响，以及对美国实体经济的国际溢出效应。

同样，中国货币供应量的正向冲击对应于中国的扩张性货币政策。下面的脉冲响应函数图给出了各经济变量对 Cholesky 一个标准差的货币供给冲击的动态响应。其中，横轴表示时期数，共 20 期（即 20 个月），纵轴表示脉冲响应函数的大小，虚线表示正负两倍的标准差偏离带（± 2S. E. ）。

1. 中国货币政策冲击对自身货币供应量的影响

从脉冲响应函数图（见图 5 - 17）看，中国扩张性货币政策冲击对自身货币供应量效应明显。第 1 个月货币供应量迅速增加 0.0108%，随后始终保持稳定的正效应，脉冲值处于 0.0113% —0.0134% 之间。

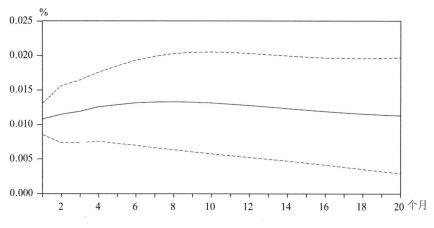

图 5 - 17　中国货币供应量对自身货币政策冲击的
脉冲响应函数图

2. 中国货币政策冲击对中国国内实际产出的影响

从脉冲响应函数图 5 - 18 可以观察到，中国货币政策扩张的一个标准差冲击在第 1 个月就对国内工业总产值产生正效应，使工业总产值提高 0.0020%，第 2 个月小幅回落，第 3 个月开始持续快速上升，第 13 个月时达到峰值，脉冲值约为 0.0114%，之后趋于相对平稳状态。因此，从长期来分析，中国货币政策冲击对国内工业总产值的影响在第一年是逐渐增大的，从第二年开始渐趋稳定，总体效应是积极的。

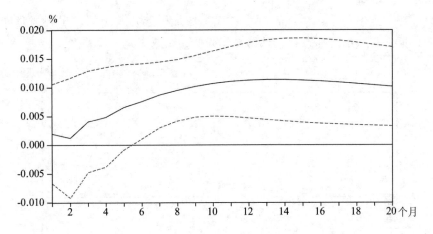

图 5 - 18　中国工业总产值对中国货币政策冲击的脉冲响应函数图

从国内工业销售值对扩张性货币政策冲击的动态响应（见图 5 - 19）看，整体趋势与工业总产值的动态响应基本一致。这反映了国内实际产出对扩张性货币政策冲击的积极响应。

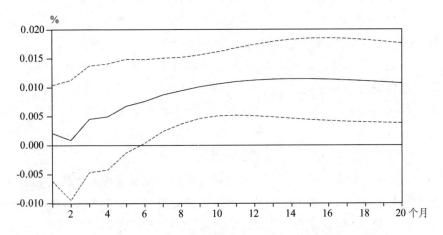

图 5 - 19　中国工业销售值对中国货币政策冲击的脉冲响应函数图

3. 中国货币政策冲击对中国国内物价水平的影响

从图5-20发现，中国扩张性货币政策的一个标准差冲击对居民消费价格指数的影响在第1—3个月并不显著，从第4个月开始逐渐明显，并且保持上升的势头。因此，货币供应量增加引起物价上涨，出现通货膨胀，但是有一个缓冲过程，从第二年开始，正效应尤为显著。

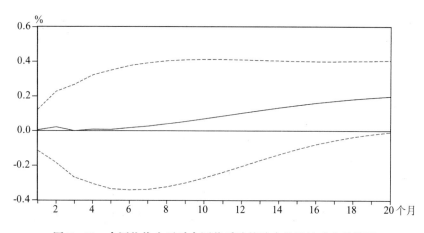

图5-20　中国物价水平对中国货币政策冲击的脉冲响应函数图

4. 中国货币政策冲击对美国国内实际产出的影响

从美国实际产出对中国扩张性货币政策冲击的脉冲响应函数图5-21发现，一个标准差正向冲击引起第1个月美国实际产出下降约-0.1705%，随后经过小幅震荡，从第5个月开始出现回升，第13个月开始，产出由下降转变为上升，虽然趋势比较缓慢。因此，从长期看来，中国货币政策扩张对美国实际产出的影响，从第二年开始才由负效应转为正效应。

5. 中国货币政策冲击对美国国内物价水平的影响

从美国物价水平对中国扩张性货币政策一个标准差冲击的脉冲响应函数图（见图5-22）看，中国国内货币供应量增加会引起美国国内物价水平上涨，第1个月上升0.0907%，第2个月达到峰值，脉冲值为0.1311%，第3—7个月有所回落，第8个月开始继续呈现出平缓上升趋势。总体看来，中国货币政策扩张同样会导致美国物价水平提高，表现为显著的正效应。

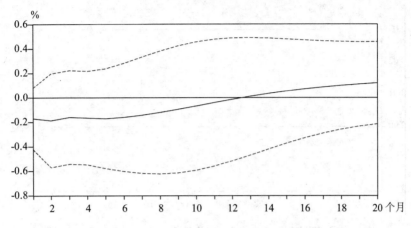

图 5 – 21 美国实际产出对中国货币政策冲击的脉冲响应函数图

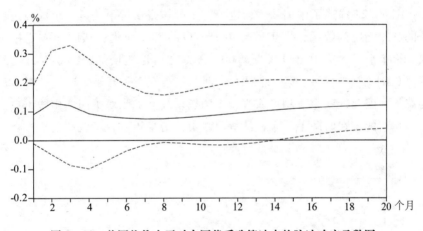

图 5 – 22 美国物价水平对中国货币政策冲击的脉冲响应函数图

6. 中国货币政策冲击对中美双边贸易的影响

图 5 – 23 描述的是中国向美国出口对中国扩张性货币政策冲击的动态响应，也是美国从中国进口的动态响应的反映。第 1 个月美国进口增加 0.0035%，第 3 个月上升至 0.0058%，第 4、第 5 个月小幅回落，第 6 个月微幅上升，第 7 个月开始出现缓慢上升，整体趋势较为平稳。因此，从长期来看，中国货币政策扩张对美国从中国进口的效应是积极的，且较为稳定。

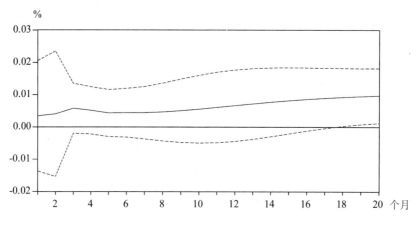

图5-23　美国从中国进口对中国货币政策冲击的脉冲响应函数图

图5-24描述了中国从美国进口对中国扩张性货币政策一个标准差冲击的脉冲响应函数图，即美国对中国出口的情况变化。从图5-24中发现，第1个月，美国出口减少0.0024%，之后迅速增加，第3个月达到峰值0.0124%，第4、第5个月有所回落，第6个月开始表现为缓慢增加的态势。因此，就整体趋势而言，中国货币政策扩张对美国向中国出口的影响是正的，在时间上看来，从货币政策冲击半年后，正效应趋于稳定。

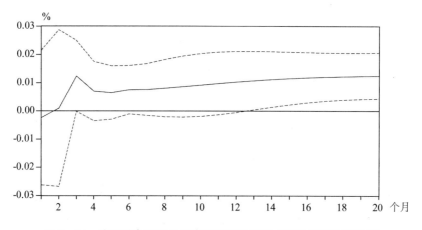

图5-24　美国对中国出口对中国货币政策冲击的脉冲响应函数图

中国扩张性货币政策冲击对其自身货币供应量、实际产出的影响表现为显著的正效应，对物价水平的正效应从第二年才有明显的表现。中国货币政策扩张对美国产出的影响从最初的负效应转变为正效应，对物价水平的正效应相对稳定，对中美双边贸易的影响反映为：先下降后上升，之后下降，然后持续缓慢上升的过程。

中美两国货币政策的国际溢出效应的存在，为货币政策国际协调提出了现实必要性。由于政策的国际溢出效应及国际传递，一国货币政策若独立行事，必然对其他国家国内经济产生影响，尤其是经济联系密切的国家之间更是如此。货币政策国际协调在理论上是可行的也是必要的，在现实中也是迫切需要的。

本章小结

本章首先探究了中美两国货币政策协调性及经济变量的发展动态，以及中美两国货币政策协调与两国经济周期协动性、消费协动性的关系。发现 20 世纪 80 年代后期开始，中美两国货币供应量 M1 的波动具有较强的趋同现象，但是，M2 的波动并没有明显的趋同现象。这与 M2 和 M1 的性质及可控性有一定的关系。金融危机后，两国货币政策协调性有所加强，对两国实际 GDP 协动性具有一定程度的影响。由于两国传统消费模式互补，两国消费波动趋同现象并不显著，但是，90 年代末开始，货币政策协调性使得两国消费波动性明显降低，尤其是对中国。

在此基础上，以 NOEM 为理论分析框架，结合中国实际，构建了在外生冲击下国际货币政策协调的理论模型。在模型构建过程中，以探求政策传递机制和政策协调福利为目的，以考虑现实背景及中国实践为特点，以借鉴 NOEM 框架对该领域的分析为方法。经 CCD 模型分析，发现：（1）当每个国家的所有部门受到相同的生产率冲击时，无论国家间的冲击的不确定性是否对称，货币当局采取积极的应对态度是比被动态度更明智的选择。（2）当国家间冲击的不确定性对称时，不管受到冲击的只有非贸易品部门还是只有可贸易品部门，两国货币当局之间的货币政策国际协调都是比纳什政策和被动态度更明智的选择。（3）当国家间冲击的不确定性不对称时，如果只有一个部门受到冲击，无论是非贸易品部门还是可贸易品部门，冲击不对称程度满足 $\frac{1}{2} < k < 2$ 且 $k \neq 1$ 时，货币政策的国际协调对两国是帕累托最优的，是双赢的选择。当 $0 < k < \frac{1}{2}$，货币政策的国际协调仅对本国有利，对外国不利；当 $k > 2$ 时，政策协调仅对外国有利，对本国是不利的。因此，当中美两国受到冲击的不确定性的不对称程度非常高时，协调仅对一国单方面有利。

CCD 模型从理论角度进一步说明了国际经济政策协调的必要性以及需要满足的条件，为分析中美两国货币政策国际溢出效应及国际传递机制提供了理论分析模型。

利用中美两国 2007 年 8 月至 2011 年 6 月的月度数据，借助 SVAR 模型及其脉冲响应函数，分别考察了金融危机后，美国货币政策对自身国内经济的影响，和对中国国内经济的国际溢出效应及国际传递机制，以及中国货币政策对中国自身国内经济的影响，和对美国国内经济的国际溢出效应及国际传递机制。结果发现，美国扩张性货币政策：对自身国内货币供应量的短期效应是波动的，长期效应是稳定的，总体效应是积极的；对国内实际产出的影响具有时滞性，但长期效应是积极的；扩张性货币政策将导致国内物价水平上涨。美国货币政策扩张对中国：实际工业总产值和工业销售值的短期效应是消极的，长期效应是积极的、显著的、趋于稳定的；在短期内降低中国物价水平，但长期内导致中国国内物价水平上升，产生通货膨胀；对中美进出口贸易的正效应从第二年才开始显现。

中国货币政策扩张：对国内货币供应量具有显著、稳定的正效应；对实际工业总产值、工业销售值的效应在短期内逐渐扩大，第二年开始趋于稳定，总体效应是积极的；货币政策扩张引起物价上涨，从第 4 个月开始影响变得明显。中国扩张性货币政策对美国：实际产出的影响从第二年开始由负效应变为正效应；将引起美国物价水平提高，且影响比较稳定；美国从中国进出口表现为：先下降后上升，之后下降，然后持续缓慢上升的过程。

第六章

全球金融危机以来中美货币政策协调的现实表现

第一节 金融危机下中美货币政策国际协调的必要性及意义

一 金融危机下中美货币政策国际协调的必要性

（一）经济全球化提供了货币政策协调的背景

经济全球化是世界范围内的各个国家在生产、分配、消费等各个领域的一体化趋势，包括世界统一大市场的形成和扩大、国际贸易的频繁、国际直接投资的增加、信息交流的加快、资源配置效率的提高等，它是各国经济高度融合、相互依赖的表现。经济全球化引起了各国在货币经济领域的相互联系更加密切。无论是发达国家还是发展中国家，都不能从这样的大环境独善其身，无法从世界经济中独自抽身。一国经济与其他国家的经济，尤其是与相互依存度高的国家经济之间，是密不可分、彼此交织的。在此背景下，各国政府的宏观经济政策更容易通过经济体之间的联系相互传递、相互影响。因此，一国货币政策的独立性大大削弱。各国应该站在全球经济的高度，不仅考虑国内自身经济的发展现状，同时关注外部经济的变化，加强国家之间的货币政策等宏观经济政策协调变得日益紧迫和重要。

（二）全球金融危机增强了各国的协调意识

由次贷危机引发的金融危机已经演变为全球金融危机，对人类社会和全球经济产生了巨大影响。危机引起市场信心匮乏、货币市场紊乱、信贷紧缩，并且通过国际贸易、资本流动、心理预期等渠道，从个别国家蔓延至全球范围，从虚拟经济扩散至实体经济，成为全球性问题。

在世界经济高度全球化的今天，面对这样的共同经济灾难，面对这样的全球性问题，更加需要行之有效的全球性的解决方案，任何单边行动或

是以邻为壑的政策，只会进一步加剧危机带来的负面效应。世界各国应该
清醒地意识到这一点。必须认识到加强政策的国际协调是大势所趋，是缓
解危机和复苏经济的唯一出路。各国应在"互信"的基础上，形成集体
意识，采取一致行动，加强信息交流与沟通，促进国际金融体系改革，促
进国际货币政策协调机制的构建。在后金融危机时期，无论是在救市计
划，还是退出策略的安排方面，抑或是恢复世界经济的战略中，应加强货
币政策国际协调。

（三）宏观经济政策的溢出效应要求政策的协调性

在开放经济条件下，货币政策、财政政策等宏观经济政策的溢出效应
越加显著。任何一个国家或经济体，如美国、欧盟、日本、中国等，其货
币政策不仅可以通过利率渠道、信用渠道、心理预期渠道等对本国国内经
济变量产生作用，而且还可以通过国际贸易渠道、国际直接投资渠道、汇
率渠道等对其他国家国内经济产生影响，形成国际溢出效应。与此同时，
该国国内经济也受到来自其他国家货币政策的影响，导致该国依据自身经
济制定的货币政策无法达到预期效果和政策目标。当一国货币政策对其他
国家国内经济发挥积极作用时，称为积极效应；反之，当一国货币政策对
其他国家国内经济产生消极作用时，称为消极效应。因此，一国在制定宏
观经济政策时，不能仅仅以本国经济状况为依据，同时需要考虑其他国家
的可能反应和可能采取的措施，兼顾国内外经济因素，选择相对最佳的政
策，这也进一步凸显了各国之间货币政策国际协调的必要性。

（四）中美经济的特殊互补关系奠定了两国货币政策协调的基础

在世界经济中，美国和中国是两个极具特殊性的国家。美国是最大的
发达国家，中国是最大的发展中国家。中美两国的经济性质、经济结构、
发展模式、发展阶段等具有特殊的互补关系（见表6-1）。

美国经济高度发达，经济总量位居世界第一，工农业生产门类齐全，
集约化程度较高，高新技术产业发展迅速，在贸易、投资、技术等多个领
域都处于世界领先地位，但是，其国内经济结构失衡现象严重。过度借
贷，过度消费，国内储蓄水平极低，主要依靠外国资金流入弥补储蓄与投
资缺口，用来支撑国内高消费。国内服务业发达，尤其是金融业，但国内
经济发展对虚拟经济的依赖程度过高。在大力发展高新技术产业和现代服
务业的同时，将国内制造业转移至中国等发展中国家，导致大量进口制成
品，产生贸易逆差。

表 6 - 1　　　　　　　　　　　　中美经济互补关系

	美国	中国
发展模式	消费主导型	投资主导型
消费倾向	高消费	高储蓄
资源禀赋	资本、技术	劳动力
贸易平衡	贸易逆差	贸易顺差
储备资产	对外负债增加	外汇储备增加
核心产业	金融及房地产服务业	制造业
产业链地位	高附加值	低附加值
经济扩张主体	虚拟经济扩张	实体经济扩张

　　中国经过改革开放以来 30 多年的发展，在当今世界经济中已经具有举足轻重的地位。通过优先发展轻工业，加强基础产业和基础设施建设，大力发展第三产业等一系列措施，使国内经济结构趋于协调，并向产业结构优化和产业转型升级的方向发展。2010 年，中国国内生产总值达到401512.8 亿元，比 2009 年增长 17.78%，总量居世界第二位，仅次于美国，其中第一产业增加值增长 15.07%，第二产业增加值增长 18.87%，第三产业增加值增长 17.26%；全年出口贸易 15777.9 亿美元，增长31.3%；进口贸易 13962.4 亿美元，增长 38.8%。截至 2012 年，中国已经实现国内生产总值518942.1 亿元，比 2011 年增长 9.69%，其中第一产业增加值增长 10.29%，第二产业增加值增长 6.69%，第三产业增加值增长 12.77%；全年出口贸易 20487.1 亿美元，增长 7.92%；进口贸易18184.1 亿美元，增长 4.30%。中国经济快速发展的同时，内部经济结构出现失衡，主要表现为国内储蓄过度，内需严重不足，国内产业以制造业为主，处于世界产业链发展的低端，经济发展对外部经济依赖严重，对外贸易依存度高。中国大量出口积累了巨额外汇储备，而这些外汇储备又以极低的利率借给美国，供其长期借贷消费。

　　中美经济的特殊互补关系奠定了两国货币政策协调的基础。美国在世界的经济地位，决定了其货币政策对其他国家货币政策及国内经济的重要影响。美国的货币政策，特别是利率政策，对其他国家有重要的制约作用。中国经济融入世界经济程度越高，受世界经济影响程度就越大，毫无疑问，对其他国家的影响也越大，中国货币政策同样受到美联储货币政策的制约和影响。这意味着，两国若能从全球角度出发，充分认识自身在世界经济中的地位和责任，共同努力，加强政策协调与磋商，采取一系列前瞻性的货币政策，对于调整两国内部结构失衡，对于全球走出危机、稳定经济增长具有不可替代的作用。世界其他国家也期待着中美两国在全球金融危机中发挥领导作用。

二 金融危机下中美货币政策协调的意义

中美两国宏观经济的特点与联系、相互影响与相互传递，使彼此之间的货币政策博弈变得愈加复杂。但是，值得肯定的是，中美两国加强货币政策协调、共同构建货币政策的互信机制与长效机制，具有非常重要的全球意义。

首先，根据上文理论分析，中美两国货币政策协调确实有助于降低货币政策溢出效应带来的福利损失，使两国整体的福利收益最大化。

其次，从现实角度分析，中美两国货币政策协调有助于减轻甚至消除中国和美国国内经济结构失衡，有益于两国经济朝着良性互动的方向发展。

最后，中美两国货币政策协调有利于世界经济。作为世界最大发达国家的美国和最大发展中国家的中国之间的协调与合作，可以充分发挥两国在世界经济发展中的引擎作用，为改革旧的国际货币体系、构建新的国际金融秩序做出贡献，为最大程度上减轻危机对各国的冲击、保证后金融危机时期世界经济稳步复苏和健康运行做出贡献。

第二节 金融危机以来中美货币 政策协调的现实表现

2007 年 8 月，美国次贷危机向全球蔓延，许多国家都不同程度地陷入危机中，美国次贷危机演变为金融危机，进而恶化为全球金融危机，各国开始意识到危机的危害性，各国政府和中央银行开始采取联合救市行动。货币政策方面的联合应对措施主要包括注资行动、联合降息行动、各国国际合作以及国际组织援助等。

第一，全球注资行动。

自 2007 年 8 月开始，西方各国政府和央行不同程度地向金融系统注入流动性资金，目的是为了避免金融系统信贷紧缩导致美国经济进一步衰退，进而稳定信贷市场和股市，减轻金融危机对国内及全球经济的冲击与危害。

2007 年 8 月 9 日，欧洲央行向金融市场紧急投放 948 亿欧元，约合 1299 亿美元，目的是为抑制急剧上升的拆借利率。8 月 10 日，欧洲央行再次注资 610.5 亿欧元，约合 836.4 亿美元。

2007 年 8 月 11 日，欧洲、北美和亚洲多个国家的央行在 48 小时内向金融系统注资，总额超过 3262 亿美元。

2007 年 8 月 14 日，美国、日本和欧洲三大央行向金融系统注资 720 亿美元。

2008 年 3 月 11 日，欧洲央行、英格兰银行、加拿大银行和瑞士国家银行分别向金融系统注资 150 亿美元、100 亿英镑、40 亿加元和 60 亿美元。

截至 2008 年 9 月底，日本央行累计注资 12.5 万亿日元，约合 1180 亿美元。随后，又分别于 2009 年 1 月 8 日、1 月 20 日向金融机构提供 1.22 万亿日元和 1.29 万亿日元的低息贷款。

2008 年 10 月 7 日，俄罗斯向银行注入资金，总额达到 9500 亿卢布。

2008 年 10 月 8 日，英国英格兰向银行提供 2000 亿英镑短期信贷额。

第二，全球联合降息行动。

除采取对金融系统注资外，各国政府和央行同时采取了降息行动，目的是为了将利率保持在较低的水平，从而确保金融系统内部流动性，振奋投资者的信心。2008 年 7 月 25 日，新西兰联储降低基准利率 25 个基点，9 月 11 日，再次意外降低利率 50 个基点，使新西兰利率回到 7.50% 的水平。

2008 年 9 月 2 日，澳洲联储也宣布降息，降低基准利率 25 个基点，到达 7.0% 的水平，成为 7 年来首次降息行动。

2008 年 10 月 8 日，全球六大央行，包括美联储、欧洲央行、英格兰银行、加拿大银行、瑞士国家银行、瑞典国家银行等，有史以来首次联合宣布降息，降低基准利率 50 个基点。

2008 年 10 月 9 日，韩国央行也决定降低基准利率 25 个基点。10 月 27 日，韩国央行再次紧急降息 75 个基点，成为有史以来最大的降幅。

2008 年 10 月 31 日，日本央行将银行间无担保隔夜拆借利率由 0.5% 下调至 0.3%。2008 年 12 月，日本央行再次将该利率由 0.3% 下调至 0.1%。

2008 年 11 月 6 日，欧洲央行宣布再次下调主导利率 50 个基点，由

3.75% 降至 3.25%。英格兰银行宣布将存贷款基准利率下调 150 个基点，由原来的 4.5% 下调至 3%，这是自 1997 年以来英国央行首次超过 50 个基点的降息举措。

2009 年 3 月 5 日，欧洲央行再次将主导利率由 2% 下调至 1.5%，成为欧元启动以来的最低水平，从 2008 年秋季至此，欧洲央行已累计下调利率 275 个基点。

第三，各国国际合作。

各国参与国际合作的主要表现为货币互换以及其他合作。

货币互换，又被称为货币掉期，是交易双方在一定期限内，将一定数量的货币同另一种一定数量的货币进行交换，两笔债务资金金额相同、期限相同、利率计算方法相同，但货币不同。需要明确的是，双方互换货币，但是各自的债权债务关系不变。货币互换是一种控制中长期汇率风险的债务保值工具，其主要目的是降低筹资成本，同时，规避汇率变动风险带来的损失。一般地，在期限上，主要外币可以做到 10 年。货币互换的利率形式，可以是固定与固定交换，也可以是浮动与浮动交换，还可以是固定与浮动交换。货币互换中规定的汇率，可以是即期汇率，可以是远期汇率，还可以是双方协商确定的其他水平。金融危机爆发后，货币互换同样被作为各国彼此之间的合作方式之一，以稳定金融市场。以美国和中国为例的货币互换举措见下文。

为稳定金融，减缓危机造成的经济冲击，各国主要领导人在相互合作、联合行动方面具有一致的意向。

2008 年 3 月 27 日，法国总理萨科奇在对英国进行国事访问中，与英国首相布朗共同呼吁各国银行彻底直接披露资产减记情况，同时，他们还就欧盟改革的必要性及促进金融稳定的其他方式和渠道进行了探讨。

2008 年 3 月 31 日，美国总统布什与英国首相布朗同意共同合作以应对金融市场动荡。

2008 年 4 月 12 日至 13 日，七国集团（G7）和国际货币基金组织（IMF）召开会议，要求加强金融监管以稳定金融市场动荡。

2008 年 4 月 16 日，英国首相布朗访问美国时呼吁全球性减税、各国实行同步的财政和货币政策。

2008 年 10 月 12 日，欧元区 15 国领导人在法国巴黎举行了首次峰会，同时，通过了以各国"自救"为基础的危机应对联合行动计划，为欧元区各国的救市行动制定了由各国政府担保银行债务和存款的统一框架。

2008年10月24日，中国国家主席胡锦涛在亚欧首脑会议开幕式致辞，呼吁世界各国加强政策协调、密切协作、共同应对金融危机。中国应本着负责任的态度，与国际社会为维护国际金融稳定和经济稳定而努力。

2008年11月15日及2009年4月2日，G20集团分别在华盛顿和伦敦召开金融峰会，探讨如何推动全球协同合作、共同抵御金融危机、刺激全球经济平稳增长。与会各国就加强宏观经济政策协调，深化国际经贸合作、加强金融监管力度、加强市场诚信建设、推动国际金融机构改革等问题达成共识。

第四，国际组织援助。

在2009年4月2日的G20金融峰会上，各国达成一致协议：将IMF的可用资金提高两倍，由2500亿美元增加到7500亿美元，以便为IMF和世界银行等多边金融机构提供总额为1.1万亿美元的资金，来帮助危机中陷入困境的国家。同时，为区域性的多边发展银行提供至少1000亿美元的贷款支持，从而为最贫困国家提供优惠融资。该协议对恢复全球信贷和全球经济增长起到了一定的作用。

另外，国际货币基金组织（IMF）、世界银行（WB）等多边金融组织，通过贷款安排创新、增加救助资金规模等多重途径对陷入危机困境的国家施以救援，充当"最后贷款人"，以缓解危机对国内经济造成的冲击和损失。

在经历了各自国内经济刺激计划及联合救市计划等一系列行动之后，2009年下半年，各国经济复苏信号出现，各国政府开始考虑经济刺激政策的退出机制。2009年10月，澳大利亚成为G20中第一个加息的经济体，从此开启了经济刺激计划退出之门。

各国政府协调退出机制并非是要在同时退出，而是应根据各国经济的复苏程度、各国自身的实际情况有序退出。由于国情不同，经济刺激手段和措施不同，宏观经济政策的可持续性不同等原因，各国对退出机制的反应必定不同。像美国和其他一些国家经济恢复和增长尚未完全显现，其退出机制的实践势必相对较晚。如果各国政府能够对退出最佳时机、退出路径选择以及每阶段宏观经济政策变动幅度的大小彼此沟通，形成对世界经济形势、各国经济形势的准确认识，必定能减少政策偏误。由于中美两国经济上的紧密联系和互补关系，两国政府应在宏观经济政策方面加强沟通与协调，从而最小化政策变动对各国国内市场以及世界市场的冲击。

一 金融危机以来美国的货币政策措施

（一）金融危机以来美国国内经济的现实表现

毫无疑问，由次贷危机演化的金融危机对美国国内经济的冲击是"百年一遇"的。金融危机爆发至今，其发展大致经历了几个阶段：次级债市场短期波动；次贷危机蔓延至其他金融市场和实体经济，真正的信用紧缩开始显现；信用紧缩进一步恶化，实体经济严重衰退。

金融危机对美国构成一种负向的需求冲击，导致人们收入预期降低，投资者和消费者信心缺失，工业生产低迷，失业现象严重，进口需求萎缩，总体经济走软。

自金融危机以来，美国国内经济的表现：

1. 经济增长

本轮金融危机使美国遭受了自 20 世纪 30 年代以来最严重的一次经济衰退，美国经济自 2007 年第三季度以来季度 GDP 增长率持续下降（见图 6－1），从 2008 年第三季度开始连续 6 个季度开始出现负增长，2009 年第二季度增长率甚至达 －5%。在美国大规模经济刺激政策和措施下，2009 年第二季度以来，美国经济开始缓慢复苏，自 2010 年第一季度开始出现正增长。

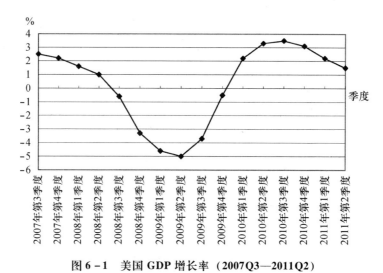

图 6－1　美国 GDP 增长率（2007Q3—2011Q2）

注：原始数据来源于 EIU Country Data。

2. 通胀水平

2008 年 9 月开始，美国居民消费价格指数 CPI 出现下降（见图 6-2）。2009 年 3—10 月，CPI 指数连续 8 个月同比负增长，出现轻度的通货紧缩，2009 年 7 月处于最低水平，为 97.9%，比 2008 年同期降低 2.1%。2009 年 11 月开始，美国 CPI 指数上升，2010 年 CPI 指数相对平稳，2010 年 4 月显著上升，比 2009 年同期增长 3.2%，之后连续 3 个月比 2009 年同期水平增长 3.6%。

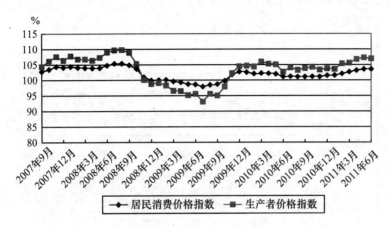

图 6-2 美国价格指数变化（2007 年 9 月—2011 年 6 月）

注：原始数据来源于国研网，上年同期 = 100。

3. 失业率

2008 年 5 月开始，连续数月美国失业率急剧上升（见图 6-3），从 2008 年 5 月的 5.5% 升至 2009 年 10 月的 10.1%，之后，2009 年 11 月至 2010 年 11 月的一年间，美国失业率始终处于 9.5%—10% 之间，2010 年 12 月至 2011 年 6 月，失业率有所降低，但仍然徘徊在 9% 附近。可见，美国在金融危机冲击下，虽然 GDP 增长率表现有所好转，经济表现出温和的复苏，但是，失业率仍然居高不下，失业率恢复到危机前水平还有待时日。

4. 制造业经济

制造业采购经理人指数是用来衡量制造业在生产、新订单、商品价格、存货、雇员、订单交货、新出口订单和进口八个方面的情况的指标。通常以百分比的形式表示，以 50% 作为制造业经济总体状况的分界点。

当制造业 PMI 指数高于 50% 时，反映制造业总体经济处于扩张状态；当低于 50% 时，则反映制造业总体经济处于衰退状态，尤其是非常接近40% 的时候，有经济萧条的担忧。2007 年 9 月至 11 月，制造业 PMI 指数高于 50% （见图 6 - 4）；12 月，降至 48.4%；2008 年 1 月回升至50.7%。2008 年 2 月起至 2009 年 7 月的连续 18 个月，美国制造业 PMI 指数始终处于 50% 以下的水平，其中，2008 年 10 月至 2009 年 3 月的 6 个月一直处于 40% 以下的水平，可见制造业经济严重萧条。2009 年 8 月至今，制造业 PMI 指数明显回升，保持在 50% 以上的水平。

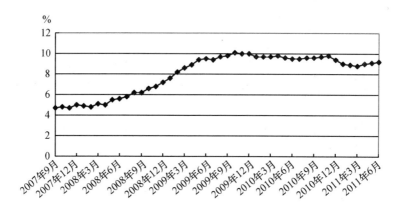

图 6 - 3   美国失业率变化（2007 年 9 月—2011 年 6 月）

注：原始数据来源于国研网，上年同期 = 100。

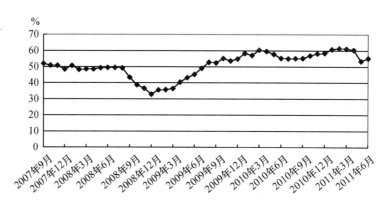

图 6 - 4   美国制造业采购经理人指数变化

（2007 年 9 月—2011 年 6 月）

注：原始数据来源于国研网，上年同期 = 100。

5. 进出口贸易

金融危机冲击下，美国国内经济衰退，导致对外国产品的需求降低。2008 年 8 月至 2009 年 6 月，美国进口额明显萎缩，之后出现缓慢回升，到 2010 年年末 2011 年年初逐渐恢复危机前水平。2008 年 8 月至 2009 年 4 月，美国出口额同时萎缩，之后进入缓慢恢复过程（见图 6 - 5）。

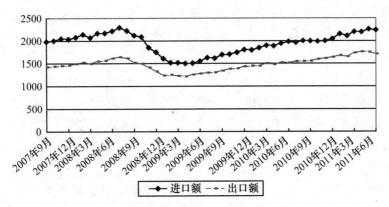

图 6 - 5　美国进出口贸易变化（2007 年 9 月—2011 年 6 月）

注：原始数据来源于国研网。

（二）美国采取的货币政策方面的措施

危机爆发以来，美国政府实施了一系列救市计划，包括货币政策和财政政策。这里主要关注美国政府和美国联邦储备委员会的货币政策方面的措施。美国货币当局采取了常规货币政策工具，同时也采用了若干非常规货币政策工具，即我们所谓的新型货币政策工具，以应对此次金融危机的特殊情形。

具体措施包括以下几个方面：

1. 降息

当地时间 2007 年 9 月 18 日，美国联邦储备委员会决定将联邦基金利率，即商业银行间隔夜拆借利率，由原来的 5.25% 降至 4.75%（见表 6 - 2 和图 6 - 6），以应对愈演愈烈的信贷危机。从此，美联储由此前四年的加息周期进入新一轮的降息周期。

2007 年 10 月 31 日，美联储在议息会议后再次降息 25 个基点。2007 年 12 月 12 日，美联储降息 25 个基点，从 4.5% 降至 4.25%。

2008 年 1 月 22 日，美联储发表声明，称美国"经济前景有所恶化，经济增长面临的下行风险增长"，并决定紧急降息 75 个基点，从 4.25%降至 3.5%，成为美联储自 2001 年 9 月以来首次紧急降息，是美联储 20世纪 80 年代以来降息幅度最大的一次。1 月 30 日，美联储将联邦基金利率再降低 50 个基点，从 3.5%降至 3.0%。

2008 年 3 月 19 日，美联储决定将联邦基金利率再次下调 75 个基点，从原来的 3.0%下调至 2.25%。这是继 1 月 22 日后，第二次下调 75 个基点。至此，已经连续降息 6 次，累计下调 300 个基点。

2008 年 4 月 30 日，美联储宣布再度降息 25 个基点。

2008 年 10 月 8 号，美联储降息 50 个基点，同日，包括美联储、欧洲央行、英格兰银行、加拿大银行、瑞士国家银行、瑞典国家银行在内的全球六大银行首次联合降息。同月 29 日，美联储在货币政策决策例会上，将联邦基金利率从原来的 1.5%下调至 1.0%，此次降息使美国联邦基金利率降到了 1958 年以来的最低水平。

2008 年 12 月 16 日，美联储在货币政策决策会议上将联邦基金利率从 1%降至历史最低水平——0%—0.25%。保留这样的利率区间给市场的印象是利率尚未完全到达零点，但是，对投资者而言，这样的利率与零利率无异。因此，美国的利率政策工具已经没有作用的空间。

在此后的货币政策决策例会上，美联储多次表示"在未来较长的时间内，利率维持在 0%—0.25%不变"。目前，美国联邦基金利率仍然保持在该区间范围。

表 6 - 2　　　　　金融危机以来美联储历次降息：联邦基金利率　　　　单位:%

降息时间	降息前利率	降息后利率	降息幅度（基点）
2007 年 9 月 18 日	5.25	4.75	50
2007 年 10 月 31 日	4.75	4.50	25
2007 年 12 月 12 日	4.50	4.25	25
2008 年 1 月 22 日	4.25	3.50	75
2008 年 1 月 30 日	3.50	3.00	50
2008 年 3 月 19 日	3.00	2.25	75
2008 年 4 月 30 日	2.25	2.00	25
2008 年 10 月 8 日	2.00	1.50	50

续表

降息时间	降息前利率	降息后利率	降息幅度（基点）
2008 年 10 月 29 日	1.50	1.00	50
2008 年 12 月 16 日	1.00	0.25	75

注：原始数据来自 http://www.forex21.cn/。

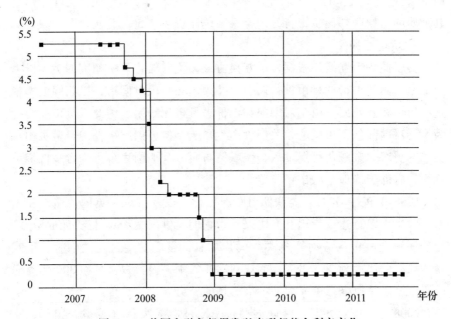

图 6 - 6　美国金融危机爆发以来联邦基金利率变化

注：原始数据来自 http://www.forex21.cn/。

2. 注资

美国对金融市场增加流动性的另一种直接方式就是注资。

2007 年 8 月 9 日，美联储在公开市场操作中向金融系统注入 240 亿美元资金。

2007 年 8 月 11 日，美联储在一天之内向金融市场连续三次注资，总额高达 380 亿美元。这是自 2001 年 9 月 19 日以来，美联储在一天之内向市场注资金额最高的一次。

2007 年 8 月 13 日，美联储再次注资 20 亿美元。8 月 17 日，美联储注资 60 亿美元。8 月 20 日，美联储注资 35 亿美元。8 月 21 日、23 日和 28 日，美联储通过其下属的纽约联邦储备银行，分别向金融系统再注资

37.5亿美元、70亿美元和95亿美元。8月29日，美联储注资52.5亿美元。8月30日，美联储注资100亿美元。9月4日，美联储通过2日回购协议，向金融系统注入50亿美元临时储备资金。9月6日，美联储通过14日回购协议，向银行体系注入70亿美元临时储备资金，通过7日回购协议，注入160亿美元储备资金，通过隔夜回购协议，注入82.5亿美元储备资金。11月1日，美联储注资410亿美元。11月15日，美联储通过其下属的纽约联邦储备银行，向金融系统注资472.5亿美元。

3. 货币互换

美联储货币互换是根据货币互换协议，美联储将某一额度的美元以一定汇率与其他央行的货币进行调换，并约定在一段时间后，以相同汇率将这些货币相互换回。由于对期限和汇价进行事先约定，因此，货币互换行为不会对国际外汇市场的相关汇价产生影响，但可以解决外国金融机构对美元的需求。金融危机爆发后，美联储与西方其他国家央行进行多次货币互换，有助于确保金融市场稳定。

2008年9月18日，美联储与欧洲央行，以及日本、英国、瑞士和加拿大的中央银行达成货币互换协议，为它们提供高达1800亿美元的资金，用于缓解金融市场流动性短缺。9月24日，美联储通过建立临时货币互换协议，向澳大利亚、丹麦、挪威和瑞典的中央银行提供总额300亿美元的资金，以缓解全球美元短期拆借市场的压力。

2008年10月13日，美联储通过与欧洲三大央行（英格兰银行、欧洲央行和瑞士银行）的货币互换安排向市场"无限量"提供美元资金。

2008年10月，美联储与墨西哥、巴西、韩国和新加坡四国的中央银行分别签署上限为300亿美元的货币互换协议，有效期至2009年4月30日。这些货币互换协议的目的是增强新兴市场国家的资金流动性，降低金融危机对这些国家金融市场和实体经济的冲击。2009年2月，美联储与巴西续签协议，将有效期延长至2009年10月31日。6月25日，美联储与巴西再次续签货币互换协议，将协议到期日由2009年10月31日延长至2010年2月1日。

2009年4月6日，美联储宣布与欧洲央行、英国央行、日本央行和瑞士央行签署新的货币互换协议，从这4家央行获取总计约2870亿美元的欧元、英镑、日元与瑞士法郎，以供市场不时之需。如果需求上升，美联储最多可以向欧洲央行、英国央行、日本央行和瑞士央行分别购买800

亿欧元（约合 1080 亿美元）、300 亿英镑（约合 450 亿美元）、10 万亿日元（约合 990 亿美元）和 400 亿瑞士法郎（约合 350 亿美元）。有效期至2009 年 10 月 30 日。

由于希腊债务危机影响，欧洲短期金融市场形势紧张，国际金融市场动荡，市场对美元需求增加，2010 年 5 月 9 日，美联储启动与欧洲央行、英国央行、加拿大央行、日本央行、瑞士央行的总额为 2870 亿美元的临时货币互换机制，有效期至 2011 年 1 月 1 日。2010 年 12 月，欧洲主权债务危机再度爆发，美联储决定将与这五大央行的货币互换协议有效期延长至 2011 年 8 月 1 日。2011 年 6 月 29 日，美联储决定延长与欧洲央行、加拿大央行、英国央行以及瑞士国民银行这四家西方主要中央银行的临时性货币互换协议至 2012 年 8 月 1 日，旨在向海外金融机构提供所需美元资金，缓解欧洲债务危机压力。

4. 贷款拍卖活动

为防止信贷进一步萎缩引起经济衰退，美联储先后采取了降息、向银行系统注资等措施，但是，商业银行大多不愿通过贴现方式向中央银行直接借款，以免引起投资者担忧。2007 年 12 月，美联储建立了贷款拍卖机制，目的是为流动性短缺的商业银行提供资金，恢复和促进这些银行的定期贷款业务。这是使商业银行从中央银行获得短期贷款的一条新途径。

2007 年 12 月 19 日，美联储进行首次短期贷款拍卖活动，注入 28 天期限的 200 亿美元资金，贷款利率设定在 4.65%，共有 93 家银行参加。第二次贷款拍卖活动金额同样是 200 亿美元，贷款利率为 4.67%。两次拍卖活动利率均低于美联储的贴现率 4.75%。分别于 1 月 16 日和 1 月 28 日举行的第三次和第四次贷款拍卖活动，将贷款额提高至 300 亿美元，贷款利率分别降至 3.95% 和 3.123%。

2008 年 2 月 11 日，美联储举行了第五次贷款拍卖活动，贷款额仍为300 亿美元，贷款利率降为 3.01%。2 月 25 日，举行第六次贷款拍卖活动，贷款额为 300 亿美元，贷款利率为 3.08%。3 月 10 日和 24 日举行的两次贷款拍卖活动将贷款额提高至每次 500 亿美元。5 月 5 日和 5 月 19日，美联储进一步扩大拍卖规模至每次 750 亿美元资金。同时，将 6 月的拍卖次数由每月两次增加到每月三次，分别定于 6 月 2 日、16 日和 30日，每次提供 750 亿美元资金。7 月 30 日，美联储新建立了期限为 84 天的贷款拍卖机制，作为现有期限为 28 天的短期贷款拍卖机制的补充。8

月 11 日，美联储首次举行期限为 84 天的贷款拍卖活动，提供 250 亿美元资金。8 月 12 日，美联储通过短期贷款拍卖方式向商业银行再次提供 500 亿美元资金。8 月 25 日，美联储再次通过贷款拍卖方式向商业银行提供资金 750 亿美元，拍卖的是 28 天期贷款。9 月 8 日，美联储通过该方式再次提供 250 亿美元资金，拍卖的是 84 天期贷款。这是自贷款拍卖机制建立以来，美联储的第 21 次贷款拍卖活动。截至此次活动，美联储已经通过该方式为商业银行提供 1.06 万亿美元资金。

2008 年 9 月 29 日，美联储发表声明，从 10 月 6 日起将 7 月 30 日开始的期限为 84 天的贷款拍卖规模，由原来的每次 250 亿美元扩大为每次 750 亿美元，期限为 28 天的贷款拍卖规模保持 750 亿美元不变。11 月将举行两次额外的贷款拍卖活动，提供资金共计 1500 亿美元。

5. 定量宽松货币政策

所谓"定量宽松"是由日本最早提出的一个概念，是指当利率接近或者到达零的情况下，央行通过购买各种债券，向货币市场大量注入流动性的干预方式。定量宽松一般只是在极端情形使用，因此被经济学界视为"非传统方式"。

2007 年 8 月至 2008 年 12 月，美联储多次降息，已经将联邦基金利率由 5.25% 下调至 0%—0.25%，利率政策已经没有作用的空间。2008 年 9 月，雷曼兄弟公司倒闭后，美联储推出了第一轮定量宽松货币政策，截至目前，美联储已经推出两轮定量宽松货币政策。

第一轮定量宽松货币政策（QE1）：

2008 年 11 月 25 日，美联储宣布，最高将购买政府支持企业（简称 GSE）房利美、房地美、联邦住房贷款银行与房地产有关的直接债务 1000 亿美元，最高将购买由房利美和房地美、联邦政府国民抵押贷款协会（Ginnie Mae）所担保的抵押贷款支持证券（MBS）5000 亿美元，以此投放基础货币 6000 亿美元。这是联储首次公布将购买机构债和 MBS，标志着第一轮定量宽松货币政策的开始。

2009 年 3 月 18 日，美联储在结束议息会议后宣布，为向抵押贷款信贷和房地产市场提供更多的支持，联邦公开市场委员会（FOMC）决定最高再购买 7500 亿美元的机构抵押贷款支持证券以及最高再购买 1000 亿美元的机构债，以此来扩张美联储的资产负债表。此外，美联储还决定在未来半年内最高再购买 3000 亿美元的较长期国债证券。此举被称为美国的

"印钞票"救市计划。

2009 年 11 月 4 日，美联储在结束议息会议后宣布，决定购买 1.25 万亿美元的机构抵押贷款支持证券和约 1750 亿美元的机构债。后者略低于美联储早先公布的 2000 亿美元。美联储小幅调整了第一轮定量宽松政策的规模。美联储还决定这些证券和机构债的采购预计在 2010 年第一季度结束前完成。

2010 年 3 月 16 日，美联储在结束议息会议后宣布，过去一段时间美联储一直在执行 1.25 万亿美元机构抵押贷款支持证券和约 1750 亿美元机构债的采购工作，截至本次会议结束这些工作已接近完成，剩余采购额度将于 2010 年 3 月结束前完成。这意味着第一轮定量宽松政策已经接近尾声。

2010 年 4 月 28 日，美联储在议息会议后未再提及购买机构抵押贷款支持证券和机构债的问题。这标志着美联储的第一轮定量宽松货币政策正式结束。

从 2008 年 11 月至 2010 年 3 月，实施第一轮定量宽松货币政策期间，美联储累计共购买了 1.25 万亿美元的抵押贷款支持证券（MBS）、3000 亿美元的美国政府证券和 1750 亿美元的机构债，为金融系统和市场注入了 1.725 万亿美元流动性资金。通过 QE1，美联储有效消除了美国金融体系内的流动性短缺，拯救了银行业，达到了稳定金融市场的目的，但是对就业和消费的作用并不大。

第二轮定量宽松货币政策（QE2）：

自 2010 年 4 月，美国经济数据令人失望，复苏的步履蹒跚，尤其是失业率居高不下，美联储受到推出第二轮定量宽松货币政策的压力。

2010 年 11 月 3 日，在 QE1 结束数月后，美联储重启定量宽松货币政策，推出了 QE2，即在 2011 年 6 月底之前每月平均购入 750 亿美国长期国债，规模总计 6000 亿美元；同时，维持再投资政策，即把此前 QE1 购买的机构证券和抵押贷款支持证券（MBS）到期资金转投资于长期国债，预计将增加 2500 亿—3000 亿美元购买量。从规模来看，上述两项共将增加 8500 亿—9000 亿美元长期国债购买量（平均每月购买 1100 亿美元）。2010 年 6 月底，QE2 正式结束。

与第一轮定量宽松货币政策相比，第二轮定量宽松货币政策针对的是居高不下的失业率，而不是随时有可能崩溃的金融业。因此，QE2 是以小幅的、渐进的、频繁的调整为主，目的是以宽松的流动性刺激不景气的经济。美联储通过购买美国国债压低长期利率，刺激企业设备投资和个人购房，促进金融机构和个人资金流向证券市场，提振股市搞活消费。但是，对于 QE2 的实际效果，各国领导人和经济学家的看法并不一致。《华尔街日报》曾指出，QE2 未必能挽救就业，甚至可能带来四大后患：第一，美联储再推 QE2 购入更多资产，会加剧市场扭曲；第二，因印钞而导致热钱过多，会鼓励投资者投机炒作；第三，美联储将焦点过度集中于通胀和失业率，没有审慎考虑极低息环境会制造泡沫，甚至为未来金融危机埋下祸根；第四，由此带来的通胀预期是难以准确操控的。

6. 其他新型货币政策工具

在市场信心低落、经济景气萎靡的背景下，传统的货币政策工具显然对美国经济的刺激作用相当有限，美联储除运用贷款拍卖活动和定量宽松等新型货币政策工具外，还借助其他非传统的货币政策工具。比如一级交易商信用工具（Primary Dealers Credit Facility，PDCF）、资产支持商业票据货币市场共同基金融资工具（Asset – backed Commercial Paper Money Market Mutual Fund Liquidity Facility，AMLF）、货币市场投资者融资工具（Money Market Investor Funding Facility，MMIFF）、商业票据融资工具（Commercial Paper Funding Facility，CPFF）、定期资产支持证券贷款融资工具（Term Asset – backed Securities Loan Facility，TALF）等。

二 金融危机以来中国的货币政策措施

（一）金融危机以来中国国内经济的现实表现

愈演愈烈的金融危机严重影响了全球经济的健康发展，从华尔街到全世界，从虚拟经济到实体经济，各国都陷入了经济危机中。中国作为美国最大的贸易伙伴，无可避免地受到了冲击。相比欧美发达国家及其他发展中国家，中国受到的影响相对较小。由于资本市场开放程度低，对国内金融业的冲击相对较小，但金融危机的影响迅速从虚拟经济向实体经济蔓延，尤其是 2008 年第三季度后，对国内实体经济的冲击显现。对中国国内实体经济的影响主要体现在出口贸易急剧减少、投资增长缓慢、国内订单减少及生产萎缩等方面。

1. 进出口贸易

金融危机冲击下，美国、欧盟等主要发达国家国内进口需求急剧萎缩，导致中国出口增长减缓。由于出口企业外贸订单骤减，并波及多个行业，企业大幅裁员现象严重，失业率显著上升，长期依赖出口的外向型经济增长速度回落显著。1978 年中国对外贸易依存度 14.23%，出口依存度 6.72%；1998 年对外贸易依存度 31.78%，出口依存度 18.02%；2008 年对外贸易依存度达到 56.69%，出口依存度 31.64%。2008 年出口增速 17.23%，比 2007 年回落 8.73 个百分点。2009 年出口遭遇 1984 年以来首次负增长，为 -16.02%。根据 2007 年 8 月以来统计数据显示（见图 6 - 7），2008 年下半年开始，出口额和进口额连连递减。从金额来看，2009 年上半年已经开始出现缓慢回升，但相比 2008 年仍为负增长。

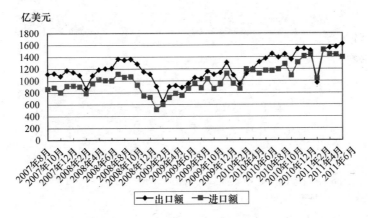

图 6 - 7　中国进出口贸易变化（2007 年 8 月—2011 年 6 月）
注：原始数据来源于国研网。

　　在出口具有比较优势的行业中，受到冲击最大的是纺织行业，需要面临出口需求减少和原材料、能源等成本上升的双重困难。据中国国家统计局公布的《国民经济和社会发展统计公报》显示，2008 年纺织业投资额 1534 亿元，同比增长仅 1.3%，增速比 2007 年滑坡 20 个百分点，如果考虑价格因素，实际投资增速已陷入负增长。纺织服装、鞋、帽制造业投资额 896 亿元，同比增长 19%，增速下降 17 个百分点。其上游行业化学纤维制造业投资增长仅为 3.2%，增速下滑 28.6 个百分点。2009 年纺织业投资额为 1768 亿元，增长 14.8%，纺织服装、鞋、帽制造业投资额 1051 亿元，同比增长 17%。但 2009 年，纺织制品及服装等出口出现了负增长（见图 6 -8）。纺织纱线、织物及制品出口金额 600 亿美元，比 2008 年增

长 - 8.4%；服装及衣着附件出口金额 1071 亿美元，比 2008 年增长 - 11.0%；鞋类出口 280 亿美元，增长 - 5.7%。其他行业出口，如家具、钢铁、煤等，都遭遇了前所未有的挑战。2009 年，家具及其零件出口 253 亿美元，比 2008 年增长 - 6.0%；钢铁出口 223 亿美元，比 2008 年增长 - 64.9%；煤出口 24 亿美元，比 2008 年增长 - 54.7%。

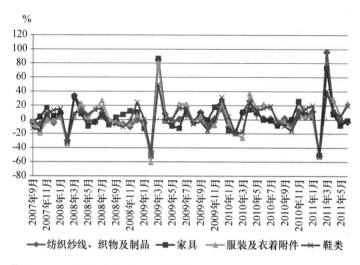

图 6 - 8　中国部分商品出口额增长（2007 年 9 月—2011 年 6 月）

注：原始数据来源于国研网。

2. 通胀水平

从 2008 年 5 月开始至 2009 年年末，居民消费价格指数 CPI 一直处于下降状态。由于国际大宗商品价格上涨，全球通胀预期上升，国内输入性通胀压力加大，加之国内投资需求使能源、劳动力、土地资源等成本上升，2010 年中国 CPI 指数持续上升，物价水平上涨（见图 6 - 9）。从 2008 年 9 月至 2009 年 7 月，工业品出厂价格指数 PPI 也处于下降状态，由此可见，金融危机引起国内经济持续衰退，直至 2009 年年底才有所缓解。

3. 实际利用 FDI

由于金融危机冲击后，世界整体流动性水平降低，中国吸引外商直接投资速度放缓，甚至部分月份出现了负增长（见图 6 - 10）。2007 年 9 月，实际利用外商直接投资金额 52.7%，比 2006 年同期增长 - 2.4%。2008 年第四季度开始，实际利用 FDI 金额明显回落。2008 年 10 月至 2009 年 7 月

（除 2009 年 6 月外）连续 9 个月出现同比负增长，2008 年 12 月甚至达到
了 -54.35%。2009 年 8 月起，出现小幅回升，但 2009 年全年比 2008 年下降
2.6%。2010 年实现了平稳较快回升，全年实际利用外资 1057.4 亿美元，同

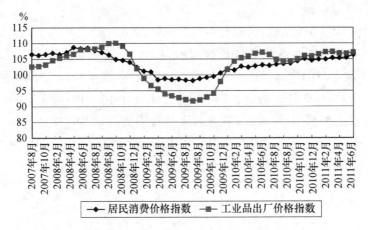

图 6 – 9 中国价格指数变化（2007 年 8 月—2011 年 6 月）

注：原始数据来源于国研网，上年同期 = 100。

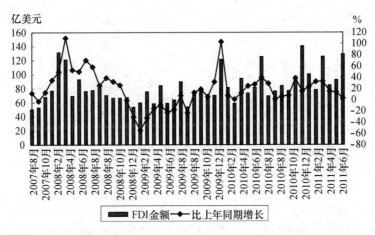

图 6 – 10 中国实际利用 FDI 变化（2007 年 8 月—2011 年 6 月）

注：原始数据来源于国研网。

比增长 17.4%，扭转了 2009 年的局面。2010 年实际利用 FDI 实现较快恢
复，主要得益于服务业和中西部地区吸引外资的大幅增长，其增长分别达
到 28.6% 和 27.6%。2010 年 4 月，正式公布了包括"优化利用外资结

构"等五部分内容的《国务院关于进一步做好利用外资工作的若干意见》，提出一系列积极利用外商直接投资的政策措施，尤其强调营造良好的投资环境，推动了2010年全年吸引外资的快速恢复与发展。

4. 制造业经济

根据反映市场动态的先行指标——制造业采购经理指数，2008年7月和8月，中国制造业PMI指数为48.4%，制造业经济衰退，2008年9月，回升至51.2%（见图6-11）。但受金融危机冲击，从2008年10月开始至2009年2月，制造业PMI指数连续数月处于50%以下，2008年11月甚至到达最低点38.8%，这段时间与美国制造业PMI指数处于40%以下水平的时间一致。2009年3月开始逐渐上升回稳，虽然2010年增速较缓，但是始终保持在50%的临界点之上。

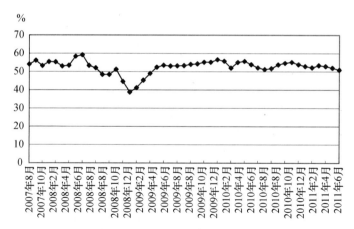

图6-11　中国制造业采购经理指数变化（2007年8月—2011年6月）

注：原始数据来源于国研网。

5. 工业生产

国内轻重工业增加值出现类似的变化：2007年下半年至2009年上半年，国内轻工业增加值和重工业增加值，相比2006年同期的增长率连续回落（见图6-12），2009年年中开始回升，2010年上半年继续回落，从2010年下半年逐渐企稳。

6. 经济增长

金融危机对中国实体经济各个方面造成了严重冲击。从全年国内生产总值来看（见图 6 – 13），虽然总金额连年保持递增趋势，但从 GDP 指数看，2008 年、2009 年显著回落，2010 年开始缓慢回升。

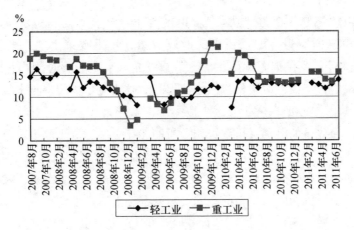

图 6 – 12 中国工业增加值增长（2007 年 8 月—2011 年 6 月）

注：原始数据来源于国研网；增长率系本期数比上年同期增长，每年 1 月份数据不作统计。

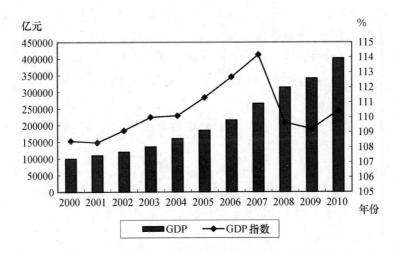

图 6 – 13 中国 GDP 及其指数变化（2000—2010 年）

注：原始数据来源于国研网；指数以上年 = 100。

（二）货币政策方面的应对措施

面对世界金融危机形势日趋严峻、国内经济遭受严重冲击，2008 年 9 月，中国开始实行以积极的财政政策和适度宽松的货币政策相搭配的宏观调控政策，出台了扩大内需的十大措施，涉及加快民生工程、基础设施、生态环境建设和灾后重建，提高城乡居民收入水平，促进经济平稳较快发展。2007 年下半年，由于国内物价上涨过快、投资信贷增长过快等，货币政策由"稳健"变为"从紧"。2008 年下半年，为防止金融危机引起国内经济急剧衰退，配合积极的财政政策，货币政策由"从紧"变为"适度宽松"，意在扩大货币供应量、放松信贷管制，促进国内消费和投资，在稳定价格的同时确保经济平稳增长，这也是中国十多年来货币政策中首次使用"宽松"一词。

与前面分析的美国货币政策调节机制相比，中国货币政策调节机制具有自身明显的特点，这与中国在本轮金融危机中的调控目标有很大关联。美国金融体系在金融危机中遭受了严重创伤，许多大型金融机构濒临倒闭或破产，金融机构陷入严重的流动性短缺甚至是流动性危机，导致信贷急剧萎缩，金融市场出现恐慌，市场功能受损，进而引发经济危机。因此，美联储货币政策的首要目标是增加流动性，稳定金融市场。由于中国金融市场开放程度较低，金融体系受损程度相对较低，遭遇严重冲击的主要是由于外需骤然萎缩，订单大幅减少，出口严重受挫，进而导致出口导向型经济下滑，同时，投资者信心遭受前所未有的打击。因此，中国货币政策的首要目标是刺激国内需求和投资，推动经济增长。

2008 年下半年开始的中国国内货币政策的果断转型，由"从紧"转为"适度宽松"，通过连续多次下调存贷款基准利率及金融机构人民币存款准备金率，进行公开市场操作，放松信贷控制及优化信贷结构等措施，从而确保金融体系流动性充裕。

回顾金融危机以来，中国采取的应对型货币政策，主要可以分为两个阶段，2008 年 9 月至 2010 年年末适度宽松的货币政策，以及 2011 年以来稳健的货币政策。具体政策措施主要包括以下几个方面：

1. 利率调节

与美联储调控目标利率（联邦基金利率）有所不同，中国人民银行直接调控的是金融机构对客户的法定存贷款利率，目的是为降低企业融资成本。表 6－3 给出了 2006 年以来金融机构人民币存贷款基准利率调整情况。金融危机爆发前，2007 年中国人民银行 6 次上调人民币存贷款基准利率，以抑制国内通货膨胀。金融危机爆发后，中国人民银行紧随西方发达国家降息步伐，从 2008 年 9 月 16 日开始，在年内连续 5 次下调金融机

构人民币存贷款基准利率，1 年期定期存款利率由 4.14% 下调至 2.25%，
6 个月至 1 年期贷款利率由 7.47% 下调至 5.31%。由于货币政策的有效性
需要时间累积，央行需要多次连续降息，才能向市场传递有效信息，从而
引导市场预期。

表 6-3　　　　　　　　金融机构人民币存贷款基准利率调整　　　　　单位:%

调整时间	1 年期定期存款	6 个月至 1 年期贷款（含 1 年）	调整方向
2006 - 04 - 28	2.25	5.85	
2006 - 08 - 19	2.52	6.12	
2007 - 03 - 18	2.79	6.39	
2007 - 05 - 19	3.06	6.57	
2007 - 07 - 21	3.33	6.84	6 次上调存贷款基准利率
2007 - 08 - 22	3.60	7.02	存款：2.52 ↗ 4.14
2007 - 09 - 15	3.87	7.29	贷款：6.12 ↗ 7.47
2007 - 12 - 21	4.14	7.47	
2008 - 09 - 16	4.14	7.20	
2008 - 10 - 09	3.87	6.93	5 次下调存贷款基准利率
2008 - 10 - 30	3.60	6.66	存款：4.14 ↘ 2.25
2008 - 11 - 27	2.52	5.58	贷款：7.47 ↘ 5.31
2008 - 12 - 23	2.25	5.31	
2010 - 10 - 20	2.50	5.56	
2010 - 12 - 26	2.75	5.81	5 次上调存贷款基准利率
2011 - 02 - 09	3.00	6.06	存款：2.25 ↗ 3.50
2011 - 04 - 06	3.25	6.31	贷款：5.31 ↗ 6.56
2011 - 07 - 07	3.50	6.56	

注：原始数据来源于中国人民银行。

归功于中国积极的财政政策和适度宽松的货币政策的有效性，中国从
2009 年下半年开始，经济"企稳回升"。由于信贷过度扩张导致货币供应
量增长过快，引发通胀预期，同时引起资产价格上升。为控制银行流动
性、收缩货币供应，抑制资产市场泡沫，防范可能出现的通胀，2010 年
央行开始再次上调金融机构人民币存贷款基准利率，至 2011 年 7 月，已

经连续上调 5 次，存款利率从 2.25% 上调至 3.50%，贷款利率从 5.31%
上调至 6.56%。但是在此期间，从两国利率图比较，美国依然保持低利
率（见图 6 – 14）。

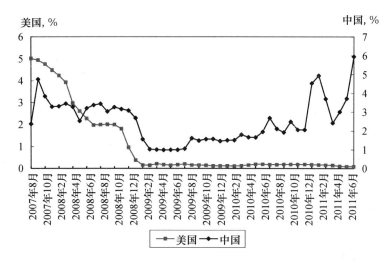

图 6 – 14　中美两国利率变化（2007 年 8 月—2011 年 6 月）

注：选用美国联邦基准利率和中国银行间同业拆借 7 天加权平均利率。

2. 存款准备金率调节

与利率调节相比，中国人民银行调节存款准备金率的动作更为频繁。
通过调节存款准备金率，达到调控信用总量的目的，同时，通过对中小金
融机构、农村金融机构及汶川地震灾区金融机构规定比大型金融机构低的
准备金率来支持中小企业、"三农"和地震灾区的发展。表 6 – 4 给出了
金融危机前后人民币存款准备金率调整情况。2008 年 9 月 25 日至年末，
中国人民银行 4 次下调人民币存款准备金率，大型金融机构的存款准备金
率由上半年的 17.5% 下调至 15.5%，中小金融机构的存款准备金率由
17.5% 下调至 13.5%。

2010 年，中央银行为控制流动性过剩，连续 6 次上调人民币存款准
备金率，2011 年上半年，以每个月一次的频率再度上调存款准备金率，
大型金融机构的存款准备金率由 2008 年年底的 15.5% 上调至 21.5%，中
小金融机构的存款准备金率由 13.5% 上调至 18%。

表 6 - 4　　　　　　　　　　人民币存款准备金率调整　　　　　　　单位:%

调整时间	调整前	调整后	调整幅度	调整方向
2007 - 01 - 15	9	9.5	0.5	
2007 - 02 - 25	9.5	10	0.5	
2007 - 4 - 16	10	10.5	0.5	
2007 - 5 - 15	10.5	11	0.5	
2007 - 06 - 05	11	11.5	0.5	2007 年 10 次上调:
2007 - 08 - 15	11.5	12	0.5	9 ↗ 14.5
2007 - 09 - 25	12	12.5	0.5	
2007 - 10 - 25	12.5	13	0.5	
2007 - 11 - 26	13	13.5	0.5	
2007 - 12 - 25	13.5	14.5	1	
2008 - 01 - 25	14.5	15	0.5	
2008 - 03 - 25	15	15.5	0.5	
2008 - 04 - 25	15.5	16	0.5	2008 年上半年 6 次上调:
2008 - 5 - 20	16	16.5	0.5	14.5 ↗ 17.5
2008 - 06 - 15	16.5	17	0.5	
2008 - 06 - 25	17	17.5	0.5	
2008 - 09 - 25	大型金融机构 17.5 中小金融机构 17.5	17.5 16.5	- - 1	
2008 - 10 - 15	大型金融机构 17.5 中小金融机构 16.5	17 16	- 0.5 - 0.5	2008 年下半年 4 次下调: 大型金融机构 17.5 ↘ 15.5
2008 - 12 - 05	大型金融机构 17 中小金融机构 16	16 14	- 1 - 2	中小金融机构 17.5 ↘ 13.5
2008 - 12 - 25	大型金融机构 16 中小金融机构 14	15.5 13.5	- 0.5 - 0.5	

续表

调整时间	调整前	调整后	调整幅度	调整方向
2010 - 01 - 18	大型金融机构 15.5 中小金融机构 13.5	16 13.5	0.5 -	
2010 - 02 - 25	大型金融机构 16 中小金融机构 13.5	16.5 13.5	0.5 -	
2010 - 05 - 10	大型金融机构 16.5 中小金融机构 13.5	17 13.5	0.5 -	2010 年 6 次上调: 大型金融机构 15.5 ↗ 18.5 中小金融机构 13.5 ↗ 15
2010 - 11 - 16	大型金融机构 17 中小金融机构 13.5	17.5 14	0.5 0.5	
2010 - 11 - 29	大型金融机构 17.5 中小金融机构 14	18 14.5	0.5 0.5	
2010 - 12 - 20	大型金融机构 18 中小金融机构 14.5	18.5 15	0.5 0.5	
2011 - 01 - 20	大型金融机构 18.5 中小金融机构 15	19 15.5	0.5 0.5	
2011 - 02 - 24	大型金融机构 19 中小金融机构 15.5	19.5 16	0.5 0.5	
2011 - 03 - 25	大型金融机构 19.5 中小金融机构 16	20 16.5	0.5 0.5	2011 年 6 次上调: 大型金融机构 18.5 ↗ 21.5 中小金融机构 15.5 ↗ 18
2011 - 04 - 21	大型金融机构 20 中小金融机构 16.5	20.5 17	0.5 0.5	
2011 - 05 - 18	大型金融机构 20.5 中小金融机构 17	21 17.5	0.5 0.5	
2011 - 06 - 20	大型金融机构 21 中小金融机构 17.5	21.5 18	0.5 0.5	

注: 原始数据来源于中国人民银行。

3. 公开市场操作

除了调节基准利率与存款准备金率,中国人民银行同时对央行票据的发行与回购进行调控。央行票据即中央银行票据，是中央银行为了调节商业银行的超额准备金，而向商业银行发行的短期债务凭证，它实质上是一种"政府债券"。通过发行央行票据，可以回笼基础货币，控制流动性，而票据到期，意味着投放基础货币。通过央行票据的发行和回购，央行可以进行"余额控制、双向操作"，从而增加公开市场操作的灵活性和针对性，加强货币政策的执行效果。

2003 年 4 月 22 日，中国人民银行正式通过公开市场操作发行了第一批央行票据，总金额为 50 亿元，期限为 6 个月。从此，央行票据成为中国人民银行货币政策日常操作的一项重要工具。从 2003 年 4 月起，中国人民银行将发行央票作为调控基础货币的新形式，在公开市场上连续滚动发行 3 个月、6 个月以及 1 年期央行票据。2004 年 12 月 9 日起，开始发行 3 年期央行票据。2004 年 12 月 29 日，人民银行首次发行远期央行票据。2005 年 1 月 4 日，人民银行公布全年票据发行时间表。2007 年，为冲销流动性过剩，预防通货膨胀，央行对信贷增长过快的商业银行发行了 6 次惩罚性的定向央行票据。

金融危机爆发后，为确保流动性充足，中国人民银行于 2008 年下半年起降低了央行票据发行的规模和频率。2008 年 7 月，停发 3 年期央行票据，改发 6 个月期央行票据（见表 6 – 5 和图 6 – 16），同时，降低 3 个月期和 1 年期央行票据发行频率。2008 年 12 月至 2009 年 6 月，停发 1 年期央行票据（见图 6 – 15）。

表 6 – 5　　　　　中国人民银行 6 个月期央行票据发行量

（2007 年 8 月—2011 年 6 月）　　　　单位：亿元

发行日期	发行数量
2008 – 07 – 10	180
2008 – 07 – 17	200
2008 – 07 – 24	200
2008 – 08 – 14	40
2008 – 08 – 28	30

注：根据中国人民银行网站历次中央银行票据发行公告整理。

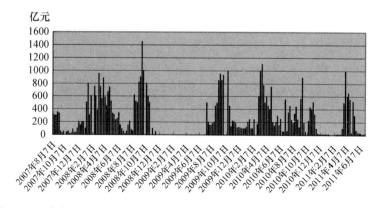

图 6 - 15　中央银行 1 年期票据发行量（2007 年 8 月 7 日—2011 年 6 月 28 日）

注：根据中国人民银行网站历次重要银行票据发行公告整理；数据按周发布，故图形只能呈现大致时间区间状况。

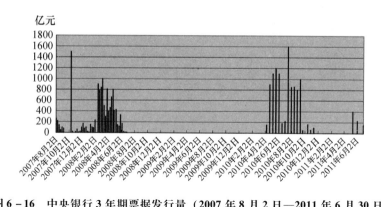

图 6 - 16　中央银行 3 年期票据发行量（2007 年 8 月 2 日—2011 年 6 月 30 日）

注：根据中国人民银行网站历次重要银行票据发行公告整理；数据按周发布，故图形只能呈现大致时间区间状况。

　　央行票据作为一种平缓的、不带冲击力的短期货币政策工具，是基于央行对宏观经济形势、通货膨胀压力、货币供应量及货币流通速度等多方面情况的判断做出的一项决策，它能在一个较长的时间内缓慢地使金融机构信贷增长和经济增长保持一致。通过调整央行票据的发行频率、发行量与发行价格，中国人民银行实现了调整基础货币的目的。而商业银行可以根据自身情况选择购买，也可以选择不购买，因此，对商业银行实际贷款资金的影响是平缓的。

4. 信贷政策

央行采取的信贷政策不同于一般商业银行的信贷政策，它的目的是创造良好的货币金融环境，保证宏观经济持续稳定发展，它的对象是政府、商业银行及其他金融机构，而不是企业和个人。当经济处于衰退时期，信贷政策是逐步扩张的；而当经济处于繁荣时期，信贷政策是逐步紧缩的。因此，它是一种反周期政策。

金融危机爆发后，为了刺激经济，央行采取了一系列信贷扩张政策。2008 年 11 月中国人民银行取消了年初的信贷规模控制，允许商业银行在合理范围内扩大信用规模。2009 年，在增加信贷供给的基础上，对金融机构投融资结构进行调节，引导信贷结构优化，防范潜在风险。

2009 年 1 月 10 日，银监会公布《关于调整部分信贷监管政策促进经济稳健发展的通知》，该通知从十个方面对当时有关信贷监管的规定和要求作出有条件松绑，比如支持符合条件的商业银行开展并购贷款业务；拓宽项目贷款范围；鼓励贷款重组，支持因金融危机而暂时出现经营或财务困难的符合条件的企业；督促主要金融机构按有关要求设立中小企业信贷专营服务机构，加大对中小企业的金融支持力度；支持信贷资产转让，合理配置信贷资产；允许有条件的中小银行适当突破存贷比；等等。

2009 年一季度，国内大规模实施 4 万亿元投资计划，使得银行放贷的积极性加强，信贷扩张带来的乘数效应增强导致广义货币供应量 M2 大幅增加。2009 年央行采取的信贷政策使得货币供给大量增加，信贷增长速度加快（见图 6 - 17），金融体系流动性充裕，促进了股市、楼市回暖，实现了经济的基本稳定，为扭转经济增速下滑发挥了重要作用。

在基准利率下调、存款准备金利率下调、央行票据发行以及信贷政策扩张等多渠道作用下，2009 年中国国内经济企稳回升，2010 年经济向好信号显著，但是同时出现流动性过剩以及通胀预期压力加大，加之美国推出第二轮定量宽松货币政策，推高了全球大宗商品价格，向中国国内输入通胀压力。为稳定物价，控制流动性，央行采取了上调基准利率和存款准备金率，增加央行票据发行，控制信贷扩张等措施，于 2010 年 11 月 3 日召开的中共中央政治局会议向外界传递重要的信息，即 "2011 年货币政策将由适度宽松调整为稳健"。稳健的货币政策并非理论上所阐述的中性货币政策，它是在多目标下保持平衡的货币政策，可以根据经济形势变化随时进行双向微调。

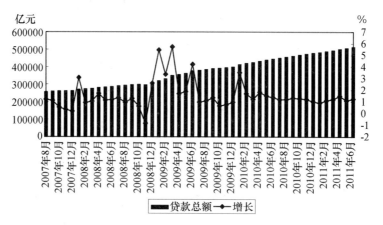

图 6-17 金融机构人民币各项贷款（2007 年 8 月—2011 年 6 月）

注：原始数据来自中国人民银行网站；增长率是由金额计算的环比数据。

5. 货币互换

央行除采取一系列针对国内的利率、信贷等货币政策措施外，还与多个国家签署了双边货币互换协议，目的是为降低筹资成本，防止汇率变动风险造成的损失。

2008 年 12 月 12 日，央行与韩国宣布签署 260 亿美元的货币互换协议，按当时汇率约合 1800 亿元人民币/38 万亿韩元，协议有效期为 3 年，经双方同意可以展期，协议的目的是为两国宏观经济基本面和运行情况良好的金融体系提供短期流动性支持，为彼此国内商业银行在对方分支机构提供融资便利，同时，推动两国双边贸易，促进两国金融稳定。这是金融危机以来中国人民银行首次与其他国家央行签署的双边本币互换协议。2009 年 1 月 20 日，央行与中国香港金管局签署 2000 亿元人民币/2270 亿港元的货币互换协议。同年 2 月 8 日，与马来西亚国民银行签署 800 亿元人民币/400 亿林吉特的双边货币互换协议。3 月 11 日，与白俄罗斯国家银行签署 200 亿元人民币/8 万亿白俄罗斯卢布的双边货币互换协议，协议的有效期为 3 年，经双方同意可以展期。3 月 23 日，与印度尼西亚银行签署 1000 亿元人民币/175 万亿卢比，协议有效期为 3 年，经双方同意可以展期。3 月 29 日，与阿根廷央行签署 700 亿元人民币的货币互换协议。

2010 年 6 月 9 日，与冰岛签署 35 亿元人民币的货币互换协议。2010年 7 月 24 日，与新加坡金融管理局签署 1500 亿元人民币/300 亿新加坡元的货币互换协议，协议有效期为 3 年。

2011 年 4 月 19 日，分别与新西兰储备银行、乌兹别克斯坦央行签署250 亿元人民币和 7 亿元人民币的双边本币互换协议，协议有效期为 3年，经双方同意可以展期。5 月 6 日，与蒙古国央行签署 50 亿元人民币的货币互换协议，协议有效期为 3 年，经双方同意可以展期。6 月 13 日，与哈萨克斯坦共和国国家银行签署 70 亿元人民币的货币互换协议，协议有效期为 3 年，经双方同意可以展期。至此，央行已经与 12 个国家（或地区）签署了双边货币互换协议，总金额达到 8412 亿元人民币。

自 2008 年下半年以来，中国实施的积极的财政政策和适度宽松的货币政策取得了显著成效，多种货币政策工具配合使用刺激了经济的较快企稳回升。但同时，国内通胀压力仍然存在，加上国际输入型通胀，2011年以来及未来一段时间，控制通胀仍然是货币政策首要目标，货币政策进入"徘徊期"，但是反通胀的方向仍然不变。

三　金融危机以来中美货币政策协调的其他表现

中美两国除了在时间上以较为一致的步伐在各自国内采取一系列宽松的货币政策，它们还协商合作共同应对全球性金融危机，为全球经济复苏及平衡发展做出了重大贡献。

2009 年 4 月 1 日，中国国家主席胡锦涛与美国总统奥巴马在伦敦参加 G20 金融峰会期间会晤，双方一致同意建立中美战略与经济对话机制，并初步确定时间定于同年夏季。

2009 年 7 月 27 至 28 日，主题为"凝聚信心恢复经济增长，加强中美经济合作"的首轮中美战略与经济对话在华盛顿举行，对话机制取得了五方面的成果：在中美关系方面，在国际金融市场面临挑战、世界局势复杂多变的背景下，中美两国共同肩负着重要责任，拥有更广泛的共同利益与合作基础；在中美经济、金融及相关领域的合作方面，中美两国除了各自采取措施促进国内经济平衡及可持续发展，同时需要完善金融监管，反对保护主义，共同合作改革与加强国际金融机构；在全球性问题方面，双方谈判拟就了一份关于加强气候变化、能源与环境合作的谅解备忘录；在国际地区问题合作方面，共同努力加强全球防扩散和军控机制，并重申各自的核政策，讨论 2010 年将召开的《不扩散核武器条约》审议大会及裁军谈判会议；在中美战略与经济对话机制方面，双方希望就对话提出的具体问题进行讨论。这次对话的目的是两国加强 21 世纪在各个方面的合作。这次对话机制，为两国联手有效应对全球性金融危机、恢复全球经济奠定了良好的基础。

2010 年 5 月 24 日至 25 日，主题为"确保持续发展、互利共赢的中美经济合作关系"的第二轮中美战略与经济对话在北京举行。双方就促进强劲的经济复苏和更加持续、平衡的增长，促进互利共赢的贸易和投资，金融市场稳定和改革，国际金融体系改革四大方面取得成果。特别是，双方承诺就财政、货币和结构改革等问题加强宏观经济对话与协调，同时考虑各个经济体的具体形势和全球经济形势。

2011 年 5 月 9 日至 10 日，主题为"建设全面互利的中美经济伙伴关系"的第三轮中美战略与经济对话在华盛顿举行，双方讨论了多个议题：涉及进一步加强宏观经济政策沟通协调，推动两国经济平稳健康发展；构建更开放的贸易与投资体系，包括新兴产业领域等；完善金融系统和加强金融监管，包括金融业改革、跨境金融监管合作等；推进结构调整和发展方式转变；促进经济强劲、可持续、平衡增长，包括欧债危机、中东北非局势动荡对地区和世界经济的影响、日本特大自然灾害及核泄漏等全球宏观经济形势与挑战。对话在贸易、投资、汇率、能源、科技、环境、交通等多个领域达成共识，签署了《中美关于促进经济强劲、可持续、平衡增长和经济合作的全面框架》，为各自在双边乃至多边国际环境中的经济角色进行了清晰的定位，是比前两次对话机制更深刻更务实的协调机制。

除三轮战略与经济对话外，中美还几次共同发表《中美联合声明》。

2009 年 11 月 17 日，中美在北京发表《中美联合声明》，双方就进一步加强宏观经济政策的沟通与信息交流达成共识，为合作应对国际金融危机进行相关宏观经济政策协调，这意味着中美在经济复苏后收紧货币政策时也将采取协调的做法。双方将采取前瞻性的货币政策，加强货币政策合作，共同关注货币政策对国际经济的影响。该声明为中美关系发展提供了一个政策框架。

2011 年 1 月 19 日，中美双方在华盛顿再次发表《中美联合声明》，重申致力于建设 21 世纪积极合作全面中美关系。在宏观经济政策协调方面，为推进中美两国和世界经济强劲、可持续、平衡增长，双方同意加强宏观经济政策沟通与合作，具体内容包括：美国将重点减少中期联邦赤字，从而确保长期财政的可持续性，并对汇率过度波动保持警惕；中国将继续加大力度扩大内需，促进服务部门私人投资，发挥市场在资源配置中的基础性作用；中国将继续推进人民币汇率形成机制改革，增强人民币汇率弹性，同时，加快转变经济发展方式；双方同意继续实施具有前瞻性的货币政策并实时关注其对国际经济的影响。

2011 年 8 月 19 日，国家主席胡锦涛在北京人民大会堂会见美国副总统拜登时表示，面对世界经济复苏的不稳定不确定因素，双方需要加强宏观经济政策协调，落实双方达成的保增长保稳定的共识，深化双边和二十国集团等多边框架内的合作，从而共同提振市场信心，推动世界经济复苏和强劲、可持续、平衡增长。

第三节　金融危机以来中美货币政策协调的评价

一　金融危机以来中美货币政策协调效果评价

比较中美两国在金融危机中针对各自国内的货币政策，它们都在第一时间采取了"宽松"的常规货币政策，即降低利率、信贷扩张、货币互换等。美联储在短短一年零三个月时间里，将联邦基金利率由 5.25% 降至 0.25%，降低了 500 个基点，利率接近零水平。同时，2007 年 8 月至11 月，美国连续多次向金融系统直接注资，以增加金融市场流动性。中国于 2008 年下半年也将货币政策由"从紧"转为"适度宽松"，连续多次下调存贷款基准利率及金融机构人民币存款准备金率，同时，放松信贷控制及优化信贷结构，以保证金融系统流动性充裕。中美两国还各自与其他国家多次签订货币互换协议。

中美两国上述举措意在增加金融市场流动性，解决信贷不足问题。但是，美国和中国类似的传统宽松货币政策却产生了不同的效果。美联储将利率下调至接近零水平，并且一直持续至今，但金融市场形势依旧严峻，失业率居高不下，美国传统的利率政策工具自此已经不再具备作用的空间。克鲁格曼指出，美国应对本轮金融危机的货币政策已经陷入日本式陷阱，货币政策对实体经济的刺激作用完全丧失。美联储调节的是联邦基金利率，它是商业银行间隔夜拆借利率，而非商业银行对客户的存贷款基准利率，因此，在实际经济中，那些没有得到最高信用评级的企业实际支付的短期贷款利率比危机前还要高，比如评级为 BAA 级的企业债券利率高于 9%，而危机前为 6.5%。美联储降低了联邦基金利率，但影响消费和投资决策的利率却更高，或是至少没有降低。美联储信贷扩张政策由于替代效应和规模效应的存在，作用有限。一方面，私人金融机构信贷减少，替代了政府注资。另一方面，信贷市场规模相比基础货币要大得多，政府向银行注资能撬动的信贷作用非常有限。因此，美国在常规货币政策之外，还采取了其他新型货币政策工具，包括贷款拍卖机制、定量宽松货币政策等，对美国国内经济恢复产生了一定的积极刺激作用，但对其他国家经济却产生了负面效应，尤其是两轮定量宽松货币政策。美元泛滥引起其他国家持有的美元资产贬值、外汇资产严重缩水，美联储的低利率使得套利交易在全球盛行，大量套利资金涌入新兴市场国家，导致金融系统动荡，美国这种以邻为壑的货币政策，对新兴市场国家经济复苏和金融稳定产生了严重的消极效应，中国也深受其害。

中国适度宽松的货币政策却收效显著，一系列宽松货币政策及时对国内经济产生了积极效应。降低存贷款基准利率，央行调控的是商业银行直接面向客户的存贷款利率，刺激了国内投资和消费。降低存款准备金率，减少了金融机构上缴存款准备金，增加了可贷资金额。降低再贴现率，同样增加了商业银行的可贷资金。降低央行票据发行规模和频率，放宽信贷条件，增加了金融体系流动性。在一系列货币政策刺激下，市场货币供应量显著增加，企业的资金运用成本降低，促进企业投资，同时，消费者货币收入增加，刺激了国内消费，一定程度上弥补了外需的大幅萎缩。

由于中美两国政治模式、经济模式差异，货币政策调控机制和效果也具有显著差异。克鲁格曼指出，在所有经济危机中，关键的问题是如何创造充裕的需求，这就需要借助财政政策。这也是金融危机过程中，各国采取货币政策与财政政策合理搭配的原因。

二　金融危机以来中美货币政策协调存在的问题

中美两国在金融危机时期所采取的货币政策在时间上表现出了前所未有的一致性。后金融危机时期，两国也多次表达了加强货币政策协调与合作、联手应对全球金融危机的愿景，三轮战略与经济对话，多次共同发表《中美联合声明》，但在具体实践过程中，两国货币政策协调依然困难重重，存在的问题主要反映在以下几个方面。

第一，中美两国的货币政策目标侧重点不同，对政策协调带来困难。在金融危机时期，美国货币政策目标侧重于稳定金融市场运行、防止经济进一步衰退。中国由于金融市场开放程度低，在金融危机中受到的影响相对较小，金融市场运行依然相对平稳，而由于外需冲击导致出口急剧减少，进而实体经济严重萎缩，因此，货币政策目标侧重于刺激投资和内需，支持实体经济，防止宏观经济衰退。虽然两国都采取了降低利率、放松信贷等扩张性货币政策，但美国经济恢复缓慢，中国经济复苏较快。后金融危机时期，结合运用常规和非常规货币政策工具，一定程度上抑制了美国经济进一步下滑，但国内经济复苏依旧迟缓、失业率居高不下，美国扩张性货币政策的方向不变，政策目标的侧重点仍然是经济增长。但中国经济得到较快恢复，加之由于信贷扩张导致通胀压力持续，适度宽松的货币政策向稳健的货币政策转变，政策目标首要任务是物价稳定。鉴于2011 年 8 月起 CPI 数据连续回落，央行在 11 月 16 日发布的第三季度货币政策执行报告中指出，继续实施稳健的货币政策，并首次提出适时适度进行预调微调，但并未提及 "把稳定物价总水平作为宏观调控的首要任务"，因此货币政策调控重心发生微妙变化。

第二，中美两国对经济运行看法不同，导致货币政策协调困难。金融危机时期，中国和美国，对于各自国内经济以及世界经济衰退的看法比较一致，并且迅速一致地采取了扩张性货币政策，政策协调程度较高。后金融危机时期，美国经济复苏缓慢，中国经济复苏迅速，两国对于经济增长速度、通货膨胀预期、人民币升值等问题产生分歧，美国一意孤行的定量宽松货币政策对美国经济刺激作用有限，对中国经济产生许多负面效应。由于中美两国对未来经济形势判断更倚重国内经济利益，因此，相应货币政策决策受到影响，货币政策协调受到阻碍。

第三，综合实力差距影响货币政策国际协调效果。2010 年，中国 GDP总量超过日本，跃居世界第二，成为仅次于美国的世界第二大经济体。虽然美国与中国是世界第一大经济体和第二大经济体，但中国并不是世界第二大强国。从世界银行公布的人均国民收入看，中国目前仍处于中等收入国家水平。而从科技、教育、军事等综合实力而言，中国与美国的差距甚远。美国是世界最强的发达国家，而中国只能算是世界最大的发展中国家，离强国尚有很长的路要走。此外，推动中国经济增长的比较优势和后发优势正日益弱化。劳动力成本低廉的比较优势使得中国成为劳动密集型商品的最大出口国,使得中国成为国际制造业基地。后发优势使得中国可以较低的成本掌握国际上已有的先进技术,相比自己投入巨资研发成本更低、回报周期更短。中美综合实力差距导致两国在协调过程中地位不均等,在谈判中,中国容易处于弱势地位,因此,中国需要预防美国提出的具有霸权性质的协调和以邻为壑的政策。中美两国综合实力差距对后金融危机时期的货币政策国际协调构成一定的挑战,降低了货币政策协调的效果。

第四,外生因素干扰影响货币政策协调效果。Ghosh 和 Masson(1988)认为,宏观经济体系是一个噪声系统,受到很多外生因素干扰。政府在制定经济政策过程中,受到主观因素干扰,尤其人为判断发挥很大作用。建立在主观判断基础上的货币政策国际协调的效果令人怀疑。中美两国货币政策协调磋商过程中可能掺杂了利益集团的政治因素,无法消除由此形成的主观判断,因此,货币政策协调决策的公平性、公正性大打折扣。

第五,政策协调的可信度问题影响货币政策国际协调的效果。Rogoff(1985)将政策一致性和政策可信度思想引入政策协调理论。认为,在动态结构中,即使没有获得新信息,博弈双方最初的最优策略也会发生变化。在开放经济条件下,由中央银行信誉而引发的货币政策动态不一致问题加剧。为确保货币政策协调顺利进行,通常,需要采取某种惩罚机制对某些不履行责任或违反约定的参与国加以约束或惩罚。但是,在实际操作中,这种惩罚措施往往难以实施,从而影响货币政策协调的效果。尤其是在随机性协调机制下,由于缺乏明确的规则,不确定性增加,参与国可能在政策执行过程中违背最初的约定,从而使得协调效果受到影响,无法实现预期的目标和福利最大化。

第六,外部环境不确定性影响两国货币政策协调效果。美债危机及美国信用评级下调,增加了全球经济二次探底的可能性。因为美国的国家信用支持美元作为国际储备货币的信用,美国信用评级下调,意味着美国的国债信用基础动摇,国际货币体系变得不稳定。美国同时面临严峻的偿付危机和流动性危机。加之欧债危机由边缘国家向中心国家蔓延,对美国国内产生巨大的威胁,使美国经济复苏面临巨大的阻碍。在金融危机、经济危机、债务危机冲击下,全球经济正处于"危险区",新兴市场国家也将面临类似发达国家的挑战。中国虽然在迈向经济全球化的征途中成果丰硕,但经济、金融发展遇到的各种矛盾和问题的复杂性是难以预估的,欧盟作为中国第一大贸易伙伴，其内部债务危机的不确定性，对中国外贸及经济构成影响。因此，外部经济增长缓慢及不确定性，对中美货币政策协调方案的选择增加了许多不确定因素。

本章小结

本章对金融危机以来的中美货币政策协调进行了分析和评价。在本轮金融危机下，加强中美两国货币政策协调有其必然性。首先，经济全球化提供了货币政策协调的背景。其次，全球金融危机增加了各国的协调意识。再次，宏观经济政策的溢出效应要求政策的协调性。最后，中美经济的特殊互补关系奠定了两国货币政策协调的基础。中美两国加强货币政策协调、共建货币政策的互信机制与长效机制具有重大的全球意义，尤其是在后金融危机时期。在理论上，中美两国货币政策协调有助于提高两国整体福利收益。在实践上，两国货币政策协调有助于减轻两国国内经济结构失衡，使各自国内经济朝着良性互动方向发展，同时有利于世界经济健康发展。

金融危机冲击下，世界各国政府和央行采取了一系列联合救市行动，包括注资、联合降息、国际合作、国际组织援助等，取得了显著成效。美国受危机影响，投资者和消费者信心受挫，工业生产低迷，失业现象严重，进口需求萎缩，总体经济走软，在常规和非常规货币政策刺激下，经济衰退得到遏制，但失业率居高不下。中国由于资本市场开放程度相对较低，金融市场冲击相对较小，出口导向型经济受外需急剧萎缩冲击导致经济衰退，在适度宽松的货币政策刺激下，经济迅速恢复，2011年货币政策由"适度宽松"向"稳健"转变，政策目标由确保经济增长向稳定物价转变。同时，中美两国在三轮战略与经济对话和几次发表的《中美联合声明》中一致地表达了加强货币政策国际协调、共同联手应对金融危机、推动世界经济持续平稳发展的愿景。

虽然中美两国救市行动在时间上表现出前所未有的一致性，协调意愿也是前所未有的强烈。但是，两国货币政策协调依然存在若干问题。由于中美两国货币政策目标侧重点不同，对经济运行看法不同，使得政策协调难度增加。此外，中美两国综合实力差距、宏观经济外生因素干扰、政策协调可信度问题、外部环境不确定性都将影响货币政策国际协调的效果。上述存在的问题是中美两国未来货币政策协调中需要引起注意和克服的。

第七章
中美货币政策国际协调的
若干政策建议

第一节　主要研究结论与观点

通过理论与实证研究，本书得到以下几个主要结论：

第一，根据实证数据，对世界主要国家的经济周期协动性的考察发现，欧盟主要国家之间经济周期协动性程度较高；美国与欧盟主要国家虽然都是发达国家，经济周期协动性水平有所提高，但并不是很高；东亚国家中韩国和日本的经济周期协动性水平提高显著，经济发展水平较高、发展速度较快的东南亚主要国家之间表现出较高的经济周期协动性水平；中国与其主要发达贸易伙伴之间的经济周期协动性程度虽有不同程度的提高，但相比欧盟主要国家之间的水平明显要低。中国与其主要发展中贸易伙伴之间的经济周期协动性水平显著提高。在中国与其主要贸易伙伴经济周期协动性的传递渠道的相对贡献的分析中：中国与发达贸易伙伴的经济周期协动性中，双边贸易强度的影响大于双边投资强度和产业结构相似性；中国与发展中贸易伙伴的经济周期协动性中，实际利用 FDI 强度的影响大于双边贸易强度。根据数据分析和计量模型得到的实证结论表明，中国与其主要贸易伙伴之间，加强宏观经济政策国际协调的现实必要性及需要重点关注的方面。

第二，基于对中美货币政策变量和宏观经济变量的动态描述，探究中美货币政策协调与两国经济周期协动性、消费协动性的关系，发现自 20 世纪 80 年代后期，中美货币供应量 M1 的波动具有较强的趋同现象，但 M2 的波动无明显趋同现象。金融危机后，两国货币政策协调性有所加强，对两国实际 GDP 协动性具有一定的影响。由于两国传统消费模式互补，两国消费波动趋同现象并不显著，但从 90 年代末开始，货币政策协调性使两国消费波动性明显降低，尤其是对中国。

　　第三，以 NOEM 为理论分析框架，以中国实践和全球金融危机为背景，构建的外生冲击下国际货币政策协调的两国三部门理论模型发现：（1）当每个国家的所有部门受到相同的生产率冲击时，无论国家间冲击的不确定性是否对称，货币当局采取积极的态度是比被动态度更明智的选择。（2）当国家间冲击的不确定性对称时，不论受到冲击的是非贸易品部门还是可贸易品部门，两国货币当局之间的货币政策国际协调都是比纳什政策和被动态度更明智的选择。（3）当国家间冲击的不确定性不对称时，如果只有一个部门受到冲击，无论是非贸易品部门还是可贸易品部门，冲击不对称程度满足 $\frac{1}{2} < k < 2$ 且 $k \neq 1$ 时，货币政策的国际协调对两国是帕累托最优的，是双赢的选择。当 $0 < k < \frac{1}{2}$，货币政策的国际协调仅对本国有利，对外国不利；当 $k > 2$ 时，政策协调仅对外国有利，而对本国是不利的。借 CCD 模型分析表明，在理论方面，中国与其主要贸易伙伴之间加强货币政策国际协调的必要性及需要满足的条件。

　　第四，利用中美两国 2007 年 8 月至 2011 年 6 月的月度数据，借助 SVAR 模型及其脉冲响应函数，考察了金融危机后，美国货币政策对其国内经济的影响和对中国国内经济的国际溢出效应及国际传递机制，以及中国货币政策对其自身国内经济的影响和对美国国内经济的国际溢出效应及国际传递机制。发现：美国扩张性货币政策对自身国内货币供应量的短期效应是波动的，长期效应是稳定的，总体效应是积极的；对国内实际产出的影响具有时滞性，但长期效应是积极的；扩张性货币政策将导致国内物价水平上涨。美国货币政策扩张对中国实际工业总产值和工业销售值的短期效应是消极的，长期效应是积极的、显著的、趋于稳定的；在短期内会降低中国物价水平，但长期将导致中国国内物价水平上升；对中国从美国进出口贸易的正效应直至第二年才开始显现。

　　中国货币政策扩张对国内货币供应量具有显著的正效应；对实际工业总产值、工业销售值的影响在短期内逐渐扩大，从第二年开始趋于稳定，总体效应是积极的；货币政策扩张将引起物价上涨，并从第四个月开始变得愈加显著。中国扩张性货币政策对美国实际产出的影响从第二年开始由负效应变为正效应；将引起美国物价水平提高，且影响较为稳定；对美国从中国进出口的影响表现为先下降后上升，之后下降，然后持续缓慢上升的过程。

第五，金融危机冲击下，世界各国的联合救市行动取得了显著成效。受危机影响，美国投资者和消费者信心受挫，工业生产低迷，失业现象严重，进口需求萎缩，总体经济走软，在常规和非常规货币政策刺激下，经济衰退得到遏制，但失业率居高不下。中国由于资本市场开放程度相对较低，金融市场受危机冲击相对较小，出口导向型经济由于外需急剧萎缩而导致经济衰退，在适度宽松的货币政策刺激下，经济迅速恢复。同时，中美两国在战略与经济对话和《中美联合声明》中，一致表达了加强货币政策国际协调、共同联手应对金融危机、推动世界经济持续平稳发展的意愿。

中美两国救市行动在时间上表现出前所未有的一致性，协调意愿也是前所未有的强烈。但两国货币政策协调依然存在若干问题。由于中美两国货币政策目标侧重点不同，对经济运行看法不同，使得政策协调难度增加。此外，中美两国综合实力差距、宏观经济外生因素干扰、政策协调可信度问题都将影响货币政策国际协调的效果。

第二节　中美加强货币政策协调的若干建议

一　从全球视角出发，追求中美货币政策国际协调整体收益最大

作为最大的发展中国家和最大的发达国家，中国和美国在国际经济中的地位和影响是重要的，其货币政策的影响也是显著的。本轮金融危机的冲击波及世界各国，这迫切需要中美两国在进行货币政策国际协调时，不但从两国互利共赢的角度，同时从世界整体范围考虑，承担起大国的国际责任。中美之间的关系不仅仅关乎两国人民的根本利益，而且在一定程度上已经超越了两国的范围，具有全球意义。货币政策国际协调机制设计中的麦金农方案正是建议协调国应从全球视角看问题，而非从某个国家利益出发。中美货币政策国际协调应该追求整体收益最大，而非局部收益。要避免过去以邻为壑的政策，以负责任的态度，采取合作互赢的政策；要综合考虑两国利益，综合考虑对欧盟、亚洲等地区国家的利益；要切实考虑各国发展的长远利益。

在具体协调机制方面，采取短期以随机性协调机制为主，长期以规则性协调机制为主的设计方案。随机性协调机制具有针对性强、适用范围

广、协调方案灵活的优点。在全球金融危机阴霾尚未褪去、西方发达国家经济复苏缓慢的背景下，美债评级下调使得原本已经非常脆弱的全球金融市场和经济前景进一步恶化。在以美元为本位的现行国际货币体系，美元债券市场是世界最大的债券市场。美国债限之争令美国险些陷入债务违约，美国国债违约一旦成为现实，国际金融市场将遭遇毁灭性打击，并由金融市场向实体经济部门蔓延，加大全球经济二次探底的风险。另外，欧债危机由边缘国家向欧元区核心国家蔓延更加剧了市场的不安与恐慌，增加了早期经济刺激措施发挥效用的难度，欧美经济和金融市场面临的下行风险对中国经济也产生了负面影响。因此，在短期内，应该主张中美货币政策国际协调以随机性协调机制为主，注重协调方案的灵活性与可适用性，在较短时间内以较快的速度对中美经济以及全球经济发挥影响。

从长期看来，由于随机性协调机制的可信性相对较低。加之中国与美国在综合实力方面的差距，以及美国的霸权思想和本国利益至上，中国要警惕美国可能产生的违约行为。因此，构建基于制度的规则性协调机制是中美货币政策国际协调的长期选择，以便对双方行为构成一定的约束。后金融危机时期，全球经济走向尚不明朗，复苏基础尚不稳固，为了降低复苏过程中可能出现的风险，中美需要在平等、互信的基础上构建一个长期有效的协调机制，无论是针对经济刺激措施退出策略的安排，还是针对世界经济的可持续发展，加强货币政策领域的信息交流与沟通，从而促进双方货币政策的有效实施。

二　从双方特殊经济模式考虑，建构货币政策国际协调的经济基础

中美两国在发展模式、消费倾向、资源禀赋、贸易平衡、储备资产、核心产业、产业链地位和经济扩张主体等方面表现出了特殊且显著的互补性，充分认识两国在经济模式方面的差异，切实把握两国在产业结构、贸易结构、技术水平等方面的差异，利用各自的资源禀赋，发挥各自的比较优势，缓解两国国内经济失衡现象，有助于为两国开展货币政策国际协调建构经济基础。

美国是典型的消费拉动经济型国家，依赖国内金融业、依赖过度消费拉动经济的方略是不可持续的，发展国内实业、推动出口增长、有助于促进经济增长。中国是典型的投资、出口拉动经济型国家，依赖外需，内需不足，是全球金融危机严重冲击国内经济的实体经济的主要原因，刺激内需，实现消费、投资、出口协调发展，是推动经济平稳增长的可持续方略。

三 以中美战略与经济对话为起点，开启中美合作新时代

（一）中美战略与经济对话——中美关系新起点

从 2009 年 9 月至 2011 年 5 月的三轮中美战略与经济对话，在不断变化的背景下展开、落幕，从"危机"到"复苏"到"增长"，随着全球经济形势和中美经济关系的重点变化，对话主题和内容循序渐进，不断深化，为中美建立新的相互信任、相互尊重、合作互赢的关系开创了新的起点。中美专家、各国媒体对三轮中美战略与经济对话给予了高度评价，充分肯定了对话机制的里程碑意义。

1. 第一轮中美战略与经济对话的评价与意义

历时两天，于 2009 年 7 月 28 日在华盛顿顺利落下帷幕的首轮中美战略与经济对话，在金融危机背景下，以"凝聚信心恢复经济增长，加强中美经济合作"为主题，取得了一系列成果。在拯救金融危机方面，双方承诺继续实施强有力的刺激政策，帮助两国和全球经济渡过金融危机。同时，双方承诺采取措施转变两国经济增长方式，促进世界经济在复苏后强劲、可持续增长。

无论是美方官员还是中方代表团，都反复强调了中美加强合作的意义和重要性，充分反映两国对于构建 21 世纪全面合作关系的决心和信心。

美国国务卿希拉里在开幕式上致辞时表示，美中两国面临着金融危机、全球气候变化、核扩散、传染病等一系列挑战，必须求同存异，加强合作，没有任何一个国家能够单独应对这些挑战，缺少美中任何一方的积极参与，都无法有效解决这些重大问题。她还引用"人心齐，泰山移"，表明了美方的决心和信心。在结束后的联合记者会上，她又评价说，中美战略与经济合作是"美中关系历史上前所未有的"，是"美中高层领导人最大规模的聚会"，"我们已经为 21 世纪积极、全面的合作关系奠定基础"。

美国约翰·霍普金斯大学教授鲍泰利在接受新华社记者采访时表示，国际金融危机和经济衰退改变了世界经济和政治格局，增强了中国的国际影响力，美中合作有助于世界应对金融危机等重大挑战。

美国财政部部长盖特纳用"风雨同舟"形象地表示了美中共同应对

金融危机的决心。他认为，两国合作不但有利于两国人民，同时有利于世界经济。

美国卡内基国际和平基金会副主席包道格在接受新华社记者采访时表示，两国之间直接的交流将互增彼此的信心，减少彼此的误解，有利于两国和两国人民。但是，战略与经济对话一年才一次，必须增加政府官员接触的频率，一些部长可以考虑半年或者更短时间会见一次，这将有利于双方落实更具体的计划。

美国卡内基国际和平基金会访问学者、曾负责中美战略经济对话的美国财政部前执行秘书长泰娅·史密斯也表示，本轮战略与经济对话取得的诸多丰硕成果，将对未来两国关系的发展起到积极的推进作用。

美国战略与国际研究中心资深研究员葛来仪指出，在面对全球金融危机、全球气候变化等严峻挑战，美中双方不可能独自有效解决，对话机制所创造的合作框架有助于两国增进互信，共同应对挑战。

中国国务院副总理王岐山在经济对话会议上强调，在拯救全球金融危机的关键时刻，中美两国合作有助于提振战胜危机的信心，有助于促进两国和全球经济增长恢复。

中国国务委员戴秉国在开幕式上讲话时指出，中美两国正共同创造21世纪两个不同社会制度、意识形态、文化传统、发展阶段的国家彼此同舟共济、共对挑战的历史。在闭幕晚宴上，他指出，双方需要真正的战略互信，它是人与人之间、官员与官员之间、领导人与领导人之间友好关系的累积。

中国现代国际关系研究院美国研究所研究员牛新春在接受《环球时报》记者采访时表示，本次中美战略与经济对话是历次对话中气氛最好的一次，充分体现了当前中美关系的特点。虽然中美之间的矛盾和冲突依然存在，但已经不是重点，重点是双方达成共识，要抓大放小、求同存异，共同摆脱金融危机、寻求能源合作。

中国外交部副部长何亚非强调，中美战略与经济对话是新时期推动中美关系积极向前发展的一项重大举措。在面对世界一系列重大、紧迫挑战时，中美拥有更广泛的共同利益和良好的合作基础，中美加强合作、共同应对挑战，符合两国及两国人民利益，有利于促进亚太地区和世界的和平与繁荣。中美战略与经济对话有助于促进双方的战略互信与长期合作，推动两国关系的积极、全面发展。

中国财政部长助理朱光耀指出，本轮中美战略与经济对话在国际金融危机持续、经济前景尚不明朗的背景下展开，中美就反金融危机政策措施、经济可持续增长、金融体系改革等重大经济金融问题进行深入探讨和协调，向世界人民传递了中美同舟共济、共克时艰的信号，对话机制将有助于中美经济关系朝着互利共赢的方向发展，造福于两国人民。

复旦大学国际问题研究院常务副院长沈丁立在接受《环球时报》记者采访时表示，中美关系是中美利益、力量对比和领导能力的体现。美国目前依然处于强势地位，不会因为美国对中国表现出礼遇的姿态而有所改变。在对话中，中国的话语权强了，不再单方面接受美国的条件，但要扭转美强我弱的局面，将局势调整到对中国有利，还需要 10 年时间。上海社科院国际问题研究中心赵国军博士认为，这一时间更长，需要 20 年。他认为，中国目前在保护自身利益方面能力不足，无法使美国在中国真正关切的问题上作出让步，但随着中国经济平稳发展，20 年后，中国将有能力维护世界稳定，那时候美国将会以平等的伙伴关系看待中国关切的问题。

在全球金融危机走向不明朗、各国经济增长缓慢的背景下，首轮中美战略与经济对话对于全球共同拯救危机、重构国际金融体系和金融合作机制具有重要的推动作用。在对话中，"最重要双边关系""共同塑造 21 世纪""深化合作""实现共赢"，这些积极的字眼，成为美方对中美关系的定位和期待。而继承、发展、创新，大局意识、责任意识、共赢意识，则是中方对本轮对话的概括。

2. 第二轮中美战略与经济对话的评价与意义

2010 年 5 月 24 日至 25 日，第二轮中美战略与经济对话在北京举行。本轮对话签署了能源、贸易、核能等八项合作协议，达成 26 项成果。两国重申将继续履行首轮中美战略与经济对话作出的承诺，继续深化经济合作，共同努力促进全球经济平稳、持续增长。

25 日，中美战略与经济对话美方代表团在北京召开新闻发布会，美国国务卿希拉里·克林顿表示，对话增进了双方高层的相互理解，中美均开诚布公。双方正努力建立强劲的基础，使两国人民能够更好地了解彼此，寻找合作方式。

彭博社 25 日报道，在首日对话结束后，美国总统奥巴马发表声明表示，"美中两国有机会进一步加深合作，推动两国人民的繁荣、健康和安全"。

　　法新社在 25 日报道中称，中美两国在双边关系的关键领域取得进展。

　　美联社在 25 日报道中称，在对话中，中方明确表示将按照自身的节奏进行人民币汇率机制改革，并要求美方放宽对高技术产品的出口，这无疑说明，中国在争取自身利益方面自信心不断增强。而自信心的增强与中国在世界经济中的国际地位和危机中经济迅速复苏的表现密不可分。

　　路透社 25 日援引美国财政部部长盖特纳在中美对话结束时发表的声明，在决定货币价值方面，应该让市场发挥更大作用，这将使中国获得更多抑制通胀的工具，对中国是有利的。至于人民币何时升值，是"中国的选择"。美中双方在汇率政策和其他议题上的讨论是"令人鼓舞"且"充满希望"的。据彭博社报道，盖特纳还强调欧债危机背景下，中美双方加强合作对全球经济复苏的重要性。

　　中国国家主席胡锦涛在开幕式上致辞，表示发展长期健康稳定的中美关系，符合两国人民共同意愿、顺应时代发展潮流，有利于亚太地区乃至世界和平、稳定、繁荣。他在对话结束时，充分肯定了本轮对话取得的积极成果，评价了对话机制对增进中美两国战略互信和合作的重要作用。

　　中国外交部部长杨洁篪在 25 日接受记者采访时评价，对话的议题广泛、重要，涵盖双边、地区和全球层面，涉及能源、气候、科技、海关、卫生等多个领域，签署了多项合作文件，成果丰硕，意义深远，给两国人民带来实实在在的利益。同时，他表示，由于双方国情不同，矛盾和分歧在所难免，关键是要遵循中美三个联合公报和《中美联合声明》的原则和精神，尊重彼此核心利益和重大关切，增强互信基础，克服各种障碍，推动中美关系向前发展。

　　中国现代国际关系学院世界经济研究所所长陈凤英 25 日评价，在世界经济刚刚恢复而欧债危机袭击的这样一个敏感时期，经济"二次探底"的猜测不断，中美对经济刺激政策的退出时机选择的审慎与重视，有助于消除全球经济"二次探底"的风险。

　　国家信息中心专家委员会委员高辉清评价，本轮对话是美国奥巴马政府上台后，中美关系回归理性的合作，是务实而理性的。

　　中国人民银行行长周小川表示，在货币政策问题上，影响中国货币政策制定的国内因素大于国际因素。

　　中国人民大学国际关系学院副院长金灿荣在 25 日接受香港《文汇

报》采访时表示，中美双方是"天然的战略关系"，"是一种态度决定一切的关系"，本轮对话使"中美关系重回正常轨道"。

中国社科院美国研究所研究员张国庆指出，人民币汇率问题淡出核心议题是中美关系缓和的标志。欧债危机突然升级，使本次对话重心偏移，稳定金融成为当前主要任务。

中国现代国际关系研究院美国研究所所长袁鹏指出，中美关系已经到达关键点，双方要调整思路适应提前到来的"老大和老二的关系"。

复旦大学美国研究中心副主任吴心伯教授指出，本轮对话将继续推进中美关系向前发展，是中美关系"新的起点"。

香港《文汇报》26 日对第二轮中美战略与经济对话的评价："中美战略与经济对话又将进入一个崭新的时代，对话是建立战略互信与真诚合作、共谋全面发展的基础；而非以较量、对抗、博弈和摩擦为目的。因此，中美应从建立战略互信开始，由战略与经济对话，真正走向更高层次和更深领域的真诚互动与合作共赢。"

3. 第三轮中美战略与经济对话的评价与意义

2011 年 5 月 9 日至 10 日展开的第三轮中美战略与经济对话在前面两轮对话机制的成果基础上，又取得了新的成果，包括经济轨 64 项、战略轨 48 项。并且首次签署了综合性的全面框架协议，即《中美关于促进经济强劲、可持续、平衡增长和经济合作的全面框架》，正文内容包括原则、深化中美宏观经济合作、发展更加平衡的贸易投资关系、深化在金融领域的合作及加强区域和国际经济合作五个部分，为两国更广泛、更紧密的经济合作开创了新的空间。中国财政部副部长朱光耀将这一"全面框架"称为本次经济对话最核心、里程碑式的成果。此外，本轮中美战略对话还有两个"亮点"：第一是双方在战略对话框架下首次进行战略安全对话；第二是双方同意建立亚太事务磋商机制，并于年内尽早举行首轮磋商。

美国媒体、相关机构及专家、国际媒体、中国专家对第三轮中美战略与经济对话给予了密切关注和积极评价。

美国《华尔街日报》10 日发表文章《美中开始高级别对话》，认为第三轮中美战略与经济对话是这一机制启动以来首次有两国军方高级官员参与的对话。恐惧和猜疑一直徘徊于太平洋西岸，两国军方应该寻求途径避免误解。11 日《华尔街日报》发表题为《美中对话在市场准入上取得进展》的文章，认为战略与经济对话是两国弥合贸易政策分歧和解决其他问题的一个契机。12 日《华尔街日报》发表题为《美国从中国投资中受益》的评论，认为中国对美投资是双赢之举。

《华盛顿邮报》10 日指出，本轮对话的亮点之一是中美两国军方高级官员参与到对话之中，这显示出该对话机制已成为两国外交的主要内容之一。11 日发表题为《美中达成"里程碑式"协议》，指出，美中承诺深化两国在经济和军事事务上的合作，是具有里程碑式的成果。

《纽约时报》11 日报道，中美双方高层会谈不仅涵盖经济议题，同时涉及两国关心的其他众多领域，尤其在经济领域取得显著进展。

美国有线电视新闻网（CNN）网站在 10 日报道中指出，两国军方高级官员首次加入对话，旨在探讨如何减少"误解和误判带来的危险"。并且评价，美中合作的利益大于冲突。

美联社对中美战略与经济对话进行特别报道，盘点了对话中的诸多"商业亮点"，双边贸易平衡、人民币汇率、美元政策是对话的重点议题。

法新社在 12 日的报道中认为，第三轮中美战略与经济对话签署的全面框架协议对两国经济关系的发展具有指导性作用。

新加坡《联合早报》则认为，第三轮中美战略与经济对话因为有高层军事代表参加，凸显了两军进入新一轮的良性互动。从签署的全面框架协议，可以洞悉双方强调了两大经济体共同合作的重要性。

英国广播公司认为，此次对话机制将汇率、国债及贸易问题直接摆上桌面，对话成果全面互利。

英国路透社认为，中美定期举行的战略与经济对话为彼此创造了交流的机会，使得两国在政策分歧时及时沟通，而且再次讨论了美元政策及人民币汇率问题和双边贸易问题。

美国智库中国问题专家、美国凯托学会副主席泰德·卡彭特认为，第三轮中美战略与经济对话没有将重点局限于汇率等狭隘的议题上，而是关注建立更大范围的讨论与合作机制等关系大局的问题上。此外，中美首次进行战略安全对话，因此，本轮对话是具有建设性意义的。

美国美中贸易全国委员会会长约翰·弗瑞斯认为，对话的成果表明，美中商业关系日益扩大，对双边关系非常重要，美方应增加而非减少对中国的接触。

美国驻中国大使馆新闻发言人包日强在接受人民网记者采访时表示，

中美战略与经济对话是具有战略性的机制，为美中合作指明了方向。

中国国务院副总理王岐山表示，通过本轮对话，中美双方加深了了解，扩大了共识，取得了丰硕成果，将有力推动中美相互尊重、互利共赢的合作伙伴关系向前发展。

中国国务委员戴秉国表示，"每进行一次对话，我们就扩大了共识，就增进了互信，就促进了合作，增强了对发展中美关系的信心"。

中国外交部副部长张志军指出，第三轮对话机制中的战略对话涉及能源、环境、气候变化、科技等多个方面，充分展现了中美交流与合作的"深度和广度"。战略安全对话是为增进互信、探讨合作和缓和分歧，从而避免对对方的战略意图产生误读和误判。启动亚太事务磋商机制是为双方在亚太地区构建良性互动格局，从而为亚太地区和平、稳定和发展做积极贡献。

在全球政治经济格局复杂的后金融危机时代，一次又一次对话的成功与成果证实，中美战略与经济对话是具有双赢意义的举措，其利益超乎两国，惠及世界。三轮中美战略与经济对话机制层层递进，推动了两国关系的深入、全面发展，增进了两国的战略互信。对话机制每年一次，一路走来，机制日渐成熟，规划更趋务实。虽然两国在政治性质、历史因素、经济模式、资源禀赋等方面存在差异，在双边关系探讨中难以避免分歧，但是只要两国理性对待、坦诚相见、互相尊重、倾心交流，必能求同存异、达成共识，将对话成果落到实处，为两国关系发展谱写新的起点。至此，中美两国利益重合程度越来越高，如何构建制度性的长效对话机制，如何构建更加平衡的经济增长模式，如何发展健康、稳定的双边关系，是双方需要共同努力和探讨的。

（二）互尊互信互利、携手共进——中美合作新时代

在金融危机冲击尚未完全消退、美债危机欧债危机重新袭击全球的背景下，中美两国的共同利益紧密交融，彼此之间的需求日益扩大，新时期新环境下，确保中美两国关系健康、全面、积极发展具有重要的意义。在战略与经济对话基础上，两国需要尊重彼此利益，只有相互尊重彼此的核心利益，才能排除各种干扰和障碍，才能克服各种严峻挑战，才能正确把握两国关系的发展方向；需要增进战略互信，只有相互信任，才有更宽更广的合作空间，才能推动各个领域的对话与合作，才能充实两国合作伙伴关系的战略内涵；需要本着互利共赢的原则，只有对双方有利、造福两国

人民的关系，才是长久的、可持续的发展关系，才能赢得两国人民的支持；需要发扬同舟共济、携手并进的精神，只有共同合作，加强宏观经济政策协调，才能将两国关系在 21 世纪的新开端提升到新的高度，才能开创两国关系的新局面，才能充分发挥两国的世界大国的作用，才能提振世界市场信心，才能维护国际金融稳定，才能推动世界整体经济较快复苏。

　　具体地，在货币政策国际协调的实践方面，中美两国需要加强和注意以下几个方面。首先，需要加强相互之间货币政策的可信度。在国际经济政策协调的现实实践中，往往会出现违约和"搭便车"现象，虽然这种情况出现的概率不高，但是会影响货币政策协调的可信度。因此，中美两国在货币政策协调过程中，需要明确自身的大国地位及国际责任，坚持履行协议、磋商中的承诺，确保政策的可信度。其次，需要加强彼此之间的信息交流与沟通。这些信息可以是关于货币政策目标的，也可以是关于货币政策协调情况的，还可以是关于两国经济金融环境变化甚至全球经济金融环境变化的。两国之间充分、及时的信息交流与沟通有助于判断货币政策协调的进展情况，有助于及时纠正由判断错误导致的损失，有助于更加有效快速地实现货币政策协调目标，最大程度地降低种种不确定因素导致的福利损失，实现整体福利最大化。再次，需要构建一个长期的利益平衡机制。由于各种外因和内因影响，中美两国在协调过程中所得收益未必相同，构建一个长期的利益平衡机制，可以确保各国在长期的协调过程中获得大致公平、平等的福利收益，有利于协调机制的顺利维持。如果其中一个国家得益显著地高，甚至是以另一个国家的福利损失为代价的，那么，这样的协调机制必定是难以为继的。最后，需要构建一套协调效果监测评价体系。有效的效果监测评价体系，可以准确计算两国之间货币政策协调的实现情况，反映协调对整体经济运行的影响，从而及时监督货币政策实施情况。

第三节　中国参与货币政策国际协调的若干建议

　　自 2008 年下半年，中国采取的积极的财政政策和适度宽松的货币政策在刺激经济方面取得了显著成效。与美国等其他国家的货币政策协调也获得了一定的收益。但在后金融危机时期，外部环境尚未明显改善，国内流动性过剩引起通胀压力持续，内需不足导致对经济增长贡献有限，在此背景下，中国经济刺激措施何时与其他国家经济政策协调退出，中国如何参与货币政策国际协调更需要我们认真思考和对待。

一 充分认识中国与其主要贸易伙伴的经济周期协动趋势

经由国际贸易、国际直接投资、国际产业结构变化等多种实体经济渠道，中国与其主要贸易伙伴的经济周期协动性水平呈现不断提高的态势，充分认识并利用国际经济周期协动性传递的各种因素，为货币政策国内调控及国际协调奠定基础，从而降低经济周期波动的福利成本。具体地，加强与主要贸易伙伴之间的经贸往来，推动双边经济和谐平稳地增长；有选择地利用外商直接投资，引进吸收发达贸易伙伴（或地区）高技术含量的 FDI，促进国内整体技术水平提高与经济发展转型；加快产业结构转型升级，积极发挥在国际经济周期波动和货币政策协调中的主动权。

二 客观地、理性地认识中国在世界经济的国际地位

中国的和平崛起及国际地位的不断提升，使其在国际事务中的影响力不断增大，已经成为国际舞台上一支重要的力量。在参与货币政策国际协调过程中，中国要客观地、理性地认识自身的国际地位，一方面，要勇于承担、积极承担大国所应担负的国际责任，发挥其在全球经济中应有的作用，不能享有权利而不履行义务，不能抱有"坐享其成""搭便车"的思想，要积极主动地参与国际协调。另一方面，要警惕和严防霸权性质的协调，虽然身处世界第二大经济体的位置，但是，要秉承"和谐世界"的思想，顾及货币政策对其他国家可能产生的溢出效应，兼顾自身利益与他国利益，避免采取以邻为壑的政策。总之，随着中国经济实力在世界经济中的影响日益重要，中国尤其要理性认识自身目前的发展阶段和所处环境，深谙自身参与货币政策国际协调的能力，准确预见货币政策国际协调的复杂性，把握好协调性与自主性之间的权衡关系，在追求自身利益最大化的同时，为推动世界经济稳定、持续发展发挥积极作用。

三 积极参与各种双边、多边对话机制和政策协调

中美战略与经济对话的成功，为中国与其他国家之间构建类似的对话机制营造了一个良好的开端，中国需要积极参与诸如中欧、中俄合作机制，G20、G7 等区域性合作机制，金砖四国合作机制，东亚合作机制等，

这将有利于维护世界整体经济金融秩序。因此，中国除了需要加强与美国的货币政策协调外，还应该积极参与各种双边、多边货币政策协调机制。

世界银行、国际货币基金组织、国际清算银行等是国际货币政策协调的主要机构，中国应该积极配合这些国际组织的工作，加强与它们的合作，利用其在国际事务协调中的地位和作用，实现与其他国家之间的货币政策协调。

四　积极主动地推进利率市场化改革，完善人民币汇率制度

中国利率市场化的进程始于 1993 年，中共十四大在《关于金融体制改革的决定》提出利率改革的长期目标：建立以市场资金供求为基础，以中央银行基准利率为调控核心，由市场资金供求决定各种利率水平的市场利率体系的市场利率管理体系。1996 年 6 月 1 日，人民银行放开银行间同业拆借利率，成为利率市场化的突破口。到 2013 年 7 月 20 日，全面放开金融机构贷款利率管制，取消金融机构贷款利率 0.7 倍的下限，由金融机构根据商业原则自主确定利率水平。在这过程中，中国实现了利率市场化的稳妥有序的推进工作。但是利率市场化的根本目的并非改革本身，而是希望通过这一改革，提高金融市场配置资金的效率，使金融更好地支持实体经济发展，推动经济结构调整与转型，并尽快与国际市场接轨。

同时，逐步推进人民币国际化进程。张春教授在 2014 年 4 月 12 日，由上海交通大学上海高级金融学院（SAIF）与 FT 中文网联合举办的"人民币国际化进程论坛暨 SAIF 五周年新闻发布会"上指出，为适合全球经济的发展，下一步的全球货币体系很可能是多储备的国际货币，而伴随着人民币国际化的推进，人民币很可能成为一种重要的储备货币。要实现人民币国际化的顺利推进，需要配合金融改革，首先，实现中国汇率与美元脱钩；其次，推动资本账户下的人民币开放；最后，加快金融体系市场化改革。SAIF 副院长朱宁教授从行为学视角提出，人民币国际化进程要历经结算货币、投资货币和储备货币三个阶段。

人民币的国际化：有助于缓解人民币升值压力，有效控制外汇储备的过度增长；有助于推动中国与主要贸易伙伴之间经济与贸易的平衡协调发展，降低外汇风险；有助于提升中国的国际地位，加大中国在国际贸易与世界经济中的影响力和话语权。人民币的国际化将使得中国金融体系更加市场化、透明化、国际化，但也会增加国内金融市场的风险因素，对现行

的金融体系带来新的挑战。因此，中国需要按步骤、有节奏地实现这一过程。

五 积极参与国际货币体系新秩序的建设

在过去至今的很长一段时间，美元一直是国际货币体系中的本位货币，美联储不但是美国的中央银行，同时也是全球储备货币发行银行。但是金融危机时期，美元币值的不稳定，增加了国际储备体系的不稳定因素，导致国际上主要货币汇率大幅波动，同时，美联储实施了两轮定量宽松货币政策，其货币政策信誉受到损害，因为定量宽松货币政策的实质是将美国国内利益凌驾于全球范围通货稳定的目标之上。美债危机、美国信用评级下调，再次动摇了美国国债信用的基础以及美元作为国际储备货币的信心，暴露了现有国际货币体系的不合理性。后金融危机时期，现行的国际货币体系亟待新的改革，全球经济需要有适应新的经济格局的游戏规则来约束主要储备货币发行国的宏观经济政策和货币发行。欧美发达国家经济金融遭受重创，而"金砖国家"迅速崛起，世界经济格局正在发生变化，多极化趋势明显，国际储备体系相应地呈现向多极化发展的趋势，美元、欧元、亚洲货币或是 IMF 的特别提款权具备引入新国际储备货币体系的条件。人民币在储备货币的创建中无疑将发挥不可替代的积极作用。在国际货币基金组织和世界银行 2014 年年会上，曾担任 IMF 首席经济学家的印度央行行长拉詹提出，当前世界经济已是一个不可分割的整体，无论是发达国家、新兴市场国家还是发展中国家，都需要加大国际货币政策协调、结构改革和调整力度。

在新的经济格局下，在全球经济面临重新平衡的背景下，中国需要继续奋进，不断突破，顺应时代大势，追求世界和谐，提前规划中国的金融发展与经济发展。第一，中国需要积极推进人民币国际化进程。第二，需要加强国内金融市场的制度建设，提升国内金融市场发展水平，加快与国际金融市场接轨，推进人民币资本项目的自由兑换。第三，积极推进国际货币体系规则的制定，倡导公平、公正的国际金融秩序。第四，充分发挥强势货币的作用，提升发展中国家在 IMF 等国际组织中的话语权。第五，主动呼吁国际社会建设国际货币体系新秩序。

参考文献

[1] Alfaro, L. *Foreign direct investment and growth: does the sector matter?* [EB/OL] . < http: //www. 51lunwen. org/UploadFile/org20110131090 1063260/20110131090106459. pdf > , 2003.

[2] Alfaro, L. & Charlton A. *Growth and the quality of foreign direct investment: is all FDI equal?* [R] . CEP Discussion Paper, 2007, No. 830.

[3] Ambler, S. , Cardia E. & Zimmermann, C. *International transmission of the business cycle in a multi - sector model* [J] . European Economic Review, 2002, 46: pp. 273 - 300.

[4] Andersen, M. T. *Fiscal policy coordination and international trade* [J] . Economica, 2007, 74: pp. 235 - 257.

[5] Anderson, H. M. , Kwark, S. H. & Vahid, F. *Does international trade synchronize business cycles* [R] . Monash University, Working Paper, 1999, No. 8/99.

[6] Anderson, J. & Wincoop, van. E. *Gravity with gravitas: a solution to the border puzzle* [J] . The American Economic Review, 2003, 93: pp. 170 - 192.

[7] Backus, D. K. , Kehoe, J. P. & Kydland, E. F. *International real business cycles* [J] . Journal of Political Economy, 1992, 100: pp. 745 - 775.

[8] Backus, D. K. , Kehoe, J. P. & Kydland, E. F. *International business cycles: theory and evidence* [R] . NBER Working Paper, 1993, No. 4493.

[9] Backus, D. K. , Kehoe, J. P. & Kydland, E. F. *Dynamics of the trade balance and the terms of trade: the J - curve?* [J] . The American Economic Review, 1994, 84: pp. 85 - 101.

[10] Barrell, R. , Dury, Karen & Hurst, Ian. *International monetary policy coordination: an evaluation using a large econometric model* [J] . Economic Modelling, 2003, 20: pp. 507 - 527.

[11] Basu, P. & Thoenissen, C. *Investment frictions and the relative price of investment goods in an open economy model* [J] . Centre for Dynamic Macroeconomic Analysis, Working Paper, 2008, No. 0704.

[12] Baxter, M. *International trade and business cycles* [R] . NBER Working Paper, 1995, No. 5025.

[13] Baxter, M. & Koupiratsas, A. M. *Trade structure, industrial structure, and international business cycles* [J] . The American Economic Review, 2003, 93 (2): pp. 51 – 56.

[14] Baxter, M. & Koupiratsas, A. M. *Determinants of business cycle comovement: a robust analysis* [J] . Journal of Monetary Economics, 2005, 52: pp. 113 – 157.

[15] Baxter, M. & King, D. R. *Measuring business cycles: app. roximate band – pass filters for economic time series* [R] . NBER Working Papers, 1995, No. 5022.

[16] Benigno, Gianluca & Benigno, Pierpaolo. *Design targeting rules for international monetary policy cooperation* [R] . ECB Working Paper, 2005, No. 279.

[17] Benigno, P. *A simple approach to international monetary policy coordination* [J] . Journal of International Economics, 2002, 57: pp. 177 – 196.

[18] Berger, W. & Wagner, H. *International policy coordination and simple monetary policy rules* [R] . IMF Working Paper, 2006, No. 164.

[19] Bergstrom, T. , Blume, L. & Varian, H. *On the private provision of public goods* [J] . Journal of Public Economics, 1986, 29: pp. 25 – 49.

[20] Beveridge, S. & Nelson, R. C. *A new approach to decomposition of economic time series into permanent and transitory components with particular attention to measurement of " business cycle "* [J] . Journal of Monetary Economics, 1981, 7: pp. 151 – 174.

[21] Boileau, M. *Trade in capital goods and investment – specific technical change* [J] . Journal of Economic Dynamics and Control, 2002, 26: pp. 963 – 984.

[22] Borensztein, E. , Gregorio, De J. & Lee, J – W. *How does foreign direct investment affect economic growth?* [J] . Journal of International Econom-

ics, 1998, 45: pp. 115 – 135.

[23] Buiter, Willem H. & Marston, C. Richard. *International Economic Policy Coordination* [M]. London: Cambridge University Press, 1985.

[24] Burns, A. F. & Mitchell, C. W. *Measuring Business Cycles* [M]. New York: NBER, 1946.

[25] Burstein, A., Kurz, C. & Tesar, L. *Trade, production sharing, and the international transmission of business cycles* [J]. Journal of Monetary Economics, 2008, 55: pp. 775 – 795.

[26] Calderon, C., Chong, A. & Stein, E. *Trade intensity and business cycle synchronization: are developing countries any different?* [R]. Research Development of Inter – American Development Bank, Working Paper, 2003, No. 478.

[27] Calderon, C., Chong, A. & Stein, E. *Trade intensity and business cycle synchronization: are developing countries any different?* [J]. Journal of International Economics, 2007, 71: pp. 2 – 21.

[28] Canova, F. & Dellas, H. *Trade interdependence and the international business cycle* [J]. Journal of International Economics, 1993, 34: pp. 23 – 47.

[29] Cantor, R. & Mark, C. N. *The international transmission of real business cycles* [J]. International Economic Review, 1988, 29: pp. 493 – 507.

[30] Canzoneri, Matthew & Gray, Joanna. *Monetary policy games and the consequences of non – cooperative behavior* [J]. International Economic Review, 1985, 26 (3): pp. 547 – 564.

[31] Canzoneri, B. M., Cumby, Robert & Diba, Behzad. *The need for international policy coordination: what's old, what's new, what's yet to come?* [J]. Journal of International Economics, 2005, 66: pp. 363 – 384.

[32] Cerqueira, P. A. & Martins, R. *Measuring the determinants of business cycle synchronization using a panel approach* [J]. Economics Letters, 2009, 102: pp. 106 – 108.

[33] Choe, J. *An impact of economic integration through trade: on business cycles for 10 East Asian countries* [J]. Journal of Asian Economics, 2001, 12: pp. 569 – 586.

[34] Christiano, L. J., Eichenbaum, M. & Evans, L. C. *Modeling Money*

[R] . NBER Working Paper, 1998, No. 6371.

[35] Clarida, R. , Gali, J. & Gertler, M. *A simple framework for international monetary policy analysis* [R] . NBER Working Paper, 2001, No. 8870.

[36] Clark, E. T. & Wincoop, van. E. *Borders and business cycles* [J] . Journal of International Economics, 2001, 55: pp. 59 – 85.

[37] Cooper, R. *The economics of interdependence* [M] . London: Columbia University Press, 1968.

[38] Corsetti, Giancarlo & Pesenti, Paolo. *Welfare and macroeconomic interdependence* [J] . Quarterly Journal of Economics, 2001, 116: pp. 421 – 445.

[39] Croux, C. , Forni, M. & Reichlin, L. *A measure of comovement for economic variables: theory and empirics* [J] . The Review of Economics and Statistics, 2001, 83 (2): pp. 232 – 241.

[40] Currie, David & Levine, Paul. *Macroeconomic policy design in an interdependent world* [M] . In Buiter, Willem H. & Marston, C. Richard. International Economic Policy Coordination. London: Cambridge University Press, 1985: pp. 228 – 273.

[41] Devereux, Michael B. & Arman, Mansoorian. *International fiscal policy coordination and economic growth* [J] . International Economic Review, 1992, 33: pp. 249 – 268.

[42] Devereux, B. Michael & Engel, Charles. *Monetary policy in the open economy revisited: price setting and exchange rate flexibility* [J] . NBER Working Paper, 2000, No. 7665.

[43] Dorbush, R. *Expectations and exchange rate dynamics* [J] . Journal of Policy Economy, 1976, 84: pp. 1161 – 1176.

[44] Ernawati, M. & Samaun, M. S. *Business cycle transmission between the USA and Indonesia: a vector error correction model* [R] . MPRA Working Paper, 2005, No. 15.

[45] Fidrmuc, J. *The endogeneity of the optimum currency area criteria, intra-industry trade, and EMU enlargement* [R] . BOFIT Discussion Papers, 2001, No. 8.

[46] Fidrmuc, J. & Korhonen, I. *The impact of the global financial crisis on*

business cycles in Asian emerging economies [J] . Journal of Asian Economics, 2010, 21: pp. 293 – 303.

[47] Fortanier, F. *Foreign direct investment and host country economic growth: does the investor's country of origin play a role?* [J] . Transnational Corporations, 2007, 16 (2): pp. 42 – 76.

[48] Frankel, J. A. & Rose, K. A. *Is EMU more justifiable ex post than ex ante?* [J] . European Economic Review, 1997, 41: pp. 753 – 760.

[49] Frankel, A. J. & Rose, K. A. *The endogeneity of the optimum currency area criteria* [J] . The Economic Journal, 1998, 108 (July): pp. 1009 – 1025.

[50] Fratianni, M. & Pattison, J. *The economics of international organizations* [J] . Kyklos, 1982, 35 (2): pp. 244 – 262.

[51] Fratianni, M. & Pattison, J. *International organizations in a world of regional trade agreements: lessons from club theory* [J] . World Economy, 2001, 2: pp. 333 – 358.

[52] Ganelli, Giovanni. *Useful government spending, direct crowding – out and fiscal policy interdependence* [J] . Journal of International Money and Finance, 2003, 22: 87 – 103.

[53] Gaspar, Vitor & Schinasi, Garry. *Financial stability and policy cooperation* [R] . Banco de pprtugal Eurosystem, Occasional Papers, 2010, No. 1.

[54] Goncalves, C. , Rodrigues, M. & Soares, T. *Correlation of business cycles in the euro zone* [J] . Economics Letters, 2009, 102: pp. 56 – 58.

[55] Gross, D. *Trade flows and the international business cycle* [R] . CFS Working Paper, 2001, No. 12.

[56] Gruben, W. C. , Koo, J. & Eric, M. *How much does international trade affect business cycle synchronization* [R] . Federal Reserve Bank of Dallas, Research Department Working Paper, 2002, No. 0203.

[57] Hamada, K. *A strategic analysis of monetary interdependence* [J] . The Journal of Political Economy, 1976, 84 (4): pp. 677 – 700.

[58] Helliwell, J. *Do national borders matter for Quebec's trade?* [J] . Canadian Journal of Economics, 1996, 29 (3): pp. 507 – 522.

[59] Hodrick, R. & Prescott, E. C. *Post – war US business cycles*: *an empirical investigation* [M]. Mimeo, Pittsbursh: Carnegie – Mellon University, 1980.

[60] Huang, X. D. K. & Liu, Zheng. *Business cyclyes with staggered prices and international trade in intermediate inputs* [J]. Journal of Monetary Economics, 2007, 54: pp. 1271 – 1289.

[61] Hummels, D., Ishii, J. & Yi, K. M. *The nature and growth of vertical specialization in world trade* [J]. Journal of International Economics, 2001, 54: pp. 75 – 96.

[62] Imbs, J. *Trade, finance, specialization and synchronization* [R]. IMF Working Paper, 2003, No. 81.

[63] Jansen, W. J. & Stockman, C. J. *Foreign direct investment and international business cycle comovement* [R]. European Central Bank, Working Paper, 2004, No. 401.

[64] Jeffrey, A. Frankel & Rockett, A. Katharine. *International macroeconomic policies coordination when policy-makers disagree on the model* [R]. NBER Working Paper, 1986, No. 2059.

[65] Johnson, Harry Gordon. *Optimum tariffs and retaliatiom* [J]. Review of Economic Studies, 1953, 21: pp. 142 – 153.

[66] Kawai, Masahiro & Petri, A. Peter. *Asia's role in the global economic architecture* [R]. ADBI Working Papers, 2010, No. 235.

[67] Kenen, P. *The theory of optimum currency areas*: *an eclectic view* [M]. In Mundell, R. & Swoboda, A. (eds), Monetary problems in the international economy, Chicago: University of Chicago Press, 1969.

[68] Khan, S. F. *A two – sector international real business cycles model with investment – specific technology shocks* [EB/OL]. < https: //editorialexpress. com/ cgi – bin/conference/download. cgi? db _ name = MWM2009&paper_ id = 236 >, 2008.

[69] Koenig, Gilbert & Zeyneloglu, Irem. *Efficiency and coordination of fiscal policy in open economies* [R]. BETA Working Papers, 2006, No. 09.

[70] Kose, M. A. & Yi, M. K. *International trade and business cycle*: *is vertical specialization the missing link?* [J]. The American Economic Review,

2001, 91: pp. 371 – 375.

[71] Kose, M. A. & Yi, K. M. *Can the standard international business cycle model explain the relation between trade and comovement?* [J] . Journal of International Economics, 2006, 68: pp. 267 – 295.

[72] Krugman, P. *Lessons of massachusetts for EMU* [M] . in Giavazzi, F. & Torres, F. (eds) . The transition to Economic and Monetary Union in Europe, London: Cambridge University Press, 1993.

[73] Kumakura, M. *Trade and business cycle co – movements in Asia – Pacific* [J] . Journal of Asian Economics, 2006, 17: pp. 622 – 645.

[74] Kydland, F. E. & Prescott, C. E. *Time to build and aggregate fluctuations* [J] . Econometrica, 1982, 50: pp. 1345 – 1370 .

[75] Lawrence, R. Z. *Challenge of aligning mission, means and legitimacy* [J] . World Economy, 2008, 31: pp. 1455 – 1470.

[76] Lee, G. H. Y. & Azali, M. *The endogeneity of the optimum currency area criteria in East Asia* [R] . Monash University, Discussion Paper, 2009, No. 15/09.

[77] Loayza, N. , Lopez, H. & Ubide A. *Comovements and sectoral interdependence: evidence for Latin America, East Asia, and Europe* [R] . IMF Staff Papers, 2001, 48 (2): pp. 367 – 396.

[78] Lombardo, Giovanni & Sutherland, Alan. *Monetary and fiscal interactions in open economies* [R] . ECB Working Paper, 2003, No. 289.

[79] Lucas, R. E. Jr. *Interest rates and currency prices in a two – country world* [J] . Journal of Monetary Economics, 1982, 10: pp. 335 – 360.

[80] Maria, V. C. & Ross, L. *Does foreign direct investment accelerate economic growth?* [R] . U of Minnesota Department of Finance Working Paper, 2002.

[81] McCallum, J. *National border matter: Canada – US regional trade patterns* [J] . American Economic Review, 1995, 85: pp. 615 – 623.

[82] McIntyre, K. H. *Can non – traded goods solve the comovement problem?* [J] . Journal of Macroeconomics, 2003, 25: pp. 169 – 196.

[83] McKinnon, R. *Optimum currency areas* [J] . The American Economic Review, 1963, 53: pp. 717 – 724.

[84] McKibbin, J. Warwick, *Empirical evidence on international economic policy coordination* [M]. in Fratianni, M., Salvatore, D. & Hagen, von. J. (ed). Macroeconomic policy in open economies, London: Greenwood Press, 1997, pp. 148 – 176.

[85] Miller, Marcus & Salmon, Mark. *Policy coordination and dynamic games* [M]. In Buiter, Willem H. & Marston, C. Richard. International Economic Policy Coordination. London: Cambridge University Press, 1985: pp. 184 – 227.

[86] Moneta, F. & Ruffer, R. *Business cycle synchronization in East Asia* [J]. Journal of Asian Economics, 2009, 20: pp. 1 – 12.

[87] Ng, E. C. Y. *Vertical specialization, intra – industry trade and business cycle comovement* [EB/OL]. < http: //economics. uwo. ca/grad/Ng/JobMarketPaper2 ~ Oct2007. pdf >, 2007.

[88] Obstfeld, M. & Rogoff, K. *Exchange rate dynamics redux* [J]. The Journal of Political Economy, 1995, 103 (3): pp. 624 – 660.

[89] Obstfeld, M. & Rogoff, K. *Risk and exchange rates* [R]. NBER Working Paper, 1998, No. 6694.

[90] Obstfeld, M. & Rogoff, K. *New directions for stochastic open economy models* [J]. Journal of International Economics, 2000, 50: pp. 117 – 153.

[91] Obstfeld, M. & Rogoff, K. *Global implications of self – oriented national monetary rules* [J]. The Quarterly Journal of Economics, 2002, 117 (2): pp. 503 – 535.

[92] Olson, Mancur & Zeckhauser, Richard. *An economic theory of alliances* [J]. Review of Economics and Statistics, 1966, 48: pp. 266 – 279.

[93] Otto, G., Voss, G. & Willard, L. *Understanding OECD output correlations* [R]. Reserve Bank of Australia, Research Discussion Paper, 2001, No. 05.

[94] Peren, K. Arin & Jolly, P. Sam. *Trans – tasman transmission of monetary shocks: evidence from a VAR approach* [J]. Atlantic Economic Journal, 2005, 33: pp. 267 – 283.

[95] Prasad, S. E. *International trade and business cycle* [R]. IMF Working

Paper, 1999, No. 56.

[96] Rana, B. P. *Trade intensity and business cycle synchronization: the case of East Asian countries* [J]. The Singapore Economic Review, 2008, 53 (2): pp. 279 –292.

[97] Renato, E. & Reside, Jr. *International transmission of US monetary policy shocks: VAR evidence from the Philippines* [R]. UPSE Discussion Paper, 2004, No. 0405.

[98] Sachs, J. *International policy coordination in a dynamic macroeconomic model* [R]. NBER Working Paper, 1983, No. 1166.

[99] Sanchez, M. *What drives business cycles and international trade in emerging market economies?* [R]. European Central Bank, Working Paper, 2007, No. 730.

[100] Scitovsky, Tibor. *A reconsideration of the theory of tariffs* [J]. Review of Economic Studies, 1942, 9 (summer): pp. 89 –110.

[101] Shin, K. & Wang, J. Y. *Trade integration and business cycle synchronization in East Asia* [R]. Korea Institute for International Economic Policy Working Paper, 2003, No. 03/01.

[102] Shin, K. & Wang, J. Y. *Trade integration and business cycle co – movements: the case of Korea with other Asian countries* [J]. Japan and the World Economy, 2004, 16: pp. 213 –230.

[103] Stephanie, S. G. *The international transmission of economic fluctuations: effects of U. S. business cycles on the Canadian economy* [J]. Journal of International Economics, 1998, 44: pp. 257 –287.

[104] Soyoung, Kim. *International transmission of U. S. monetary policy shocks: evidence from VAR's* [J]. Journal of Monetary Economics, 2001, 48: pp. 339 –372.

[105] Stockman, A. C. *International transmission and real business cycle models* [J]. The American Economic Review, 1990, 80: pp. 134 –138.

[106] Stockman, A. C. & Tesar, L. L. *Tastes and technology in a two – country model of the business cycle: explaining international comovements* [J]. The American Economic Review, 1995, 85: pp. 168 –185.

[107] Sutherland, A. *International monetary policy coordination and financial*

market integration ［R］. Board of Governors of the Federal Reserve System, International Finance Discussion Papers, 2002, No. 751.

［108］ Suzuki, Motoshi. *Economic interdependence, relative gains, and international cooperation: the case of monetary policy coordination* ［J］. International Studies Quarterly, 1994, 38: pp. 475 –498.

［109］ Tille, C. *The role of consumption substitutability in the international transmission of shocks* ［R］. Federal Reserve Bank of New – York Staff Report, 1999, No. 67.

［110］ Tomasz, Kozluk & Aaron, Mehrotra. *The impact of Chinese monetary policy schocks on East Asia* ［R］. BOFIT Discussion Papers, 2008, No. 5.

［111］ Torres, A. & Vela, O. *Trade integration and synchronization between the business cycles of Mexico and the United States* ［J］. North American Journal of Economic and Finance, 2003, 14: pp. 319 –342.

［112］ Turnovsky, J. S. , Basar, T. & d'Orey, Vasco. *Dynamic strategic monetary policies and coordination in interdependent economies* ［J］. The American Economic Review, 1988, 78 (3): pp. 341 –361.

［113］ Warnock, F. *Idiosyncratic tastes in a two – country optimizing model: implications of standard presumption* ［R］. Board of Governors of Federal Reserve System International Finance Discussion Papers, 1998, No. 631.

［114］ Williamson, J. *Crises and international policy coordination* ［J］. FFD, DESA, 2008, March.

［115］ Wu, J. Y. , Yau, R. & Hsu, C. C. *Foreign direct investment and business cycle comovements: the panel data evidence* ［EB/OL］. < https://editorialexpress. com/ cgi – bin/conference/download. cgi? db_ name = FEMES09&paper_ id = 353 >, 2009.

［116］ 白当伟：《全球化的新进展与货币政策国际协调》，《国际金融研究》2010 年第 5 期。

［117］ 保罗·R. 克鲁格曼（Paul R. Krugman）、茅瑞斯·奥伯斯法尔德（Maurice Obstfeld）：《国际经济学：理论与政策》（第六版），海闻、潘圆圆、张卫华、于扬杰等译，中国人民大学出版社 2006

年版。

[118] 卜永祥、靳炎：《中国实际经济周期：一个基本解释和理论扩展》，《世界经济》2002 年第 7 期。

[119] 岑丽君、程惠芳：《中美货币政策国际协调的福利收益——基于 NOEM 框架的分析》，《数量经济技术经济研究》2012 年第 6 期。

[120] 车维汉、贾利军：《国际贸易冲击效应与中国宏观经济波动：1978—2005》，《世界经济》2008 年第 4 期。

[121] 陈继勇、吴宏、刘威：《美国货币政策的国际传递效应及其对世界经济失衡的影响》，《第四届中国经济学博士后论坛》，2009 年。

[122] 陈昆亭、龚六堂：《实际经济周期理论的最新发展》，《经济学动态》2007 年第 4 期。

[123] 陈昆亭、龚六堂、邹恒甫：《什么造成了经济增长的波动，供给还是需求：中国经济的 RBC 分析》，《世界经济》2004 年第 4 期。

[124] 陈磊：《中国转轨时期经济增长周期的基本特征及其解释模型》，《管理世界》2002 年第 12 期。

[125] 陈涛：《金融危机时期中美货币政策的比较》，《亚太经济》2010 年第 4 期。

[126] 陈云：《国际宏观经济学的新方法：NOEM – DSGE 模型》，《经济学家》2010 年第 2 期。

[127] 程惠芳：《对外直接投资与宏观经济的内外均衡发展》，《经济研究》1998 年第 9 期。

[128] 程惠芳：《国际直接投资与开放型内生经济增长》，《经济研究》2002 年第 10 期。

[129] 程惠芳、岑丽君：《FDI、产业结构与国际经济周期协动性》，《经济研究》2010 年第 9 期。

[130] 崔建军：《货币政策有效性研究述评》，《经济学家》2004 年第 2 期。

[131] 崔晓燕：《东亚最适度通货区内生标准的检验——贸易与经济周期相关性的视角》，《金融理论与实践》2008 年第 11 期。

[132] 杜婷：《国际贸易冲击与中国经济的周期波动》，《国际贸易问题》2006 年第 12 期。

[133] 范从来、刘晓辉：《开放经济条件下货币政策分析框架的选择》，

《经济理论与经济管理》2008 年第 3 期。

[134] 耿强、蒋曦:《实际商业周期理论的最新发展》,《经济理论与经济管理》2004 年第 12 期。

[135] 龚刚:《实际商业周期:理论、检验与争议》,《经济学季刊》2004 年第 4 期。

[136] 胡庆康:《现代货币银行学教程》,复旦大学出版社 2009 年版。

[137] 黄金竹:《论国际经济政策协调》,《财经科学》2004 年第 4 期。

[138] 黄梅波:《宏观经济政策协调的进展和成效:回顾和展望》,《世界经济》2004 年第 3 期。

[139] 黄梅波、陈燕鸿:《当前金融危机下的国际宏观经济政策协调》,《世界经济与政治论坛》2009 年第 2 期。

[140] 黄梅波、胡建梅:《国际宏观经济政策协调与 G20 机制化》,《国际论坛》2011 年第 1 期。

[141] 黄梅波、胡建梅:《中国参与国际宏观经济政策协调的收益分析》,《经济经纬》2010 年第 6 期。

[142] 姜波克、杨长江:《国际金融学》,高等教育出版社 2004 年版。

[143] 经济增长前沿课题组:《国际资本流动、经济扭曲与宏观稳定——当前经济增长态势分析》,《经济研究》2005 年第 4 期。

[144] 栗书茵:《国际金融学》,机械工业出版社 2006 年版。

[145] 李浩、胡永刚、马知遥:《国际贸易与中国的实际经济周期——基于封闭与开放经济的 RBC 模型比较分析》,《经济研究》2007 年第 5 期。

[146] 李浩、钟昌标:《贸易顺差与中国的实际经济周期分析:基于开放的 RBC 模型的研究》,《世界经济》2008 年第 9 期。

[147] 李小娟:《货币政策国际协调》,经济科学出版社 2006 年版。

[148] 李小娟:《开放经济下货币政策国际传导机制分析》,《经济问题》2009 年第 8 期。

[149] 李永刚:《美国量化宽松货币政策影响及中国对策》,《财经科学》2011 年第 4 期。

[150] 李增来:《总需求冲击下的国际货币政策协调研究》,《财经问题研究》2010 年第 3 期。

[151] 李增来、梁东黎:《美国货币政策对中国经济动态冲击效应研

究——SVAR 模型的一个应用》，《经济与管理研究》2011 年第
3 期。

[152] 林峰：《新开放经济宏观经济学货币政策理论研究的新发展》，《经济学动态》2010 年第 7 期。

[153] 刘崇仪：《经济周期论》，人民出版社 2006 年版。

[154] 刘春晖、骞明：《国际货币政策协调的随机模型分析》，《数量经济技术经济研究》2004 年第 11 期。

[155] 刘恒、陈述云：《中国经济周期波动的新态势》，《管理世界》2003年第 3 期。

[156] 刘金全：《宏观经济冲击的作用机制与传导机制研究》，《经济学动态》2002 年第 4 期。

[157] 刘金全、张鹤：《经济增长风险的冲击传导和经济周期波动的"溢出效应"》，《经济研究》2003 年第 10 期。

[158] 刘金全、郑挺国：《我国货币政策冲击对实际产出周期波动的非对称影响分析》，《数量经济技术经济研究》2006 年第 10 期。

[159] 刘其文：《经济政策的运用·经济政策卷》，河南人民出版社 2007年版。

[160] 刘胜会：《金融危机中美联储的货币政策工具创新及启示》，《国际金融研究》2009 年第 8 期。

[161] 陆荣、王曦：《应对国际金融危机的货币政策效果》，《国际金融研究》2010 年第 7 期。

[162] 罗伯特·J、凯伯（Robert J. Carbaugh），原毅军等译：《国际经济学》，机械工业出版社 2005 年版。

[163] 罗斐、庄起善：《贸易强度对东亚国家和地区经济波动同步性的影响》，《世界经济研究》2005 年第 2 期。

[164] 罗华荣、罗大庆：《实际经济周期理论面临的新挑战》，《经济学动态》2004 年第 9 期。

[165] 马红霞、孙雪芬：《金融危机时期美联储货币政策效果研究》，《世界经济研究》2011 年第 2 期。

[166] 马君实、沈尤佳：《各国经济周期的非同时性及其国际传递机制研究——美国次级债危机的全球联动对我国的启示》，《经济问题探索》2008 年第 10 期。

[167] 聂雪峰、刘传哲：《我国货币政策通过国际贸易传递的实证分析》，《财贸研究》2004 年第 5 期。

[168] 宁昌会、毛传阳：《国际宏观经济理论的微观基础》，《经济学动态》2002 年第 8 期。

[169] 彭芸：《金融危机背景下非常规性货币政策的实施与退出》，《经济问题》2010 年第 12 期。

[170] 秦朵：《外贸与金融传染效应在多大程度上导致了韩国 1997 年的货币危机?》，《世界经济》2000 年第 8 期。

[171] 冉生欣、王品玲：《论不对称总需求冲击下的货币政策博弈与汇率稳定》，《经济研究》2007 年第 10 期。

[172] 任志祥、宋玉华：《论经济全球化下的中国经济波动与世界经济周期》，《技术经济》2004 年第 3 期。

[173] 任志祥、宋玉华：《我国与东亚区域内贸易及经济周期的协动性研究》，《国际贸易问题》2004 年第 5 期。

[174] 任志祥、宋玉华：《中外产业内贸易与经济周期协动性的关系研究》，《统计研究》2004 年第 5 期。

[175] 施发启、中国经济周期实证分析》，《统计研究》2000 年第 7 期。

[176] 宋玉华：《世界经济周期理论与实证研究》，商务印书馆 2007 年版。

[177] 宋玉华：《外生冲击对中国经济增长周期的影响》，《经济学家》2004 年第 1 期。

[178] 宋玉华、方建春：《中国与世界经济波动的相关性研究》，《财贸经济》2007 年第 1 期。

[179] 宋玉华、高莉：《世界经济周期的贸易传导机制》，《世界经济研究》2007 年第 3 期。

[180] 宋玉华、吴聃：《从国际经济周期理论到世界经济周期理论》，《经济理论与经济管理》2006 年第 3 期。

[181] 宋玉华、徐前春：《世界经济周期理论的文献述评》，《世界经济》2004 年第 6 期。

[182] 苏奎、董恩刚：《经济学原理》，电子科技大学出版社 2008 年版

[183] 孙磊、王志伟：《基德兰德－普雷斯科特与实际经济周期理论》，《经济学动态》2004 年第 11 期。

[184] 孙立坚、孙立行:《对外开放和经济波动的关联性检验——中国和东亚新兴市场国家的案例》,《经济研究》2005 年第 6 期。

[185] 孙明华:《我国货币政策传导机制的实证分析》,《财经研究》2004年第 3 期。

[186] 孙阳:《贸易模式、贸易密度与经济周期协动性——对中国及其主要贸易国的实证研究》,《世界经济情况》2009 年第 1 期。

[187] 汤铎铎:《从西斯蒙第到普雷斯科特——经济周期理论 200 年》,《经济理论与经济管理》2008 年第 8 期。

[188] 汤铎铎:《新方法经济宏观经济学:理论和问题》,《世界经济》2009 年第 9 期。

[189] 唐文琳、范祚军、马进:《中国—东盟自由贸易区成员国经济政策协调研究》,广西人民出版社 2006 年版。

[190] 唐宜红:《亚洲经济波动的传递与我国的对策分析》,《财贸经济》1998 年第 11 期。

[191] 王叙果、陆凯旋:《国际货币政策协调收益的研究现状及述评》,《世界经济与政治论坛》2009 年第 4 期。

[192] 王胜、彭鑫瑶:《不对称价格粘性下的货币政策和福利效应》,《世界经济》2010 年第 5 期。

[193] 王悦:《对外贸易变动对东亚经济周期同步性影响的计量分析》,《亚太经济》2007 年第 1 期。

[194] 伍戈:《经济周期波动的国际传导与宏观经济政策》,《经济与管理研究》2006 年第 8 期。

[195] 吴军、张弼:《金融危机中国际货币政策协调的有效性分析》,《金融发展研究》2010 年第 5 期。

[196] 吴照银:《中美经济政策的传导》,《国际金融研究》2003 年第 3 期。

[197] 项松林:《国际货币政策对中国贸易顺差影响研究》,《财贸研究》2010 年第 5 期。

[198] 辛清:《国际金融学》,天津人民出版社 2008 年版。

[199] 熊豪、李天德、王岳龙:《世界大国经济波动对中国经济影响的贸易传导机制研究——以东盟为例基于面板数据的贸易传导机制分析》,《世界经济与政治论坛》2009 年第 3 期。

[200] 徐茂魁、陈丰、吴应宁:《后金融危机时代中国货币政策的两难选择——抑制通货膨胀还是保持经济增长》,《财贸经济》2010 年第 4 期。

[201] 严志辉、宋玉华:《北美自由贸易区经济周期协动性的实证研究》,《技术经济》2008 年第 3 期。

[202] 杨立岩、王新丽:《实际经济周期理论研究新进展》,《经济学动态》2004 年第 2 期。

[203] 姚长辉:《货币银行学》,北京大学出版社 2002 年版。

[204] 尹继志:《开放经济条件下的货币政策国际协调》,《上海金融》2008 年第 12 期。

[205] 尹继志:《美联储应对金融危机的货币政策操作与效果》,《财经科学》2009 年第 9 期。

[206] 喻旭兰:《经济周期同步性与东亚金融合作的可行性研究》,《经济研究》2007 年第 10 期。

[207] 喻旭兰:《中国与东盟国家经济周期同步性的实证分析》,《广州大学学报》(自然科学版)2008 年第 2 期。

[208] 袁鹰:《国际货币政策协调能带来社会福利的增加吗?》,《上海金融》2007 年第 3 期。

[209] 袁志刚:《国际经济学》,高等教育出版社 2000 年版。

[210] 翟志成:《经济周期理论与中国当前宏观经济走势》,《经济学家》2001 年第 2 期。

[211] 张兵:《论东亚地区经济周期的同期性》,《亚太经济》2002 年第 5 期。

[212] 张兵:《区域内贸易在中国与东盟经济周期同步波动中的作用分析》,《亚太经济》2006 年第 6 期。

[213] 张兵:《中美经济周期的同步性及其传导机制分析》,《世界经济研究》2006 年第 10 期。

[214] 张成思:《货币政策传导机制研究新前沿——全球新型金融危机视角下的理论述评》,《国际经济评论》2010 年第 5 期。

[215] 章和杰、陈威更:《扩张财政政策对内外均衡的影响分析——基于篮子货币汇率制度下的蒙代尔 - 弗莱明模型》,《统计研究》2008 年第 10 期。

[216] 章和杰、阮明烽：《现代货币银行学》，中国社会科学出版社 2004
年版。

[217] 张军、桂林：《中国的经济发展如何影响了全球经济：基于经济学
文献的答案》，《世界经济》2008 年第 8 期。

[218] 张亦春、胡晓：《非常规货币政策探讨及金融危机下的实践》，《国
际金融研究》2010 年第 3 期。

[219] 张幼文：《世界经济学》，上海财经大学出版社 2006 年版。

[220] 赵海英、刘金全：《外国直接投资与我国经济增长之间的关联性分
析》，《中国经济与管理科学》2008 年第 7 期。

致　　谢

　　本书的成果是在作者的博士毕业论文基础上完善并形成的。2007 年夏天，爆发于美国的金融危机席卷全球，对各国经济产生了巨大的冲击。各国政府和货币当局及时有效的宏观经济政策措施对遏制国内经济进一步衰退发挥了一定效果。但是，各行其是的宏观经济政策也产生了消极的负面影响。对世界经济而言，加强各国之间的宏观经济政策协调迫在眉睫，也成为新形势下的一个崭新的研究课题。2007 年 9 月，我由硕士提前攻读博士，在读博期间，导师程惠芳教授给予了我很大的帮助，尤其是在选题、写作到最后的定稿。在本书的写作过程中，我无数次经历彷徨，深感课题研究之博大。幸运的是，我得到了导师程惠芳教授以及学科其他老师和同学的帮助与建议，使我得以顺利完成本书的撰写过程。此时此刻，感激之情油然而生。

　　衷心感谢我的导师程惠芳教授。从本科到硕士研究生，再到博士研究生，整整十多年，导师不但在学习上，而且在生活上，都给予了我无微不至的关心和帮助，是我人生道路上一位敬重的领路人。导师严谨的治学之道，渊博的学识、积极的生活态度、和蔼可亲的对人态度，都在潜移默化中深深地影响了我，成为我人生一笔非常宝贵而难得的财富。在本书选题、设计、布局、定稿等许多方面，导师给予了悉心指导，导师的一席话，总能令我在困顿不解时茅塞顿开。导师对我的种种帮助，实难用言语表达，我将深深铭记于心！

　　衷心感谢博士毕业论文开题报告环节的各位评委老师，上海复旦大学的姜波克教授对我的论文提出了许多高屋建瓴的意见和建议，学院的王丽萍教授、章和杰教授和杜群阳教授等，也对我的书稿完成提供了许多非常有价值和意义的建议！

　　衷心感谢我的父母。这么多年来，年迈的父母默默地为我付出了很多，对于我的决定与选择总是给予无私的支持和鼓励，从不对我施加压力，从不对我失去信心，为我营造了良好的学习环境。

　　衷心感谢我的爱人陈威吏，在我踌躇彷徨时给我鼓励，在我毫无头绪时给我启示，在我犹豫不决时给我信心。

　　再次，还要感谢浙江工业大学全球浙商发展研究院执行院长金惠红副教授、执行副院长俞斌副教授、办公室主任袁新苗副教授及其他研究人员的帮助和支持！感谢浙江工业大学经贸管理学院谭晶荣教授、姚利民教授、章和杰教授、张祎副教授、丁小义副教授、潘申彪副教授、胡军老师、李芳敏老师、鲍旺虎老师、唐辉亮老师等，以及陈超、杨阳、陈旺胜、王虞薇等师兄弟妹的关心和鼓励！

　　回首走过的路，有累也有泪。博士阶段的学习让我真正体会了何谓苦尽甘来，或许，博士阶段的经历将成为我人生征途的一笔可贵的财富。博士期间的研究也是我的职业生涯、科学研究的一个重要起点。

　　最后，对所有关心和帮助我的亲朋好友衷心地说声：谢谢！